釋迦牟尼的惑世任務

張開基 著

序 文

釋迦牟尼的惑世任務！

先看標題最後的標點符號，筆者用的是「！」，不是「？」

因為我在這本書中所說的與我所寫的，我負全責。所以我不會藏頭縮尾，故意用個不很確定的「？」號。

全世界目前大約有三億多的佛教徒，要是看到這個標題，應該會群情激憤，怒不可遏，甚至可能會異口同聲的詛咒筆者下「拔舌地獄」或者「無間地獄」的。

是的！可想而知的！

不過目前全世界大概有超過十億的印度教徒，他們卻是完全相信「釋迦牟尼」確實是來惑世的。

因為在西元八世紀，就是距今一千二百年前，印度南部的喀拉拉邦，誕生了一位大哲「商羯羅」（Shankara），雖然他在三十二歲時就英年早逝，但是，他卻是復興印度教的最偉大功臣，他不但著書立說，提出了「吠檀多不二論」，成為新印度教的基本教義，並且整合了原本分崩離析的印度古婆羅門教的各派，其中最大的就是「濕婆派」、「毗濕奴派」、「莎克蒂派」三大派，然後仿效佛教建立僧團制度，在印度東南西北各地興建四大廟宇，並附設「婆羅門僧侶學院」；

同時，他在哲理上徹底擊潰了佛教的所有高僧，贏得空前的勝利，佛教頓時潰不成軍，在印度各地迅速式微；

但是，印度教徒並沒有像伊斯蘭教徒那麼暴力血腥的趕盡殺絕，同樣是以同化收編的方式，在同化收編了印度各地原本教義迥然不同的原住民信仰之後，也把「釋迦牟尼」收編進入新印度教系統；還是尊崇他的神聖地位，只是宣揚「釋迦牟尼」其實是「毗濕奴神」的第九世化身，因為這個世界即將毀滅，當第十世的化身「加爾基」（Kalki）騎著白馬，拿著利劍出現在世間時，將會殺光所有印度教的敵人以及對印度教諸神信仰不虔誠的人，然後新的世界將在徹底整頓後重新開始。

而「釋迦牟尼」這第九世化身，名為佛陀，其實實際上做的卻是惡魔的工作，他主要任務是專門以教導各種違背婆羅門教義的邪說來誤導信仰不堅的婆羅門教信眾，經由這種試煉讓他們墜入日後將被毀滅的黑名單之中。

所以，釋迦牟尼所主張的１．反對婆羅門至上。２．不相信吠陀天啟。３．不相信宇宙有主宰神。４．反對種姓制度，主張眾生平等。５．反對殺生祭祀，反對「祭祀萬能」。

其中包含了反對「婆羅門三大綱領」。這全是謬誤的惑世邪說。

這個說法不只是「毗濕奴派」信徒堅信，而是主要三大派印度教徒所普遍相信的。

所以，「釋迦牟尼」是「毗濕奴神」的第九世惡魔化身，他的主要任務就是在世界毀滅之前，盡量的惑眾，用以試煉原本印度教信徒的信心是否虔誠？是否會因此為其所蠱惑而作出反對印度教的行為。

所以，對於「釋迦牟尼」的角色和地位，佛教和印度教有著截然不同的認定；

那麼誰對誰錯呢？

訴諸公開表決可以嗎？

結果也不難想見；印度教徒比佛教徒整整是三倍以上，肯定會贏得壓倒性的勝利。

所以，只好肯定印度教勝出，「釋迦牟尼」是「毗濕奴神」的第九世惡魔化身，他的任務就是專門來「惑眾」的！

所以，佛教徒是否群情激憤，是否誓死反對，面對三倍人數和選票優勢的印度教徒，不知道怎樣才能改變他們的認定和信仰？

同樣都是屬於印度的宗教，都是屬於和平的，都是主張非暴力的，所以當然不可能訴諸暴力來解決，那麼，訴諸哲理教義辯論呢？關於「因果業報」、「輪迴轉世」、「涅盤」等等又幾乎是完全相同的，辯論些什麼呢？而且，千萬別忘了：「釋迦牟尼」可不是印度教的敵人，而是所有印度教徒同樣崇敬的大神呢。在所有供奉「毗濕奴神」的大大小小神廟之中，只要同時供奉十位化身神的祭壇上，都有「釋迦牟尼」的一席之地。大家一樣會供花焚香，頂禮膜拜的。

所以，當然只能「維持現狀」，也所以，全世界有超過十億多過佛教徒三倍以上的印度教徒是堅信「釋迦牟尼」是身負「惑世任務」的。

所以，不要詛咒筆者吧，因為筆者不是印度教徒，筆者也不相信「釋迦牟尼」是誰的化身，有這種主張和信仰的是所有印度教徒，不是筆者！

不過，還是也不要詛咒所有印度教徒吧？否則萬一詛咒生效，同時詛咒超過十億人下地獄，那地獄豈不是立刻塞爆？而且，還要害得「地藏王菩薩」永遠不能成佛了。

筆者個人沒有任何宗教信仰，所以沒有任何因為宗教本位主義而產生「黨同伐異」的情結；對於佛教，筆者沒有任何恩怨情仇，對於「釋迦牟尼」，筆者敬佩他的智慧，但是，筆者不能苟同他的認知與一生宣揚的教義；而且筆者一生自律甚嚴，絕不可能因為任何動機或目的而擔任任何宗教的刀筆打手。這本書不是為了惡意污蔑聖人或佛教而花費這麼多時間蒐證、思辨和撰寫，最簡單的動機就是「善意的告知事實真相」；筆者當然可以料想到付梓出版後必定會引發的反彈，但是，既然這本書舉出的是實證，任何讀者或宗教團體對內容有異議，請同樣拿出實證來反駁，如果只是宗教本位主義非理性的謾罵或者詛咒，筆者不會理會的。

本書中之圖片純粹為配合文字內容作為佐證之用，其中大部份為筆者三度專程遠赴印度、尼泊爾以及多次前往東南亞各國所拍攝，部份圖片則是基於研究與評論目的，以及還原歷史蒐證之必須，合理引用自網路，但，因為網路圖片多屬多次轉載轉貼狀態，要逐一追查到源頭有實際困難，因此為免張冠李戴，引發不必要之困擾，因而無法一一註明原始出處，為示誠信負責，謹此說明。

目錄

緒論

最早提出「釋迦牟尼惑世說」的是印度教；但是，也並不是一開始就有這種說法的；因為在印度次大陸地區，包括現今的巴基斯坦和孟加拉；最早的原住民「達羅毗圖族」與「澳族」；原本也有著目前還不甚明確的原始宗教信仰，但是大約在距今三千五百年前，「印伊雅利安人」入侵印度河流域開始，就帶入了他們的「吠陀信仰」，然後大約在距今三千年前，轉變為「婆羅門教」，教義定案，儀軌森嚴，而且還制定了「婆羅門三大綱領」以及後來專門規範階級義務和罰則的「摩奴法典」。從歷史年代來說；有關「釋迦牟尼惑世說」以及與「毗濕奴神」之間的關係，大致可以分為以下四個發展時期：

1．吠陀教時期，婆羅門教前期：釋迦牟尼尚未出世；「毗濕奴神」信仰開始時，十個化身中沒有「佛陀」，只有「大力羅摩」。在所有這一大段時期中的繪畫、各種材質的雕像中，第八化身是「大力羅摩」，第九化身是「黑天」（克里希那），第十化身則是「迦爾基」。這個時期至少維持了一千多年以上，有關「毗濕奴神」的十大化身從來沒有改變，連排列順序也一直是固定不變的。這點可以參閱本一篇章節所有相關圖片中的彩繪和雕刻品就可以得到證明。

2．二千六百年前，釋迦牟尼出世、修行、傳道至圓寂，勢力不大。雖然也經常遭到印度教徒的排斥甚至謀害（如「目犍連」慘遭激進印度教徒的殺害）；同時，反對佛教教義的宣傳和行動也是一直存在的，但是，並未有「化身惑世說」，而且從「阿育王」獨尊佛教開始，佛教曾經風光過一時，在政治威權的保護支持下，印度教的信仰受到了相當大的壓抑，雖然互相不認同對方的教義，卻也不曾發生大規模的血腥衝突；

一直到「阿育王」過世半世紀之後，才發生王室信仰改變，而有毀寺滅僧的行動，但是，在印度教徒的眼中；釋迦牟尼只是一個小規模外道的領袖，本身不是神祇，與印度教任何神祇也沒有什麼特殊關係。

3．西元八世紀，商羯羅復興印度教，駁倒佛教高僧，收編了被尊為「佛陀」的釋迦牟尼，將他取代「大力羅摩」，成為「毗濕奴神」的第九個化身。將之定位為「惑世」者。在商羯羅復興「印度教」之前，婆羅門教因為信仰主神的不同，互相傾軋鬥爭甚至血腥衝突是非常嚴重的，但是，商羯羅卻能運用高超的智慧，將所有教派的主神融合成為基本的三大主神，連東印度的「娃娃神」和「泛女神」原始信仰一併收編整合。從印度的宗教史觀之；應該可以相信商羯羅本身是非常愛好和平的，因為不忍見到同為印度同胞，只是因為信仰的主神不同就互相殺伐迫害，所以他以過人的智慧調和了教派中的矛盾，而且還兼顧了其他偏遠地區的原始信仰，當然也同時收編了佛教的領袖「釋迦牟尼」；但是，「釋迦牟尼」創立佛教的目的就是為了反對「婆羅門教」的專橫以及種姓制度的不平等，那麼要怎樣順利的把「釋迦牟尼」這個反對派的頭子名正言順的收編呢？他想出了一個「綿裡藏針」的妙計，乾脆順勢而為的把「釋迦牟尼」說成是一個假扮反派的化身，其任務就是來「迷惑眾生」的，所以專門宣揚與印度教完全相反的教義；那麼要怎樣安排他的身份呢？剛好「毗濕奴神」是擁有最多化身的神祇，於是就偷天換日的把其中最接近傳說中；比「世界末日」時前一期會降臨的化身神「大力羅摩」偷偷地換成了「釋迦牟尼」；剛好可以用來呼應最後一個在末世要來除奸去邪的「白馬迦爾基神」；因此，「釋迦牟尼」就被收編為「毗濕奴神」的第九位化身，專門為「惑世」而降生。不過，在「毗濕奴教派」中對這個被改編過的神話預言是深信不疑的，而其他教派則未必，大部分是相信的，有些卻還是遵古而不接受這種說法；這點同樣可以從一些同一時期的神像或工藝品就可以看出，同樣的細密畫、雕刻中，「毗濕奴神」的第九位化身有時還是「大力羅摩」，有些則改成了「釋迦牟尼」。這點也可以看出有些世襲下來的古老觀念未必能夠完全被人為臨時更改的。還需要注意的是；有時「毗濕奴神」的第九位化身被更換的未必一定是「大力羅摩」，有時是保留「大力羅摩」，取消了「黑天」，更換為「釋迦牟尼」；這也可以看出人為編造和偷天換日的明顯鑿痕，也許這和信仰的神祇有關；有些比較重視「黑天」，有些則比較崇拜「大力羅摩」；所以，被更換掉的對象也就產生了變化。

4．印度教與佛教互相收編神祇，各自編造虛假的神話說辭；印度教的「釋迦牟尼是第九化身說」固然純屬捏造的胡扯，但是，「惑世」說卻是確有所本；包括釋迦牟尼「倡導眾生平等，反對種姓制度及婆羅門至上」、「倡導無我論，反對真我阿特曼，無靈魂說」、「倡導無神論，反對主宰神說」、「倡導不祭祀，反對犧牲血食祭祀」。如果從釋迦牟尼自稱「證悟得道」之後的初轉法輪開始；其核心思想和原初的基本教義幾乎都是一種「被動式的反制」，目的都是為了反對和反制當時「婆羅門教」的基本教義，但是，卻又矯枉過正的形成一種偏執的「絕對論」；譬如「倡導眾生平等，反對種姓制度及婆羅門至上」；雖然「婆羅門教」所主張的種姓制度是人為劃分的階級不平等，固然是不合理與不人道的，應該要反對，但是，放眼自然界，眾生卻確實是不平等的，因此強烈堅持「眾生平等」一樣也是完全不合理的偏執。而「倡導無我論，反對真我阿特曼，無靈魂說」，那就更是為反對而反對，幾近非理性的「極度偏執」，因為「我」是說話者的自稱，而且人人都有不同的認知與思維，從來沒有兩個完全相同的人，因此，「我」是一個各自獨特的立足點；一切的認知和體悟，都是由「我」起始的，沒有「我」，其他一切的存在都是沒有意義的，豈能為了反制全印度由吠陀信仰就存在的「真我阿特曼」觀念而非要否定「我」，否定「靈魂」，更嚴厲的規定「不許有我」呢？更匪疑所思的是「釋迦牟尼」本人自己一生傳道究竟說過多少次「我」呢？即使只說過一次代表自己的「我」字，就不能主張「無我」。其中只有「無主宰神論」與「反對祭祀萬能說」大體正確。但是，佛教從釋迦牟尼開始；如果去除了這些「被動反制式」基本教義以及拷貝自印度教的「因果業報說」、「輪迴轉世說」、「涅盤說」之後，佛教在釋迦牟尼時期究竟還有多少是屬於他個人「主動創新發軔」的教義呢？

在以下的所有章節中，都是針對本書的主題「釋迦牟尼的惑世任務」所提出的證據和筆者的批判，包括圖片證據。

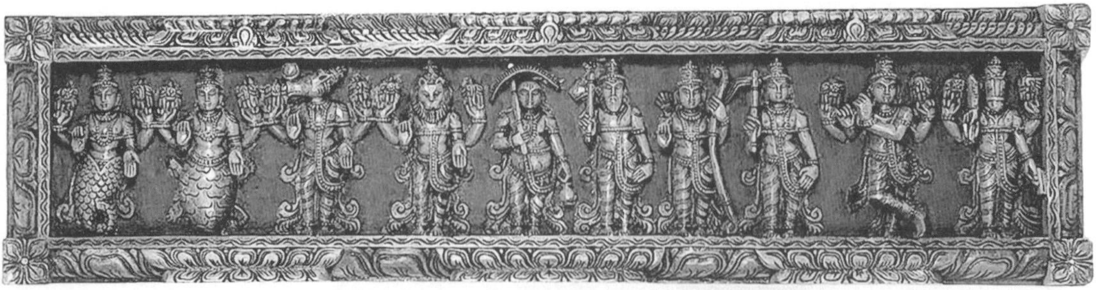

彩繪木雕的毗濕奴十大化身中，從放大圖可以看到第 8 及第 9 位化身神，左邊是「大力羅摩」，右邊是「黑天」，都不是「釋迦牟尼」。

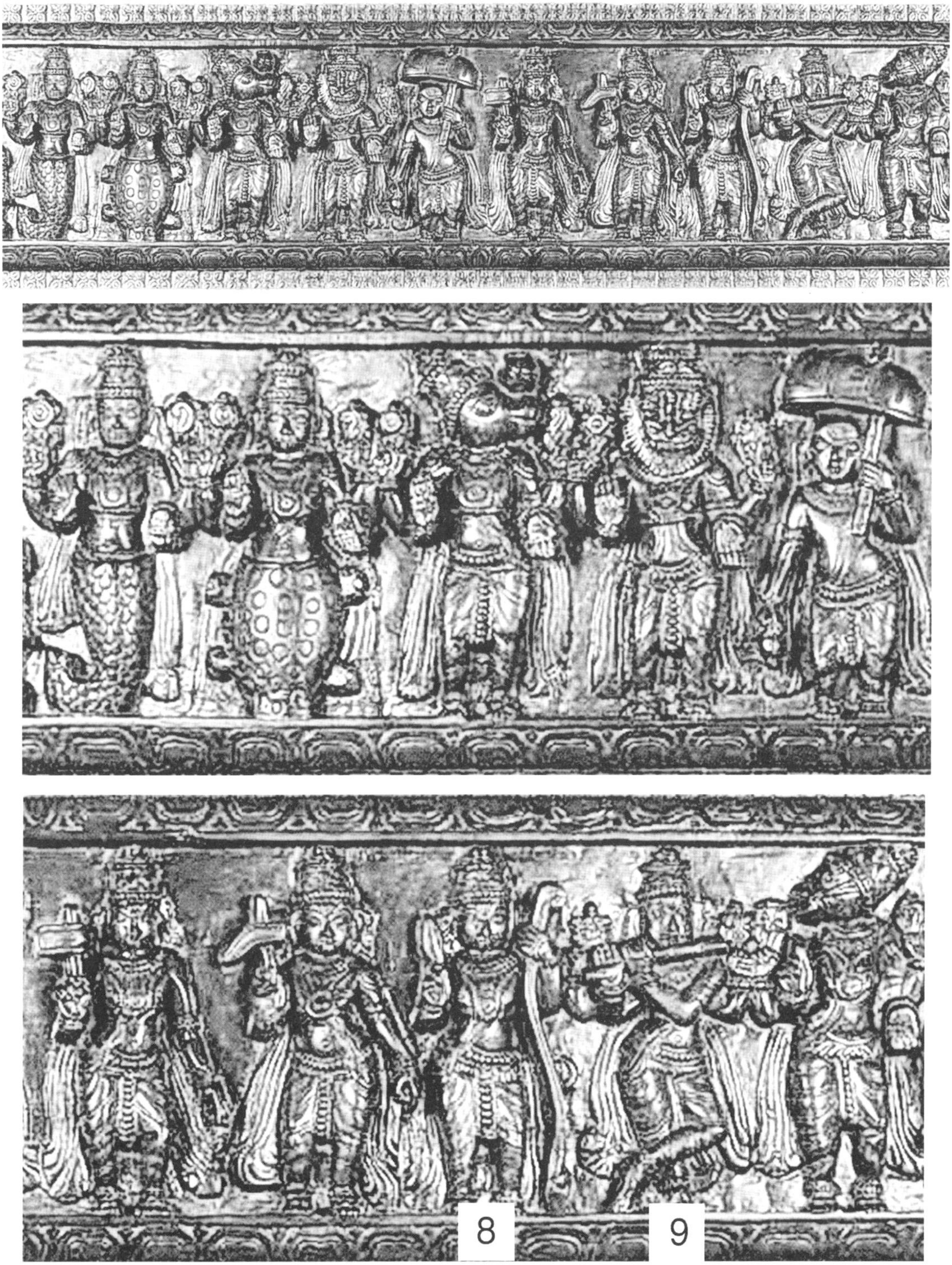

古代漆器的毗濕奴十大化身中，從放大圖可以看到第 8 及第 9 位化身神，左邊是「大力羅摩」，右邊是「黑天」，都不是「釋迦牟尼」。

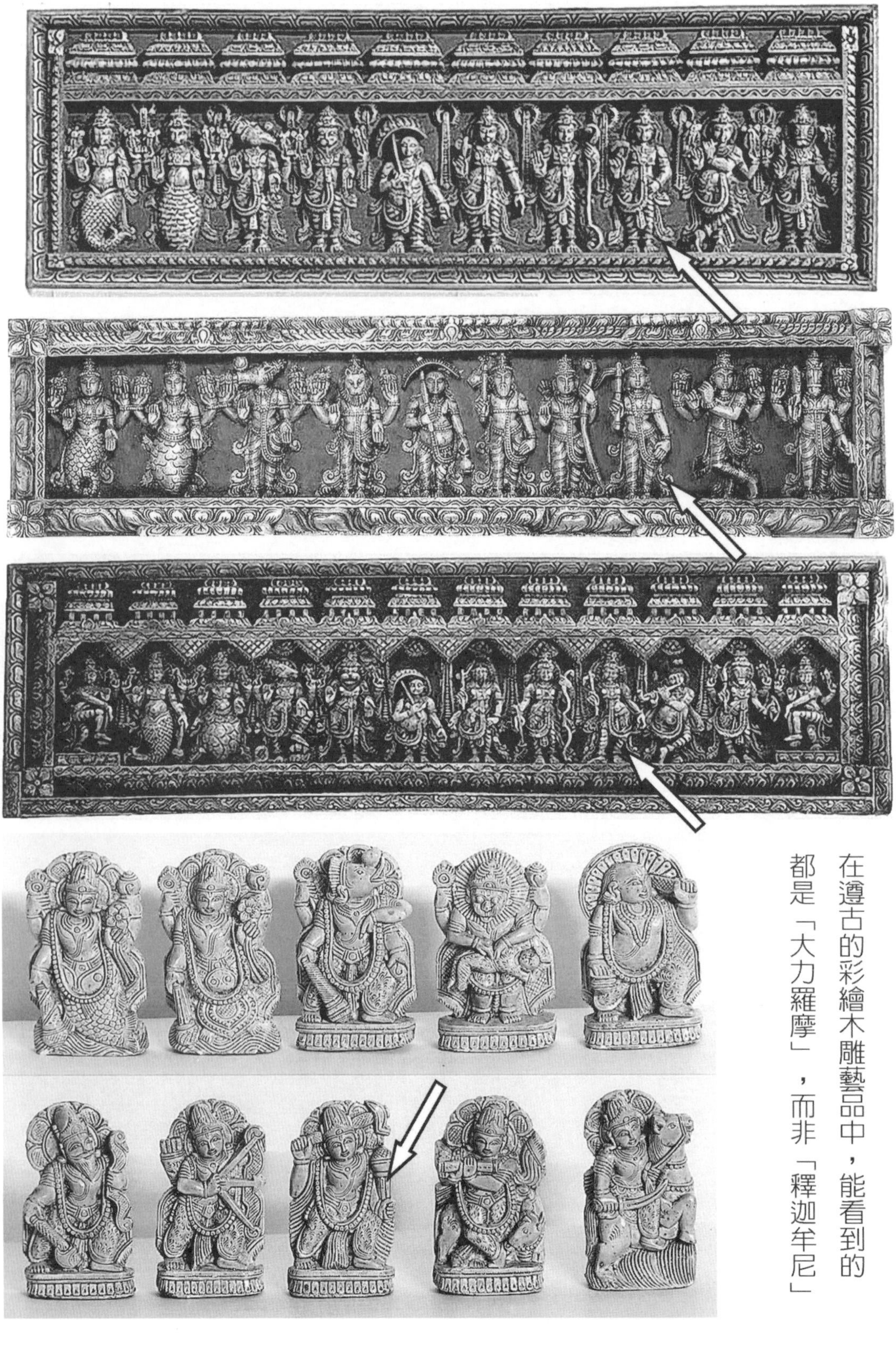

在遵古的彩繪木雕藝品中，能看到的
都是「大力羅摩」，而非「釋迦牟尼」

在傳統絹布細密畫中，古老的第9化身仍是「大力羅摩」，或者與「黑天」位置對調，只有最下一幅較近代的作品才被調包抽換為「釋迦牟尼」。

近代繪製的細密畫，其中第 9 化身已經更換為「釋迦牟尼」

近代工藝品的「毗濕奴神」十大化身像，其中第 9 化身，已經抽除掉「大力羅摩」更換為「釋迦牟尼」。從這點可以看出印度教的收編政策有相當成功的效果，但是，和「遵古」的基本教義派卻產生了同教不同調的明顯矛盾。

近代玩偶類工藝品的毗濕奴神十大化身中，第 9 化身已抽除掉「大力羅摩」，更換為「釋迦牟尼」。

古代銅器鑄像十大化身中，有「大力羅摩」，卻沒有「釋迦牟尼」像

古代銅器鑄像，在這組作品中，可以看到「毗濕奴神」的第9化身，已經被更換為「釋迦牟尼」，可以證明在印度教的信仰中，認知仍一直存在明顯的歧見。

上圖為銅版畫，下圖為銅器鑄像，在「★」號位置的第9化身，已經更換為「釋迦牟尼」。

魚

龜

17世紀的「毗濕奴神」十大化身的銅板畫，其造型和裝飾充滿濃厚的歐式藝術風格。

野豬

獅子

侏儒神

持斧羅摩

羅摩

大力羅摩

在這組17世紀的銅版畫中，可以清楚看到毗濕奴神的第九化身是正統的「黑天」而不是後來被調包的「佛陀」，可見在印度教中有許多信徒還是非常「遵古」的

釋迦牟尼左右護法神的笑話

假設，有人跟你說「馬總統」在連任成功後的第二任擔任總統期間，會任命「美國總統歐巴馬」和「俄國總統普汀」來擔任他的隨扈，以維護他的安全。

你會不會笑到不行？

那麼佛教說釋迦牟尼的左右護法是「帝釋天」和「大梵天王」，那不也一樣可笑？

不過，這不是笑話，也不是神話，而是謊話！

佛教在印度並沒有充分的發展壯大，反而是在釋迦牟尼圓寂之後，就開始分裂，雖然在阿育王時代曾經風光一時，但是，隨著孔雀王朝的覆亡，佛教也走向衰敗之途，最後終於被伊斯蘭教徒徹底消滅，而釋迦牟尼自己也被印度教收編，成為「毗濕奴」神的第九位化身。印度人或者印度的宗教是非常擅長收編其他宗教神祇的；

佛教也不遑多讓，仿效了「印度教」收編其他宗教神祇來當「傀儡」的方式，非常阿Q式的把幾乎所有著名的印度神祇一網打盡，統統安排為小小的「護法神」，譬如所謂的「二十四諸天」：功德天、辯才天、大梵天王、帝釋天、四大天王（東方持國天王、南方增長天王、西方廣目天王、北方多聞天王）、日天、月天、金剛密跡力士、摩醯首羅天、散脂大將、韋馱天、堅牢地神、菩提樹神、鬼子母、摩利支天、娑竭羅龍王、閻魔羅王、緊那羅王、紫微大帝、東嶽大帝、雷神。其中的「帝釋天」竟然是印度教吠陀教時期至高無上的宇宙主宰「因陀羅」，「大梵天王」是「梵天」，「日天」是太陽神「蘇利耶」，「月天」是「蘇摩」；

且來看看被佛教收編的左右護法來歷；

「因陀羅」（Indra）：全名是「夏克羅・迪波拉慕・因陀羅」意思為「最勝、最優秀、最優越、征服天地的眾神之王」，也是印度教吠陀經中所記載為諸神的領袖、雷神和戰神，也是空界甚至天地間的主宰。最早是以「雷神」的面貌和無比的神力出現；

「梵天」（Brahma）：是印度教的創造之神，與「毗濕奴」、「濕婆神」並稱三主神（婆羅門教時代以後）。他的坐騎為天鵝，配偶為智慧女神「辯才天女」，故「梵天」也常被認為是智慧之神。

這麼大有來頭的印度教主神，釋迦牟尼憑什麼可以把他們抓來當「隨扈」？曾經發生過大戰，因為釋迦牟尼打敗了印度教眾神，所以可以隨意處置這些戰俘嗎？當然沒有，因為釋迦牟尼是主張非暴力的，連自己祖國和族人被屠滅，他也沒特別感覺，一幅前世因果，自作自受的說詞而已。（事實證明，在印度；佛教其實是敗亡者，印度教才是勝利者）

那麼是印度教諸神受到佛法的感召，所以統統皈依佛教了？當然也沒有！

佛教不但沒有征服、說服印度教，甚至在印度徹底滅亡，只能遠走異國，在中國和亞洲各地意外的竄紅。但是，把印度教諸神一網打盡，悉數收編為僕儸隨扈，那只是自己編造的謊話而已。而且這些只是婆羅門教時代已經失勢的印度神，所以釋迦牟尼大概也只敢收編這些「落難神」，像當時正當紅的「濕婆神」、「毗濕奴神」和「迦莉女神」，他就不敢收編。不過這種收編的行為，只是更證明那些肯定不是事實，只是用新神話包裝舊神話，怎麼會是事實真相，又怎麼可能會是「真理」呢？

謊話連篇，還不打自招的刻了雕像來為這個謊話存證！

這當然不是釋迦牟尼在世時的作為，而是佛教在印度失勢，退居東印度一隅苟延殘喘，延命一時的阿Q思想作祟，是一些後世不肖的佛弟子幹的蠢事。其實從大量圖片中，可以比較一下；釋迦牟尼與「帝釋天、大梵天王」左右護法神的石雕古物，以及印度教許許多多「毗濕奴神與左右護法神」的石雕古物，兩者幾乎如出一轍，連服飾造型，甚至高帽的形制都十分神似；可以看出這是佛教東施效顰的結果；其處境是可悲而不堪的，其心態卻是自憐自瀆的可鄙。

一張真實的圖片勝過千言萬語的解說和辯駁！

此圖為有左右護法的「毗濕奴神」石雕，注意其形制！

有四面的梵天

此圖為「釋迦牟尼」石雕像，左為「大梵天王」，右為「帝釋天」，亦即印度教中的「因陀羅神」。這是佛教東施效顰最典型的具體證據。

在印度教中，形制大同小異的「毗濕奴神」原型石雕，都有左右護法。
足資證明前圖佛教出於阿Q心態，刻意模仿並貶低印度教神祇的可鄙行徑。

形制大同小異的「毗濕奴神」原型石雕，都有左右護法。

形制大同小異的「毗濕奴神」原型石雕，都有左右護法。

有左右隨侍或者護法的佛陀雕像，從造型可以看出各時期在兩旁隨侍者的身份並不固定，可以證明並非一定是帝釋天和梵天。，

有左右護法神的佛陀石雕造像，箭頭所指的都有多頭特徵，可以證明是「梵天」，同樣可以證明這是經過人為刻意的安排，將印度教的著名神祇貶低為護法。

『釋迦牟尼與「帝釋天、大梵天王」左右護法神』石雕古物圖片說出了這個真相；也坐實了佛教是怎樣擅長吹牛來欺瞞當時及後世信眾的，這種完全背離歷史事實的行為，同樣也證實了佛教的諸多經典也是堂而皇之偽造出來的，其內容根本不可信。

附錄：釋迦牟尼的左右脇侍

關於普賢與帝釋，首先注意到的，是普賢坐的六牙白象，與帝釋坐的六牙白象，恰好一致。普賢坐的六牙白象，如『法華經』的『普賢菩薩勸發品』，及『觀普賢菩薩經』，有詳備的敘述，這當然經過了大乘的表現。帝釋坐的六牙白象。

梵王為主，融攝舍利弗的德性，形成文殊師利。帝釋為主，融攝大目犍連的德性，成為普賢。人間、天上的二大脇侍，成為二大菩薩；二大脇侍間的釋迦佛，就成為毘盧遮那。

文殊普賢與舍利弗目犍連：審細的研究起來，文殊與普賢，實為舍利弗與目犍連的理想化。、「大智文殊，大行普賢」，簡要的表示了二大士的德性。這在釋尊的教團中，即是舍利弗與目犍連的德行。釋尊的大弟子，各有特長，而舍利弗與目犍連，佛記別他是：「是二人者，是我弟子中智慧第一、神足第一」（大智度論「引律」十一）。

這種心態和作法後來也被西藏密教所效法引用甚至更加誇大其詞的在唐卡繪畫中和各種銅鑄的雕像中大肆宣揚（請參閱「印密與藏密中的金剛和明王的神通騙局」一章）。

認識「因陀羅」與「梵天」

「因陀羅」（Indra）：全名是「夏克羅．迪波拉慕．因陀羅」意思為「最勝、最優秀、最優越、征服天地的眾神之王」，也是印度教吠陀經中所記載為諸神的領袖、雷神和戰神，也是空界甚至天地間的主宰。最早是以「雷神」的面貌和無比的神力出現；

＊「因陀羅」在很小的時候就展現了他無比的神力，當妖魔「埃穆沙」化身為野豬，從天神處偷盜用於獻祭的供品，並藏在「阿修羅」的倉庫中，結果「因陀羅」挽弓射箭，箭矢竟然能射穿廿一座山峰，殺死了「埃穆沙」。

＊當眾天神陷入與「阿修羅」的千年苦戰之時，「因陀羅」英勇無比的以肉搏的方式，奮力將「阿修羅」領袖「商婆羅」扔下萬丈懸崖之下，迫使他不得不在慘敗之餘只能狼狽的率領眾「阿修羅」殘部遠遠地躲避到深深的海底。

＊當宇宙最巨大的蛇怪「弗栗多」四處作亂，堵塞河道並飲乾所有河水，造成天下一片乾旱，並且以超強魔力打得眾神無力招架；聞名喪膽，紛紛準備歸順之際，「因陀羅」適時挺身而出，雙方展開了殊死拚搏，最後終於殺死「弗栗多」和他的母親，並且一口氣摧毀了「弗栗多」的九十九座城堡；釋放了宇宙之水，也因此被共尊為「諸神之王」，成為天地間的共主。

＊天神中的工巧神「陀斯多」為他打造了金車，還打造了威力強大的金鋼杵，並且製作了一個精美的酒盅，讓他可以暢飲「蘇摩酒」以獲得神力的泉源，所以「因陀羅」每次出征前都是先豪飲「蘇摩酒」，再駕著金車在天地間飛馳，然後用金鋼杵去和各種妖魔惡神大戰。（註：非常奇特的

是；蛇怪「弗栗多」卻也正是天界巧匠「陀斯多」tvrstar 所刻意製造出來的，因為他原先和「因陀羅」交情極好，後來他三頭六臂且智慧過人的兒子「薩魯伯」，不但是虔誠的苦修者，也是天界主要的祭司，卻因為是「阿修羅」女所生，不能得到「因陀羅」信任，在與「阿修羅」諸惡神大戰之時，同時也殺死了「薩魯伯」，於是兩神從此交惡，巧匠「陀斯多」懷恨之餘才創造了連眾天神都萬分恐懼的蛇怪「弗栗多」，打算殺死「因陀羅」報殺子之仇，但是，最後還是沒能成功。不過由此也看出眾神之間的關係也是反覆無常的，這也是印度神話諸神中很常見的矛盾）。

＊在慶祝戰勝「阿修羅」的慶功宴，眾神為了誰該最先接受供品的程序上發生了一些爭議，最後決定用賽跑比賽來決定，在最後的決賽中，「因陀羅」贏過強大的對手火神「阿耆尼」，於是「因陀羅」又獲得了「生殖之源」的尊榮，也獲得創造萬物的權力，於是他重新安排宇宙的秩序，劃分天界、空界、地界，不但支撐住了天界的世界，調整日月運轉和季節變化的穩定，也因此安定了天地人和樂共處的黃金時代。

＊以上是「因陀羅」在「前吠陀時期」時的一些豐功偉業和地位的至高無上，但是，到了「吠陀後期」，他的角色開始出現了明顯的變化，不再是權高位尊，他被形容成一個養尊處優又酗酒過度的平凡天神，再也沒有非凡的戰功和驚人的神蹟可供歌頌。

＊「因陀羅」在與「阿修羅」的大戰中，因為用假公濟私的手段殺死了陀濕多（工巧神）三頭六臂且智慧過人的兒子「薩魯伯」，和陀濕多為報仇而製造的巨蛇怪「弗栗多」。「薩魯伯」原本是天界的祭司，屬於最高的婆羅門階級，因此因陀羅不敢再當天地共主（天帝）而趕緊躲了起來。「因陀羅」的妻子「舍脂」因為一再受到暫時代理天帝「友鄰王」的覬覦和騷擾，甚至逼迫她成為自己的妻妾，「舍脂」不得不求助於「祭主仙人」，用緩兵之計虛以委蛇，然後費盡千辛萬苦終於暗地找到了「因陀羅」，原來他正非常可憐地藏在一朵蓮花的莖里。後來，因為受到仙人的詛咒；「友鄰王」變成了一條蛇墮落山谷，而「因陀羅」也因此得以重新當上天帝：：這個故事最早出現於史詩「摩

訶婆羅多」。但是其成書是在西元後五百年左右，最初的原始抄本也不會遠過西元二百年。它明顯遠遠地晚於「吠陀時代」之後，但，這個關於「因陀羅」很羞辱的神話，其實是為表現出「三主神」地位上升，「因陀羅」受到刻意貶低（在「梨俱吠陀」中斬殺「弗栗多」是「因陀羅」最偉大的功績，是受到眾神歌頌和萬分感激的，但是到了這個神話，反而變成了他的罪行和恐懼），也從而可以明顯看出婆羅門僧侶在編造這類神話時，是如何的蓄意貶抑「吠陀時代」的大神，甚至連「天帝」也能被如此遭遢羞辱，而同時又極力抬高婆羅門修道仙人的地位。

＊與上一則相關的神話：「因陀羅」躲起來之後，人間的著名英雄「友鄰王」通過苦行積累了許多功德，此時受到眾天神的邀請，便取代了「因陀羅」的位置成為天界主宰。「友鄰王」坐上天帝寶座後逐漸腐化，縱情於聲色之中，最後甚至企圖霸佔「因陀羅」的妻子「舍脂」。「舍脂」只好向「祭主仙人」求救，用了緩兵之計；「舍脂」假意答應嫁給「友鄰王」，但要「友鄰王」坐著七位仙人抬的大轎來迎娶她。「友鄰王」果然中計，又因為他急著與「舍脂」成婚，不斷喝令仙人們快走，最後竟然踢了其中的「投山仙人」一腳。這位大仙非常憤怒地發出詛咒，於是「友鄰王」立刻從天上跌落變成了一條蛇，要一萬年後才能超生。（在這樣的神話中；很難讓人想像內容竟然可以胡扯到這種地步；其一，凡人能突然成為天界主宰神嗎？其二，仙人既然本事這麼大，直接把「友鄰王」變成蛇或其他動物，甚至詛咒他下地獄不是更乾脆，何必用什麼緩兵之計？其三，既然能詛咒他變成蛇，仙人的能耐肯定是勝過「友鄰王」的，為什麼不邀請這些仙人之一來當天界主宰？其四，如果能詛咒他變成蛇，這七位仙人又為何這麼委曲的願意幫他抬轎子？）

＊「阿濕昆雙神」因為讓「伽婆那欣仙人」返老還童，「伽婆那欣仙人」欣喜之餘，於是答應讓「阿濕昆雙神」暢飲「蘇摩神酒」，使他們成為一個單神。當他捧著蘇摩酒要祭祀「阿濕昆雙神」時，「因陀羅神」卻出面阻撓，認為「阿濕昆雙神」只不過是應召為眾神行醫的神僕而已，沒有資格飲用蘇摩酒。但「伽婆那欣仙人」並不認同這種看法，仍執意向「阿濕昆雙神」獻酒。「因陀羅」

見狀大怒，舉起金剛杵正要投向「伽婆那欣仙人」；「伽婆那欣仙人」卻運起神力，讓「因陀羅」舉著金剛杵的手麻痺，又用神力讓巨大的惡魔「摩達」出現。惡魔「摩達」的邪力極為恐怖，連「因陀羅」也認輸，只能垂頭喪氣的逃走，於是「阿濕昆雙神」終於因為飲用了「蘇摩神酒」而能躋身眾神之列。這個神話中，「因陀羅」這位「吠陀神話」中的天地主宰神竟然會被一位「仙人」把手弄麻痺，還會被惡魔「摩達」嚇得抱頭鼠竄，真是不可思議之至，顯然最神通廣大，最偉大的應該是最擅長篡改神話的婆羅門僧侶。

＊有一次是當眾多牧牛人正在準備祭祀掌管降雨的「因陀羅」神時，「黑天」（Krishna為「毗濕奴」第八次化身）卻去祭祀家畜及山岳，惹得「因陀羅」大怒，便降下大雨。受困於大雨的牧羊人只好向「黑天」求助。於是力大無窮的「黑天」便拔起「科婆達那山」，用一根手指頂了七天，遮住天空，讓牧牛人不受大雨的威脅。這個神話故事同樣說明「因陀羅」的失勢，和「三主神」的崛起。

「梵天」（Brahma）：是印度教的創造之神，與「毗濕奴」、「濕婆神」並稱三主神（婆羅門教時代以後）。他的坐騎為天鵝，配偶為智慧女神「辯才天女」，故「梵天」也常被認為是智慧之神。根據「往世書」的說法，「梵天」是自我誕生的。但是說法不一；一說在宇宙肇始之際，「毗濕奴」肚臍上的蓮花產生了「梵天」。這也說明了「梵天」的名字又叫做Nabhija（意味「從肚臍生出來的」）。另一個傳說則說「梵天」是從漂流在水上的一顆金卵中誕生的，因此「梵天」又叫做Hiranyagarbha（金卵之意）。最後，金卵的剩餘部份則擴張成宇宙。「梵天」是至高存在「梵」和陰性能量自性（Prakrti）或幻象（Maya）的兒子；或者說「梵天」是「梵」這個抽象意念的具象和具體呈現，不過，非常明確的，具象化的「梵天」不是「吠陀時期」本初的神祇，而是後來才被婆羅門僧侶賦予擬人化的形體，並用於和「濕婆神」、「毗濕奴神」匹配為「三主神」。他的特徵是四顆頭、四張臉以及四隻手臂，其中有一隻手上拿的是「吠陀經書」，而且口中不斷地誦讀「吠陀經」。

＊在神話故事中講到「梵天」四個頭的來歷。是因為他創造了一位叫做「莎拉娃蒂」(Sarasvati辯才天女）的女神，但「梵天」卻因此迷戀她。「莎拉娃蒂」到處逃竄，躲避「梵天」的注視；但不管她怎麼躲，「梵天」總會長出新的頭顱出來。最後，「梵天」一共長出了五個頭顱。「莎拉娃蒂」去向「濕婆神」求救；「濕婆神」認為「莎拉娃蒂」是「梵天」的女兒，但娶女兒為妻是有違反了天律的。為了阻止「梵天」，「濕婆神」砍掉了他的一顆頭。也因為「梵天」有了這種可恥的行為，所以，後世永遠無法獲得和「濕婆神」及「毗濕奴神」一樣的祭祀和崇拜。

＊另一種神話卻是說：「梵天」在某一次眾神集會之中與「濕婆神」辯駁，究竟誰的法力較強，「濕婆神」憤怒，於是拔劍砍斷了「梵天」第五個頭顱。眾神皆對「濕婆神」如此暴戾之舉感到不滿，大罵其為「殺梵之賊」，尤其是「毗濕奴」神，「毗濕奴」拋起法螺、金剛杵、蓮花三樣法器，法螺大鳴降低了「濕婆神」神的聽力，蓮花兩片花瓣落在「濕婆神」神的眼睛上，「濕婆神」神於是張開額頭的第三隻眼，並自眼中燃燒足以毀滅世界的火燄，但金剛杵又落下直逼「濕婆神」神的第三隻眼。「濕婆神」神知道自己落敗，於是回到喜馬拉雅山隱居修行，苦練自己的額上之眼。

＊關於「梵天」永遠不能得到人們的祭拜一事；最早的一種說法是說「梵天」後來還是娶了「莎拉娃蒂」為妻，但是，在一次「梵天」邀請眾神的盛大宴會中，「莎拉娃蒂」一直延遲未出面，祭司去催促，「莎拉娃蒂」仍然慢條斯理的在化粧打扮，「梵天」感到顏面大失，一怒之下，就命「因陀羅」再去幫他找個女子為妻，結果「因陀羅」來到凡間看中了一位牧羊女「加耶德麗」；就把她帶回天上，「梵天」見了覺得喜歡，所以就當眾宣佈要另娶「加耶德麗」為妻，因為「梵天」和「莎拉娃蒂」的婚姻本來就不被眾神所祝福的，他這次再婚當然就變得名正言順，所以眾神都歡欣鼓舞的大聲祝福和贊同，但是，這時「莎拉娃蒂」卻現身了，非常氣憤，就惡言詛咒「梵天」將因為拋棄髮妻，另結新歡的行為為人間信眾所不恥，將因此永遠不能得到原本應有的祭祀，以後每年只有婆羅門祭祀會祭祀他一次而已。

＊另一種說法，「婆利古仙人」邀請「梵天」參加一場祭典，但「梵天」卻沉浸在「濕婆神」化身成他的妻子辯才天女的音樂之中，完全不理會仙人的呼喚，「婆利古仙人」大怒之下，便詛咒「梵天」永遠不能得到人們的祭拜。

＊印度教只有少數人向「梵天」禮拜，全印度境內數千座印度教寺廟中僅僅只有兩座是專門供奉「梵天」的，或許真正的原因是「梵天」創造天地萬物的工作早已完成，他已經不再為人間做任何事，一向處於休息狀態；而「創造」對所有信徒來說已經不是那麼重要，反而是保護神「毗濕奴」和破壞神「濕婆」比較需要敬畏和膜拜？不過，也只是沒有普遍專門祭祀「梵天」為主神的廟宇，一般祭祀中，信徒還是會「順便」祭拜他的。不過，反而在南傳進入中南半島，尤其是在泰國，被稱為「大梵天王」或者「四面佛」卻是廣受崇拜的，供奉他的廟宇祭壇極多，信徒認為他是有求必應的，而且四個面可以祈求不同的願望並獲得實現。

＊在關於「梵天」的這些神話中；同樣的可以看到許多匪疑所思的矛盾；其一，印度神話中說到「吠陀天啟」，把原本人們讚頌神祇的歌詠托言是天神創作並賜示的，這已經非常「神化」了，而「梵天」又被編造成一切的創造者，包括「吠陀經典」，那麼「梵天」自己為什麼還要不時唸頌呢？而且「梵天」是後世創造出來的神祇，跟「吠陀經典」又有什麼關係呢？

＊印度所有神話都是無比生動玄奇，引人入勝的，所有三界發生的各種神話都被描述得活靈活現，彷彿是講述者都是現場親眼目擊的，但是，關於「梵天」如何誕生？為什麼有四個頭以及他為什麼不為後世人間信徒所祭拜？卻竟然會出現這麼多不同的版本；顯然不是神話在天長地久的傳誦慢慢走樣，而非常可能是當「梵」的抽象意念被婆羅門僧侶賦予擬人化的形體之後，附麗出了許多神話；但是，一人一把號；各吹各的調，因此誰也不服誰；在印度這麼廣大的國土間，古代的通訊聯絡和媒體傳播這麼不發達的情況下，人為編造出來的神話難免口徑無法一致，所以才會出現南轅北轍的各種不同版本。

「因陀羅」在印度教的「吠陀信仰時期」是最大的主神，但是，在進入「婆羅門教」之後，地位一落千丈，這是由於生活地區的改變、生活方式的改變，加上婆羅門僧侶人為的操弄和蓄意的編造所致。而「梵天」則因為是「天地創造神」，其地位無可撼動，所以延續至「婆羅門教」時期甚至直到現今的「新印度教」時期，都還是位列於「三大主神」之中（另二位是「濕婆神」和「毗濕奴神」），但是，因為他創造天地萬物的工作早已完成，無所事事也沒有新的神話可以敘述，於是不但在印度少有信徒祭祀，甚至在全印度千千萬萬座大大小小的廟宇中，只有一間廟宇是專門供奉「梵天」的；因此可以說；在印度從婆羅門教時期開始，「梵天」就被拱成了「太上皇」，只是一個有名無實的「虛位元首」。

不過，在印度三千多年的歷史中，不論印度教神話如何演變，神祇地位如何昇降，以信徒人數相比，佛教原本勢力就不大，在少數幾位帝王的個人信仰因素扶持下，容或風光過一時，但是，君王一駕崩，政權一易手，佛教立即失去靠山而遭到排斥和毀寺滅僧的下場；因此，無論如何；印度教中的「因陀羅」與「梵天」兩位神祇，再不濟，也不至於需要淪落到佛教中去當「外勞」，怎麼可能會自貶身價，落到當「釋迦牟尼」左右隨扈（脇侍）的地步？

當然這不是發生在釋迦牟尼在世時期，而是後世遭到印度教打壓，一些不肖的佛門弟子，一種阿Q式的作為；教義哲理辯論被打得大敗跌下擂台，廟產被沒收，諸多信徒被迫或者見風轉舵的自願改宗；心理的不甘願只能在一些雕像或蓄意編造的神話謠言上作文章；把印度教失勢的大神偷偷摸摸的弄過來當釋迦牟尼的左右脇侍。但是，這種阿Q式的自瀆心態和作為，不只是可憐、可笑，甚至是非常可鄙的；非但毫無實質作用，不能為佛教救亡圖存，沒有任何加分作用，相反的，只是更加證明佛教的天界神話純屬人為編造；那些偷偷摸摸收編的印度教神祇，不論如何更改名號；譬如「因陀羅」變成「帝釋天」、「梵天」變成「大梵天王」、「濕婆神」變成「大自在天」（Mahesvara）、

「毗濕奴神」變成了「遍入天」，其妻子變成了「大功德天」（Laksmi）、「賽犍陀」變成了「韋陀天」、「光明女神」變成了摩利支天（Maricideva）——————

但是，這都是一廂情願的，印度教徒根本不承認，何況在印度慘敗覆亡的是佛教，焉有可能慘敗的一方能夠去編派勝利一方的神祇的？

這個事實真相只非常確定的證實了一件非常重要的事：那就是佛教從「帝釋天」開始的所有天界以及所有神祇都是子虛烏有的，都是徹頭徹尾的謊話騙局。以前是否曾經被任何人這樣批判過已經不需討論，當下在筆者於本篇文章中正式點破之後，佛教的各個天界以及任何竊取自印度教；被改變名號的諸神就此全部崩盤！事實上也是根本不可能存在的。這也證明不只是釋迦牟尼；他後世的佛門弟子也一樣是「欺世」與「惑眾」的。

印度古圖畫中「因陀羅」神的傳統造型

各種造型不同的「因陀羅神」的雕像

柬甫寨吳哥窟的「因陀羅」神騎乘三頭象石刻浮雕造像

泰國佛教中「帝釋天」（因陀羅）的神像雕刻造型

柬甫寨吳哥窟式樣的「梵天」石雕神像
早期吳哥王朝信奉的是印度教，神像也多為印度神祇

帝釋天（因陀羅）

大梵天王（梵天）

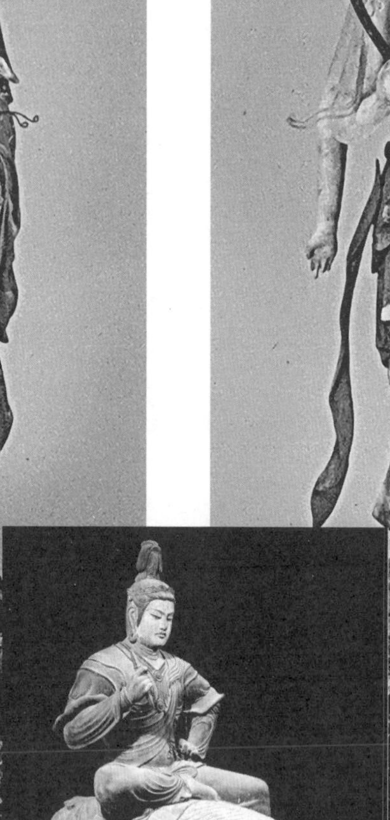

日本佛教造像的「帝釋天」與「大梵天王」彩繪木雕

「因陀羅」神石刻浮雕

「梵天」神石刻浮雕

西元九世紀建造的西印度小型神廟，其外牆的浮雕保留了傳統信仰中的「因陀羅」神與「梵天」神的崇拜，造型也較為樸拙無華。這些神祇與婆羅門三主神並立，可見主神更換曾經有過一段「過渡時期」。

在這處西印度神廟之中，可以看到許多尊「因陀羅」神的雕像是刻在一些主要的位置上，可見其傳統地位的重要性。

自欺欺人的『大悲經・梵天品』

佛教終究不敵婆羅門教，默然退出印度中土舞台，但是為了阿Q式的自我安慰，那些不肖的佛門弟子，不但把婆羅門教三大主神中的「梵天」拘來，還把早已失勢的「因陀羅神」同時拘來，作為釋迦牟尼的左右脅侍，還假造了釋迦牟尼用口才折服「梵天」的『大悲經・梵天品』。其實這部佛經根本不值得評論，因為縱觀印度教的發展史，「梵天」幾乎就是宇宙天地的創造者，在印度有個非常有趣的說法：認為我們所處的這個森羅萬象的宇宙天地和萬事萬物以及人類或飛禽走獸等等；一切都是「梵天」的一個大夢而已，全部是梵天在自己的夢境中創造的；因此，以現今擁有超過十億信徒的印度教與只擁有大約三億五千萬信徒的佛教來說；即使採用表決方式，「梵天」求教於「釋迦牟尼」的說法也是會被否決掉的。而且，剛好相反的；以筆者的研究認知；在『大悲經・梵天品』中：但凡釋迦牟尼對梵天的提問：「XXX是汝所作、是汝所化耶？」，梵天的回答應該是：「是耶！確實如此！」而不是：「不也，世尊！」

何況，在原經文最後一段所謂：『佛告梵天：此三千大千世界，是我佛土。我今以此付囑於汝，汝當順我，———爾時，三千大千世界所有梵天大梵天，彼等一切先於聖法已得正信。彼三千大千世界主大梵天王，即時于聖法中，深得正信。』

這個才是真正的重點；釋迦牟尼在世時，何嘗說過：『此三千大千世界，是我佛土』？他曾經公開宣稱天地萬物是他創造的，不是「梵天」嗎？

這部佛經還真的是睜著眼睛說瞎話，應該只是東印度的「山寨偽經製造業者」想要賺中國富有僧人的銀兩，特別討好佛教，極端抬高釋迦牟尼的地位，貶低「梵天」之作；反正只會在中國流傳，印度的婆羅門教信徒又看不到，不會提出抗議的。

再好好想想；如果釋迦牟尼所以說：『此三千大千世界，是我佛土』為真，那麼佛教又怎麼會在印度本土徹底覆亡？如果他把「三千大千世界」付囑於「梵天」，那麼印度應該從此變成佛教世界，怎麼可能還有印度教立足的餘地？

佛教從釋迦牟尼時代就慣吹牛，到了後世更是吹牛不再打草稿。也因為實在不值得評論，只用附錄方式提供參考：

原經文『大悲經．梵天品』

『……如是我聞。一時，佛在拘屍那城力士生地娑羅雙樹間。

爾時，世尊臨般涅盤，告慧命阿難言：汝可於娑羅雙樹間，安置敷具，如師子王，右脅臥法，吾今後夜，當般涅盤。阿難！我已究竟涅盤，斷除一切有為言說。我已作佛事已，說甘露無有窟宅，寂滅定甚深微妙難見難覺難可測量，明智所知諸賢聖法，我已三轉無上法輪。若有沙門、婆羅門，若天、若魔、若梵、若人，以世共法無能轉者，我已擊法鼓、吹法螺、建法幢、置法船、作法橋、降法雨，我已光照三千大千世界，滅除大暗。開示眾生，解脫正道，充益天人。所應度者，皆悉已度。我已降伏一切外道，及諸異論。動魔宮殿，摧魔勢力。大師子吼，作諸佛事。建丈夫業，滿本誓願。護持法眼，教大聲聞授菩薩記。為于未來佛眼不斷故，阿難！我今於後，更無所作，唯般涅盤。

爾時，阿難聞是語已，為憂箭所射，極大愁惱。悲泣流淚，白佛言：世尊婆伽婆，涅盤太速。修伽陀，涅盤太速。世間眼滅，世間孤獨。世間無救，無有導師。

爾時，佛告慧命阿難：止，莫憂悲。阿難！生法、有法、有為法、壞法，若不滅者，無有是處。我昔告汝，一切所愛稱意等事，必有離散。阿難！汝已慈心不二，心無噁心，及與身業。孝養隨順，而無限量，侍養於我。阿難！若複天人、阿修羅等，給侍供養聲聞緣覺，若滅一劫，若滿一劫，若複給侍供養如來，於一念頃，其福多彼。汝已供養大神通佛，乃至般涅盤，當得大福廣大功德，猶如甘露第一甘露，最後甘露究竟涅盤。是故阿難，汝莫憂悲。

爾時，阿難憂悲抆淚，即為如來於雙樹間，猶如師子右脅臥法，安置敷具。

即時三千大千世界，所有樹木藥草叢林，皆向如來涅盤方所，有欲倒者，有傴僂者，有欲至地者，有躄地者。

於此三千大千世界，所有眾流大河小河泉池陂湖，佛神力故，止不流動。三千大千世界所有禽獸，佛神力故，默然而住，不鳴不食。

三千大千世界所有日月星宿，火光明珠，乃至熒火，佛神力故，皆不顯現，無有光明，不能照曜。

三千大千世界所有猛火，佛神力故，皆悉止息。不然不熱，不能燒炙。

三千大千世界所有一切地獄猛火，佛神力故，皆悉清涼。彼諸地獄所有眾生，於刹那頃，佛神力故，皆得安樂。

三千大千世界所有畜生，一切皆起慈心湣心，不相瞋惱加害斷命。

一切餓鬼，皆不饑渴。一切眾生，佛神力故，身心踴悅，離苦得猗，具足稱意，第一安樂。

當於世尊右脅臥時，三千大千世界於中所有須彌山王、鐵圍山、大鐵圍山、目真鄰陀山、香山、雪山，及諸黑山，大地、大海，一切皆悉六種震動，所謂動踴起震吼覺。

三千大千世界一切風輪，皆不鼓動。一切眾生，於刹那頃，舍諸作業，得猗而住。離於睡眠，心無散亂。欲作皆息，默然無聲。

（筆者評註：以上描述，可能嗎？二千五百年前，釋迦牟尼圓寂之時，埃及的尼羅河，中國的長江、黃河曾經發生靜止不流的怪異現象嗎？埃及和中國的歷史比印度記載的更詳實，所有史書上為什麼不曾有相關的記載呢?這種胡扯瞎掰的吹捧謊言，根本就是蓄意捏造出來的！任何宗教謊言終究要面對歷史檢驗的！）

時大梵王作是念已，憂愁不樂，戰悚毛竪，極疾匆匆，梵眾圍遶，共詣佛所。

其三千大千世界諸餘梵天，皆悉已曾信受聖法，安住聖法。

爾時，三千大千世界主大梵天王，到佛所已，頭面作禮，而白佛言：唯願世尊，教敕於我，云何而住、云何修行？

作是語已，如來即問大梵王言：梵天！汝今實作如是念言，我是大梵天，我能勝他，他不如我，我是智者。我是三千大千世界中大自在主，我造作眾生、化作眾生，我造作世界、化作世界不？

大梵天言：如是，婆伽婆！如是，修伽陀！

佛言：梵天！汝複為誰所作、為誰所化？

時彼梵天，默然而住。

佛見梵天默然住故，而複問言：梵天！有時三千大千世界，為劫火焚燒，炎熾洞然，于意云何，是汝所作、是汝所化耶？

時大梵天而白佛言：不也，世尊！

佛言：梵天！如此大地，依水聚住，水依風住，風依虛空。如是大地，厚六百八十萬由旬，不裂不散。梵天！于意云何，是汝所作、是汝所化耶？

梵天言：不也，世尊！

佛言：梵天！此三千大千世界，百億日月流轉之時，梵天，于意云何，是汝所化耶？

梵天言：不也，世尊！

佛言：梵天！有時日月天子不在宮殿，宮殿空虛，梵天，于意云何，是汝所作、是汝所化、是汝所加耶？

梵天言：不也，世尊！

佛言：梵天！如是春秋冬夏時節，于意云何，是汝所作、是汝所化、是汝所加耶？

梵天言：不也，世尊！

佛言：梵天！如是水鏡、蘇油、摩尼、頗梨，及餘淨器，現諸色像，所謂大地、山河、樹林、園苑、宮殿、舍宅、聚落、城邑、駝驢象馬、獐鹿鳥獸、日月星宿，聲聞、緣覺、菩薩、如來，釋梵、護世人、非人等，種種色像，梵天，于意云何，是汝所作、是汝所化、是汝所加耶？

梵天言：不也，世尊！

佛言：梵天！如四姓人，端正、醜陋，貧窮、巨富，福德多少，善戒、惡戒，善慧、惡慧，梵天，于意云何，是汝所作、是汝所化、是汝所加耶？

梵天言：不也，世尊！

佛言：梵天！眾生所有愛別離苦，所謂父母、兄弟、姊妹、宗親、善友離別之苦，梵天，于意云何，是汝所作、是汝所化、是汝所加耶？

梵天言：不也，世尊！

佛言：梵天！眾生所作種種業道，以是業因，受於地獄、畜生、餓鬼、人、天之報。眾生所有若身、口、意，善行、惡行，及世間所有十惡業道，于諸眾生，都無慈湣。作諸苦惱，不利益事，墮惡道因緣，所謂殺生、偷盜、邪淫、妄語、兩舌、惡口、綺語、貪、瞋、邪見，梵天，于意云何，是汝所作、是汝所化、是汝所加耶？

梵天言：不也，世尊！

佛言：梵天！眾生所有種種苦事，所謂斬首、截其手足、刵劓耳鼻、節節支解、熱油所灌、火灸熬煮、刀劍鉾槊斫刺鞭打、系閉牢獄、鬥諍言訟，梵天，于意云何，是汝所作、是汝所化、是汝所加耶？

梵天言：不也，世尊！

梵天！此三千大千世界，非梵剎土，亦非外道六師剎土，唯是我等諸佛剎土。

梵天！我昔於此無量百千億那由他阿僧只劫，修菩薩行。無量阿僧只諸如來所，種無量阿僧只善根，淨持禁戒，苦修梵行，及修無量百千億那由他難行苦行。攝此佛土，修治令淨。如諸眾生，所修善根。隨其所堪而清淨者，隨其時器應得度者，我於長夜，以四攝事攝此眾生。所謂佈施、愛語、利行、同事。彼等以我誓願力故，生此佛土，聞我說法，即能信解，不復歸信梵釋、護世諸天王等。

梵天！應如是知。此是佛土，非是梵釋護世剎土，亦非外道六師剎土。

爾時，娑婆世界主大梵天王，及百千梵眾，現憂愁相，作如是言：諸佛世尊，通達稀有勝妙之法，是三千大千世界主大梵天王，于如來所生稀有心。諸佛稀有，乃有無量不可思議無盡境界。

大梵天王，即時歸依，為佛弟子。於世尊所，請求教敕，作如是言：婆伽婆是我大師，修伽陀是我大師。唯願世尊，教敕於我，云何而住，云何修行？

佛告梵天：此三千大千世界，是我佛土。我今以此付囑於汝，汝當順我，勿使真道善眼令有斷絕，無上佛眼、法眼、僧眼令有斷絕，莫作末後滅法人也。梵天！當有長子童真彌勒菩薩摩訶薩，從佛口生，從法化生，大悲憐愍為欲利益一切眾生，欲令得樂，欲令安隱。彼亦於此三千大千世界如法補處，如我居此，等無有異。汝既現在隨順我教，亦應順彼，勿令如是真道法母佛眼法眼僧眼而有斷絕。何以故？梵天！乃至如是法母不斷者，隨其時節，佛眼、法眼、僧眼得不斷絕，釋梵天眼、人眼、解脫眼，乃至涅盤眼，得不斷絕。梵天！是故我今付囑於汝，我此佛土三千大千世界。梵天！我已教敕，汝應隨順，莫作末後滅法人也。

爾時，三千大千世界所有梵天大梵天，彼等一切先於聖法已得正信。彼三千大千世界主大梵天王，即時于聖法中，深得正信。』

描繪因陀羅、梵天皈依佛陀圖，
純屬可悲可笑復可鄙的自瀆心態

近代印度細密畫中描繪「梵天」為衆神講述吠陀經典，
可見「梵天」在印度教的信仰中一直保有主神的地位。
豈有可能淪為徹底覆亡的佛教釋迦牟尼左右「隨扈」？

關於「毗濕奴」的神話傳說

毗濕奴 Vishnu，印度教三大主神之一，原是吠陀太陽神系之一，在印度教時代升格為維持宇宙秩序的主神。

毗濕奴又名那羅延天 Narayana，佛教稱為遍入天，妻子是吉祥天，印度教的毗濕奴派專門供奉他，印度有 1000 多座廟宇。

毗濕奴作為保護者，人們對牠是虔誠而不是畏懼的對象。這種敬愛同樣擴及到他的妻子命運女神拉克希米，佛教稱為吉祥天。

傳說毗濕奴躺在大蛇阿南塔盤繞如床的身上沉睡，在宇宙之海上漂浮。每當宇宙循環的週期一「劫」相當於人間 43 億 2 千萬年之始，毗濕奴一覺醒來，從肚臍長出蓮花，從而誕生梵天，就開始創造世界，而一劫之末濕婆又毀滅世界。毗濕奴反覆沉睡、甦醒，宇宙不斷循環、更新。

毗濕奴居住在迷盧山頂的天國韋孔塔，吉祥天女拉克希米 Lakshmi 和大地女神布彌 Bhumi 是他的神妃。

毗濕奴（Viṣṇu），也譯為維濕奴、維修奴，較準確發音應為「威使怒」。其他稱號有訶利（Hari）、幻惑天王、那羅延，佛教稱為遍入天，印度教三相神之一，梵天主管「創造」、大自在天濕婆主掌「毀滅」，而毗濕奴天即是「維護」之神。印度人大多信仰濕婆，另不少人信奉毗濕奴，故印度神話故事因作者派系不同，常有揚此貶彼之情況。依照印度教說法，毗濕奴擁有十種化身，佛教的創始者釋迦牟尼佛也是毗濕奴的第九個化身，宣導獨特的言論，以迷惑羅剎等惡鬼神，維護世界的秩序。

毗濕奴最為常見的形象為藍色皮膚，擁有四支手臂，並且坐在蓮花上。四支手臂分別拿著不同的神器：

金環、法螺、蓓蕾（花）以及神杵。另一常見的形象，則是毗濕奴躺在千頭巨蛇「舍沙」（阿難陀龍）之上，從肚臍生出的蓮花創造梵天，而吉祥天女則隨侍在身邊。

比起濕婆，毗濕奴給人更英雄形象，毗濕奴在印度神話中，常被視為保護之神。在印度教未興盛前祂只是一位太陽神，而且是雅利安人的吠陀神話所歌頌的是雷神因陀羅（佛教的帝釋天）的助手，後來才慢慢成為保護神。保護和破壞是兩極化的對比，所以在神話記載中毗濕奴和濕婆有過不少交手場面，當然兩神的對決沒有傷了彼此和氣。有一個故事，濕婆之妻達剎約尼的父親達剎，不敬重濕婆，為此達剎約尼以自焚抗議。濕婆為了幫自殺的妻子達剎約尼報仇，將達剎斬首，而怒火未仍然未消並由額上之眼噴出焚燒天界，濕婆於火中跳舞（這是濕婆的終極絕學），打算毀滅世界，毗濕奴為了保護世界，於是施展法術與濕婆鬥法，二神鬥法天昏地暗，最後「梵天」亦出面為兩神講和。第二次是因為眾神會議中，「梵天」稱自己法力比濕婆強，一怒之下濕婆利用天眼射出火焰把「梵天」自誇的那一個頭顱消毀，害得本有五個頭顱的「梵天」只剩下四個。眾神皆對濕婆如此暴戾之舉感到不滿，尤其是負責保護三界的毗濕奴，於是二神再一次鬥法。毗濕奴擁有四隻手，分別拿著不同的神器，金環、法螺、蓓蕾花以及神杵。知己知彼，經上次一役毗濕奴有了經歷，知道對手的攻擊模式，祂拋起法螺、金剛杵、蓮花三樣法器，法螺大鳴降低了濕婆神的聽力，蓮花兩片花瓣落在濕婆神的眼睛上，遮掩其視力，濕婆神於是張開額頭的眼睛，並自眼中燃燒火燄，金剛杵又落下直逼濕婆神的第三隻眼。最後被擊敗的濕婆必定回喜瑪拉雅山中隱居修行。毗濕奴心知濕婆的暴戾皆因至愛的死去，於是祂把達剎約尼的屍體切碎為五十片；散在世果各地，使祂的靈魂轉世為雪山女神，與濕婆在喜瑪拉雅山再次尋找前世恩緣。

另說辯才天女因在名分上屬於梵天之女兒，而梵天與辯才相戀，為了倫理大義，濕婆阻擋梵天與辯才結婚，於是拔劍砍斷了梵天第五個首級。責為保護的毗濕奴神，為避免兩神相鬥，造成世界毀滅，於是出面調停，併要求使用武力的濕婆離開，到喜馬拉雅山隱居修行。

除了神器，毗濕奴還有兩名得力助手，一個是祂最早的隨從千頭蛇阿難陀龍，另一位是金翅鳥（Garuda），驕傲的金翅鳥自視打遍天下無敵手，最後被毗濕奴制服，由於毗濕奴十分賞識他所以決定收他為坐騎。如果金翅鳥是毗濕奴的司機，那麼阿難陀龍好比家中管家，經常外遊的毗濕奴，一停下來時總是愛躺在巨蛇身上休息或聽聽阿難陀龍的報告，阿難陀龍的一千個頭好比觀察世上各處的監察器。

毗濕奴最聞名的正是祂的化身（替身Avatar）的秘技，由於毗濕奴三步即可跨越三界，所謂三界指地界（欲界）、天界（色界）和空界（無色界），公務繁忙，所以必須創造化身來完成某些事命。

尼泊爾傳說尼泊爾國王即是毗濕奴轉世。

毗濕奴是敍事詩中地位最高的神，掌維護宇宙之權，與濕婆神二分神界權力。毗濕奴和神妃吉祥天住在最高天，乘金翅鳥。通常以四臂握著圓輪、法螺貝、棍棒、弓的形象出現。其性格溫和，對信仰虔誠的信徒施予恩惠，而且常化身成各種形象，拯救危難的世界。

神作為創造者，維持者與融化者

在此狀態，神發揮其創造、維持和融化三個主要屬性（sifat）。這個「三合一「狀態相應于吠檀多的三位一體：梵天（Brahma, 創造者），毗濕奴（Vishnu, 維護者）和麥海士（Mahesh, 毀滅者）——蘇非派的同義詞是阿法伽（Afridgar），帕瓦蒂伽（Parvardigar）和法那卡（Fanakar）。神是不可分與無限的。無限之神的不可分性有兩個不可分割的方面——無限意識和無限無意識。在無限無意識狀態的神叫伊希瓦（Ishwar），即宇宙的創造者。這個不可分的神伊希瓦亦是宇宙的維持者與毀滅者。伊希瓦狀態作為造物主叫做梵天(Brahma)；作為保護者叫做毗濕奴(Vishnu)；作為毀滅者叫做麥海士(Mahesh)。宇宙就是從伊希瓦的無限無意識狀態被創造、保護與毀滅的。這些行動是同時進行的。

毗濕奴是仁慈和善良的化身，具有無所不能的力量，保護和維持著宇宙和宇宙秩序。毗濕奴下凡救世的故事在印度廣為流傳，家喻戶曉。他曾多次下凡救世：

1．魚（摩帖耶）：毗濕奴第一大化身，據傳說，一天摩奴在河裏洗手，一條小魚遊到他手上，求他救命。摩奴將小魚放到魚缸，不久隨著小魚慢慢長大，摩奴依次將之放入池塘、河流，最後放進海洋。魚為了感激救命之恩向摩奴說世界將有一場洪水，一切眾生俱會滅亡，洪水到來時，摩奴造了一隻船，帶著生命之種由魚拉著到了山頂，因此獲救，最後成了人類的始祖。當淹沒世界的大洪水襲來之際，毗濕奴化身為魚，以他的須系住人類的始祖馬奴所乘的船，使其成為唯一的生存者。

『薄伽梵往世書』裏也記載了毗濕奴化身為魚的傳說。很久以前，當地上出現第一批生命時，大地被一個可怕的惡魔脅迫。那魔鬼不許聖人行祭祀，在盜了神聖的吠陀後，藏到海洋深處的一個海螺殼裏。世界之主梵天向毗濕奴求助，蓮花眼立即化身為魚投入大海之中，他撕開魔王的胃部使他斷了氣，那吠陀化為四形態從魔王胃中湧出，那即是『梨俱吠陀本集』、『娑摩吠陀本集』、『夜柔吠陀本集』與『阿闥婆吠陀本集』。

2．龜（俱摩）：毗濕奴的第二化身，他化身為上半身為四臂人形，下半身為龜的形態，坐在大洪水後的海底，背負著曼陀羅山。化身的四手分別握著仙杖（象徵毀滅一切的時間之力）、法螺（象徵存在之源）、輪寶（象徵覺悟）與蓮花（象徵平衡）。提婆擔心阿修羅佔領全世界，向梵天求救，梵天出了個主意：攪拌乳海以得到不死藥。但提婆們無法單獨完成這項任務，於是與阿修羅達成共同攪拌的協議。他們以曼陀羅山為攪棍，千水之王婆蘇吉盤住曼陀羅山充當攪繩，雙方緊抓蛇的兩邊，不時旋動，以此來攪動大海。但一旦大山落入大海隨即下沉，於是至尊毗濕奴化為龜形馱住此山。

3．野豬（婆羅訶）：毗濕奴的第三化身，野豬形態。底提有子名金眼，他是前達羅毗荼王，有名的大阿修羅。他將大地帶至海底，毗濕奴化為一個白豬的形態同金眼相鬥，據說野豬與金眼打鬥了一千年，最後金眼被殺，野豬以獠牙將大地托出水面，放到原來的位置。毗濕奴以這種化身娶了大地女神。婆羅訶有時候是純野豬的形態，有時候是豬頭人身。

4．獅面人（那羅桑訶）：毗濕奴化身，那羅桑訶有著人的身軀，但獅面獅爪。他是著名的大庇護者，隨時保護信徒們的安全。據『薄伽梵往世書』所述，毗濕奴的婆羅訶化身殺了羅剎金眼，金眼的兄弟希蘭耶迦什菩對此極為憤恨，他對梵天獻了一場嚴酷的苦行，梵天前來問他的願望。他說：我主喲，恩賜贈予者之最喲，若你慈善地予以我想要的恩惠，就請讓我不被你所造之生靈所傷亡。賜我不死於任何宅內或宅外，不死于白天或夜晚，不死於天空或大地。賜我不亡於你創造之外的那些生靈，武器無法傷我，人與獸無法亡我。賜我不亡於任何存在與非存，且賜我，不死於任何天與非天，下界的巨蛇不能傷我，任何人無法在戰場上傷你，因此你無敵。故也賜我無可匹敵。賜我成為存在的唯一主，統領眾神，賜我與此身份匹配的等同榮耀，賜我用苦行換得的不可思議之力與行動瑜伽，這在任何時候都不能失去。

一天當希蘭耶迦什菩去深山苦行，因陀羅逮此良機率眾天神攻打他的家居，毗濕奴信徒大聖人那羅陀此時護住希蘭耶迦什菩的妻子迦耶度，經過這件事，迦耶度成了毗濕奴的信徒，迦耶度腹中的胎兒補羅訶陀受此影響，在孩提時即成了毗濕奴的信徒。希蘭耶迦什菩知道兒子成為毗濕奴的信徒後大為惱恨，決定將之殺死，但每次補羅訶陀都受密力保護而獲救。補羅訶陀總是拒絕承認他父親是宇宙之主，他說毗濕奴才是遍入者，無所不在。希蘭耶迦什菩指著附近一根柱子問補羅訶陀：「他的毗濕奴」是否在裏面。「最不幸的補羅訶陀喲！你一直告訴我一個至上存在高於我，至上存在高於眾生之上，操縱生靈，無所不在。但他在何處？若他遍入各處，他為何不在這柱子中，出現於我面前？」

補羅訶陀回答道：他是逝去、現世與將存。希蘭耶迦什菩再也無法控制自己的憤怒，他用錘矛擊碎柱子，隨著巨大的怒吼，毗濕奴以那羅桑訶化身保護補羅訶陀不受他父親之害，這是由於不違背梵天給的恩賜，才化身那羅桑訶，那羅桑訶非人、非獸、非神，他半人半獸，他現於黃昏，生於門檻上，既非屋內也非屋外，以他的爪子摳出惡魔的內臟，既非白天也非黑夜。

在殺了希蘭耶迦什菩以後，無神能平息那羅桑訶的憤怒，包括濕婆在內，於是眾神叫來拉克什米，但她也無法讓那羅桑訶平息，在梵天的要求下，補羅訶陀走到那羅桑訶那裏，最終讓那羅桑訶恢復平靜。

5．侏儒（婆摩那）：在印度教的往世書文獻中作為毗濕奴第五化身，且是三分時代的第一化身，他也是毗濕奴以人形出現的第一化身，儘管這化身是一個侏儒婆羅門。據說婆摩那是阿底提與迦葉波所生，是第十二個阿底提耶。據『薄伽梵往世書』所述，毗濕奴化身侏儒以奪回因陀羅被魔王跋利搶走的主權。婆摩那以侏儒婆羅門的形態，帶著一把木製雨傘請求跋利讓出三步的地方讓他居住。魔王不聽老師的勸告答應了這一要求，世尊立即變成一個巨人前兩步就跨過了天到地與地到陰間的距離，跋利不想違背對世尊的三步承諾，用他的頭作了第三步的落腳處。世尊對他很是讚賞，當婆摩那的腳落到跋利的頭上，他立即賜予跋利永生。為從惡魔帕利手中奪回天、空、地三界的主權，毗濕奴化身為侏儒，帕利答應將他走三步的範圍內的土地交出來，毗濕奴恢復原來的模樣，三步跨過了三界，將主權確保。

6．持斧羅摩（婆羅娑羅摩）：毗濕奴的第六化身，屬於三分時代。持斧羅摩為閻摩陀耆與哩奴迦之子，婆羅娑意譯為斧，因此他名字的字面意思即持斧羅摩。據說羅摩向濕婆獻上了一場驚人的苦行，隨後得到一柄斧子與爭戰的技能，故又名持斧羅摩。他是八大長壽者之一，步屬古的直屬後裔閻摩陀耆潛心鑽研吠陀經，實行苦行，使得眾神靈極為敬佩。後來他去拜訪缽羅犀那耆多王，求娶了國王的女兒哩奴迦公主，夫妻兩人隨後回到淨修林雙雙苦行。哩奴迦給閻摩陀耆生育五子，分別叫魯門沃、沃蘇、蘇塞納、維希瓦沃蘇，最小的兒子名羅摩。

話說有一天，哩奴迦的五個兒子出去摘果子，她遵行戒律外出沐浴，歸來途中，她見到馬提迦婆多的國君奇車王與眾位妃子在水中嬉戲，頓時心生欲念，悄悄潛入水中，就這樣失去了操守。她惴惴不安的回來後，閻摩陀耆見她面容有異，再行法力馬上知道發生了何事，聖人勃然大怒，當孩子們挨個回來後，閻摩陀耆指著哭泣的哩奴迦對他們依次下命令：「殺死她！」四個孩子都嚇得不敢動手，那閻摩陀耆更加氣憤，他對四個兒子發下詛咒，讓他們失去靈性，變得如癡呆一般。羅摩最後回來，閻摩陀耆又命他殺死母親，羅摩毫不遲疑地舉斧就把哩奴迦的頭砍了下來。閻摩陀耆頓時大喜，對羅摩說：「這樁事情如此難辦，你能遵父命辦到令我很高興，我願賜你恩惠，你可隨意挑選心願。」羅摩於是說：「但願母親能復活！但願忘卻殺母事！但願不再犯罪過！但願兄長都康復！但願常勝和常壽！」閻摩陀耆滿足了羅摩的要求。

這件事發生後不久的一天，五個兒子照常外出，阿努波的千手國君迦多維爾耶來到這裏，哩奴迦按理數接待國王，高傲的國王卻埋怨理數不周，他把淨修林中的一隻小牛犢強行牽走，還推倒了森林中的大樹。羅摩回家後，聽到父親說明事情的原委，又望見失去牛犢哀號的母牛，大怒著追上國王，用弓箭射下了迦多維爾耶的一千隻手。一天迦多維爾耶的兒子們趁羅摩不在家，跑來淨修林抓住正在苦修的大仙，闍摩陀耆面對眾敵只能聲聲呼喚羅摩，最終被復仇的王子們用箭射死。為父雪仇的王子們心滿意足地回了家，羅摩回來後看見已身亡的父親，悲痛不已，他在父親的火葬禮上發下重誓：「殺盡一切剎帝利！」他獨自一人來到阿努波，殺了迦多維爾耶的兒子，剎帝利隨從。當時鮮血流滿了五座大湖。羅摩隨後祭祖魂，行大祭祀供奉因陀羅，又建了一座金祭壇給迦葉波，他將大地全部獻出後，自己定居到大主山。

在『羅摩衍那』中，羅摩為求娶悉多，拉斷了濕婆的弓，這可怕的聲響讓世人都震動了，這聲響也傳到持斧羅摩耳朵裏，他擋在羅摩迎親的途中，欲與羅摩一比高下，當另一張弓——毗濕奴的弓也被羅摩拉開後，他對羅摩表示了極大的尊敬，隨後又回到自己的住處。

7．羅摩：這是古印度傳說中的一個國王。印度教視他為毗濕奴第七化身，羅摩是印度教最流行的英雄之一，他的主要事蹟參見史詩『羅摩衍那』，他被印度教徒視為完人，悉多是他的妻子。

在『梨俱吠陀』與『阿闥婆吠陀』中，羅摩意為「黑暗，黑色」，如梨俱吠陀寫道「阿耆尼，耀光遠播者，用白光閃閃的衣裳環住黑夜（羅摩）。」

8．克裏希納 Krishna：（又叫黑天），他擁有毗濕奴的武器——神盤，是史詩『摩訶婆羅多』裏的重要任務。他是史詩的主人公「般度五子」的軍師和師友，並且把自己的妹妹嫁給了五子中最強力的阿周那。在著名的「俱盧之戰「中，他讓自己的部族和軍隊參加了對方俱盧族的部隊，而他自己則加入了般度族，作為阿周那戰車的禦者。在薄伽梵歌裏，化身為黑天，在大戰中協助般度五子。當人世間不能忍受暴君和妖魔的肆虐時，毗濕奴答應下凡為民除害。他化身為黑天，托生在暴君庚斯的妹妹家裏。庚斯曾得到天啟，得知他的第八個外甥將會置他於死地，他就把妹妹和妹夫關進牢房，他們每生下一個孩子，庚斯就殺死一個孩子。當他們生下第八個孩子即黑天後，父親連夜把孩子送到牛莊的牧民家，偷偷換走了當夜牧民的妻子生下的一個女孩。庚斯正要殺死女孩，女孩化作女神說，將置他於死地的黑天已經出生了。庚斯一再派妖魔去殺害黑天，都未成功。黑天在牧民家長大，多次為民除害。以後庚斯召他進京，他和大力羅摩到了京城，擊敗了對他倆的暗算，最後終於殺死了暴君。以後黑天繼續除暴安良。黑天和婆羅多的後代俱盧族、般度族都有親戚關係，當兩族發生大戰時，黑天把他的軍隊交給俱盧族，本人卻幫助般度族運籌帷幄，並作為阿周那的禦者上陣；他對阿周那所作的教導就是現在被印度奉為經典的『薄伽梵歌』。有關黑天的神話故事很多，在『摩訶婆羅多』中，黑天在般度族戰勝俱盧族中起了根本的作用；在『薄伽梵往世書』中，他作為牧童的形象，剷除暴君和消滅妖魔是他顯赫的業績；可是後來他讓自己的家族互相殘殺而歸於毀滅，『訶利世系』中系統敘述了他和他的家族的故事。在以後的作品裏，黑天和羅陀的故事成了群眾所喜愛的佳話。

9·佛陀 Buddha：他的任務就是慫恿惡人和妖魔藐視吠陀經典和婆羅門教的「三大原則」(即吠陀天啟、祭祀萬能和婆羅門至上)，棄絕種姓，否認天神的地位，把他們引向自我毀滅的結局。

10·伽爾基 kalki：他將誕生於世界瀕臨滅絕的「末法時代」，身騎白馬，手持長劍，剷除掉世上的惡人，建立一個新的圓滿時代。這是印度傳說中將出現的救世主。在世界瀕臨毀滅時，毗濕奴將手持利劍，化身伽爾基救世。他和佛教裏的彌勒佛一樣，都是屬於未來的。

以上是毗濕奴主要的下凡事蹟，『薄伽梵往世書』還系統地敘述了毗濕奴廿四次下凡的故事。

在印度教中，印度教徒則將釋迦牟尼佛視為維濕努大神的化身來供奉·印度教徒相信，在二千多年前，人們濫用了吠陀聖典裏的祭祀條例進行殺生祭祀·而救度眾生的大神維濕努，為了重新宣講吠陀經中的非暴力原則，化現為了反對吠陀經典的佛陀，重新制定非暴力原則·當然這個是印度教的看法，佛教徒不相信也是正常。

為什麼印度教裡，毗濕奴要化身成釋迦牟尼，降世建立佛教呢？

印度教的理由是為了削弱 Asura(阿修羅)的勢力。

因為印度教認為，釋迦牟尼所傳播的教義是錯誤的真理，一旦 Asura 歸依皈依佛教，就等於脫離正道，因此毗濕奴化身成釋迦牟尼，創立佛教，以便讓印度教神明勢力順勢增強。從此處，可知當時印度教對 Asura

的強大勢力恐懼，以及對於佛教有人崇拜 Asura 的毗盧遮那，亦即大日如來的行為表示了極度的反感。

此外，初期佛教否定神明的無神論，可能也是印度教反對佛教的另一個理由。結果印度神話所敘述的毗濕奴神卻帶給了佛教莫大的正面影響。

（註：以上內容節錄並整理自網路資料）

（筆者評註：雖然，佛教在印度中土失勢並逐漸分崩離析之後，印度教的「毗濕奴派」對他相當寬厚，並沒有趕盡殺絕，或者將他公開的妖魔化，反而把他收編為「毗濕奴神」的第九化身，但是，骨子裡卻是借力使力的將他描述成一個「專門惑眾」的謊言家，專門散布對婆羅門教不利的言論和教義，故意誘惑那些對婆羅門教信仰不堅定的人，還有就是最受到歧視的「賤民」，因為「賤民」的地位比畜生、昆蟲更不如，有如可以任意掃除的垃圾，所以，當釋迦牟尼主張眾生平等，許多「賤民」為了減少歧視或者為謀衣食而紛紛皈依了佛教，在印度教徒看來；佛教是屬於「賤民」才會信仰的外道邪教，對於佛教接納「賤民」的作法無疑是有些幸災樂禍的；但是，事實上也從印度佛教的發展史中可以證實；「賤民」降低了佛教的成員品質，阻礙了一些仍有階級歧視者的加入，確實也是壓垮佛教的重要原因之一。在網路上也有以下的內容評論：『釋迦牟尼在其他印度教派中是惡人，諸多印度教的僧侶和信徒是非常看不起釋迦牟尼，因為他連「首陀羅」（最低的奴隸階級）的布施食都吃的行為，宣稱佛陀是「魔神之侶」，因為他批判當時印度各教「取悅諸天」和類似現代的「大法會」的行為。（這在『阿含經』上確實有記載），有些印度教徒甚至認為釋迦牟尼已入了地獄。』，筆者認為這是和印度以外其他佛教流傳的亞洲各地，是完全不同的評價和認知觀點，不論佛教徒是如何的不以為然或者充耳不聞，但是，有一點卻千萬不要輕忽；佛教是發源自印度，印度教徒有超過十億之眾，足足是佛教徒的三倍以上，如果在印度本土的認知評價是如此負面，在印度以外地區對「釋迦牟尼」不論是如何的崇拜和偉大化，因為受到印度正統信仰的強大抵銷下，「釋迦牟尼」究竟是正是邪？是佛是魔？卻是永遠無法得到普世一致的認同。）

婆羅門教的三位主神

梵天神

濕婆神

毗濕奴神

卡修拉荷神廟群中全是三主神雕像

在卡修拉荷神廟群的外牆浮雕神像中，可以看到造型十分特殊；多頭多手的「毗濕奴」多重化身合體為一的神像，右側野豬化身非常明確。

卡修拉荷的化身神

毗濕奴神的第３化身「野豬神」

第８化身「大力羅摩」

第１０化身「白馬迦爾基神」

卡修拉荷的毗濕奴神

細密畫大師示範貝葉畫的雕刻畫技巧

東印度細密畫大師所繪製的「黑天」神（克里希那）及「毗濕奴」神的十大化身圖象，其中第 9 化身已更換為「釋迦牟尼」

絹印版畫「毗濕奴」神的十大化身

人龜神 kurma

人魚神 matsya

獅子神 narasimha

野豬神 Lord-Varaha

絹印版畫「毗濕奴」神的十大化身

羅摩 shri_rama

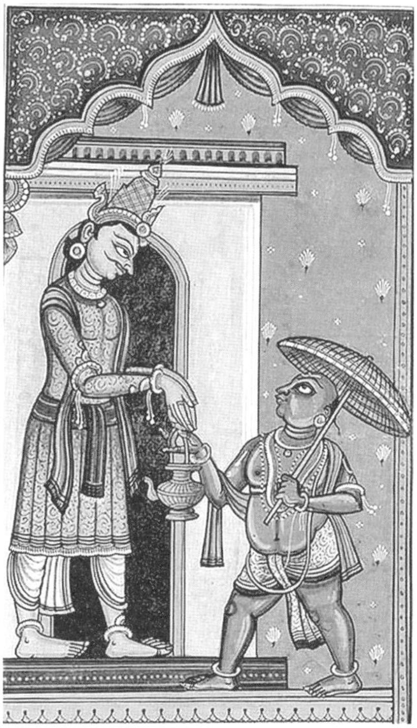

侏儒神 vaman

大力羅摩 balarama

持斧羅摩 parashurama

shri krishna 黑天

白馬迦爾基 kalki

這個「毗濕奴神」的第九化身，在造型上是最特別的，雖然名為「黑天」（shri krishna），但是，顯然不是在一般印度教繪畫雕像之中習見那種吹著笛子，身邊有眾多美女環繞的樣貌，而是非常卡通還穿有鼻環的孩童造型，其實這也是印度教收編異教諸神的典型模式，這尊「黑娃娃神」原本是東印度地區原住民普遍相信的原始神祇Jagannath，卻被印度婆羅門僧侶聰明的攀親附戚，假稱是「黑天」神的化身樣貌，於是就成了化身神的化身，因此，在東印度的毗濕奴第九化身就變成這等特別的樣貌出現。

「毗濕奴神」的陰謀

「翻攪乳海尋靈藥」出自印度教經典『毗濕奴往世書』，以下內容節錄自網路資料：

原本天神、阿修羅、乾達婆和阿卜婆羅都無憂無慮地生活在「須彌山」上。他們常常在鮮花盛開，鳥雀鳴唱的叢林中娛樂和嬉戲。

後來，因陀羅為小事得罪了敝衣仙人，他正是濕婆大神的分身之一。濕婆的詛咒立刻降臨，因陀羅以下的眾天眾，乃至三界因此失去了活力，日漸枯槁。

毗濕奴神司職保護之神，決定讓天神和阿修羅合作，做一場法事，求得「不死甘露」。言明獲得「不死甘露」之後由天神和阿修羅均分甘露，使他們也獲得永生。最後，大家一致同意天神和阿修羅一起攪拌乳海，從中得到長生不老的甘露平均分配。

毗濕奴帶著他的種種法寶、法螺、輪寶等，令諸神把草藥投入大乳海，拔取曼荼羅大山作為攪海的杵。以龍族的龍王婆蘇吉作為攪杵的攪繩。令阿修羅拉龍頭，諸天神拉龍尾，自己化為一隻大海龜，沉入海底承受攪杵的重量。

另一方面，毗濕奴以其大法身坐於高山之巔，以神力灌注於諸天神與龍王之身，開始攪動乳海。

老龍王受不了痛苦，不慎把毒液吐進了大乳海，而這毒露，足以毀滅三界。

情勢危急，濕婆毫不猶豫地取來，自己喝了下去。但是濕婆的喉嚨因此灼成了青紫色，他因此又被稱為青喉者。

當「不死甘露」出現的時候，諸神歡欣鼓舞，阿修羅們有些不快，其中一個從天醫手中搶了就跑。毗濕奴急中生智，化身一個超級美女，混入阿修羅群中跳舞，阿修羅們被她的舞姿迷惑，天神趁機拿走了「不死甘露」。

等阿修羅發現真相的時候已經太遲了，他們和天神立即爆發了爭奪戰。但是諸天神已經喝下「不死甘露」，恢復了功力。阿修羅們不再是天神的對手，被打得落花流水，當天神拿走「不死甘露」的時候，被一個叫羅睺的阿修羅發現了。他偷偷變成天神之身，混在其中，只求自己分到「不死甘露」。羅睺所做這一切，被日神蘇利耶和月神蘇摩識破，他們向毗濕奴打了小報告，毗濕奴立刻射出法輪血滴子，砍下了羅睺的頭和手臂。

這個時候，羅睺飲下的「不死甘露」已經到了咽喉，他大吼一聲，身首異處。他的身體升入天空，化做不祥的彗星記都（Ketu），頭顱卻得到了永生。

之前我曾經讀過這段神話故事，但是，直到 2009 年 3 月在吳哥窟才看到這樣的石刻浮雕壁畫；並且在「寶劍寺」外的護城河兩邊圍欄看到一邊是天神，一邊是阿修羅在拉龍的立體石雕……

這個神話故事告訴我們二件大事：

天神和阿修羅原本也是會死亡的，但是，後來只有天神因為服用了不死靈藥所以可以長生不死，但是，阿修羅被騙沒有服下靈藥，所以無法長生。

天神也不是什麼好東西，就像表面上看來奉公守法的公務員和一個前科累累的強盜原本說好一起合作去挖寶，其實，公務員心中是另有盤算的，他只是想利用強盜的蠻力，所以等到寶物一出現，公務員就露出狐狸尾巴，不但獨吞寶物，還揮刀殺了這個從頭到尾都沒有害人之心的強盜，因為大家總是認為奉公守法的公務員當然是比較值得信任的。

事實上呢？目前有高達近八、九億人口信奉的印度教；最受信徒崇敬的三大主神「梵天、濕婆神、毗濕奴神」也是會設計阿修羅，甚至不惜殺害「合夥人」獨吞靈藥的，所以顯然也不是什麼好東西。

神如果會設計陷害能力相當的「阿修羅」，那麼難道就不可能設計陷害或欺騙人類嗎？

這個神話故事已經流傳了幾千年，至少印度教並沒有美化改編的意願，而是欣然接受這個結果，所以，他們還是選擇相信這種會出賣合夥人的「神」！

大家都說阿修羅是惡魔，但是在這個合作行動中，他們從頭到尾都信任天神，沒有想要欺騙陷害天神，也沒傷害天神，結果反而變成白忙一場的受害者，顯然的，天神比阿修羅更加陰險可惡。

你會相信這種神嗎？

可以肯定的是：你我都不會相信。因為我們都擁有足夠的理性，不會迷惑於神話的生動精彩而蒙蔽了基本良知。

既然如此，那麼同樣是從印度神話編造發展出來的「釋迦牟尼是毗濕奴神的第九化身」的說法；如果「毗濕奴神」不是什麼好東西，他的所有化身又會是什麼善類呢？依照印度教自己的神話，這樣描述「毗濕奴神」的陰謀詭計，那麼把「釋迦牟尼」收編並宣揚為「專門惑世」的反派也就不足為奇了。

印度神話中的怪事？

在泰國、吳哥窟、日本都有「阿修羅」的繪畫雕塑，
在故事發生地的印度本土反而找不到任何古代造像？

「阿修羅」在印度教中，其真實身份以及是善是惡仍有爭議，莫衷一是？

曼谷機場「翻攪乳海」中的毗濕奴塑像

毗濕奴塑像的頭部特寫

古代砂岩雕刻的毗濕奴像

木刻彩繪的毗濕奴像

天神組

翻攪乳海尋靈藥從頭到尾就是一個天神誆騙阿修羅的陰謀

阿修羅組

長生不死的靈藥

天神也未必是善類！

毗濕奴早就算計好要讓天神獨吞靈藥

釋迦牟尼根本不知道的「阿修羅」！

佛教從釋迦牟尼開始就是主張「六道輪迴」的，而「阿修羅道」是「六道眾生」之一，屬於「三善道」，卻因為嗔念太重，經常和「天道」眾神發生戰鬥。

釋迦牟尼所謂的「阿修羅道」並非他獨創，而是源自印度「婆羅門教」的說法；但是，「婆羅門教」本身卻並不那麼在意「阿修羅道」，在諸多神話故事中，最有名的就是「翻攪乳海尋靈藥」，其他只是偶而會在一些故事中以不顯眼的配角姿態出現。

有一個很奇怪的真實情況是；現今在印度幾乎找不到任何「阿修羅」的古代雕像，連印度最有名的細密畫中，也沒有單獨出現的「阿修羅」，只有一些近代新建的神廟上，如果有描繪「翻攪乳海尋靈藥」的故事，才會看到新塑的「阿修羅」彩色雕像，特別是局限在南印度，如果想要找到古代的「阿修羅」石雕，不論用中文或者英文，進入「Google」都搜尋不到。

反而，在柬甫寨「吳哥窟」遺跡中，有大幅「翻攪乳海尋靈藥」神話故事的石刻浮雕，以及「寶劍寺」護城河上石橋護欄有古代的「阿修羅」雕像，以及在泰國曼谷國際機場出境大廳中有超大型等身比例的「翻攪乳海尋靈藥」現代彩色雕塑，可以看到非常寫實像真的雕塑。

為什麼在這個神話故事源頭的印度反而找不到「阿修羅」的蹤跡了呢？究其原因有以下幾點：

第一，印度教信仰的主神從吠陀時期的「因陀羅」、「生主」、「阿耆尼」等等在進入「婆羅門教」之後就被「濕婆神」、「毗濕奴神」、「梵天神」所取代，早期「因陀羅力戰埃穆沙」和把「阿修羅王商波羅」扔下山崖的豐功偉業被人為蓄意淡化，隨著主神地位的貶低，相對敵對的「惡神阿修羅」自然也就不再重要。

而濕婆神的兒子「賽犍陀」一劍劈開「阿修羅王多羅迦」胸膛，使得天神大獲全勝，驅逐了「惡神阿修羅族」，也因為「賽犍陀」在後期神話中再無任何表現，地位無足輕重，同樣，「阿修羅」也跟著淡出神話舞台。

第二，「翻攪乳海尋靈藥」這個神話故事雖然和濕婆神和毗濕奴神都有關，但是，這個早期神話似乎也不再受到太多關注，在印度教中期至近代的雕刻繪畫中，相關主題的作品也變得非常罕見。所以反派角色的「阿修羅」也就更為罕見。只有在關於「迦莉女神」的神話，主要就是她與阿修羅「羅乞多毗闍」（血種）作戰的故事。以及在「杜爾嘉女神」與各種惡魔的戰鬥中，最有名的是打敗怪物「摩醯濕」（Mahisha）的故事之中。才有機會看到不很起眼的「阿修羅」的慘敗形象。

第三，在印度的宗教和神話傳說中，「阿修羅」本身就是身份曖昧、善惡不明的神祇，原因在於印度教早期派系林立，紛爭不已，各擁主神，互相詆毀攻訐的狀態持續長達千餘年，因此除了各自主張強調自己信仰的神祇才是最尊貴，神力最高強的，貶低其他教派的神祇之外，也甚至把一些他派配祀的副神醜化或惡魔化。而「阿修羅」又是和「波斯祆教」（拜火教）有關的神祇，因此，在教派長期的紛爭中，就成了惡魔化的主要標的。

關於第三點的原因，這個才是真正的重點所在，也和印度長期「吠陀教」的發展有非常密切的關係；請先看以下來自網路的資料，一個是印度教的版本，一個是佛教的版本：

印度教神話的阿修羅（梵語：Asura）是一群追求力量的神族，有時更被稱呼為惡魔，阿修羅族及提婆族（包括那伽族）都是迦葉波（英語：Kashyapa）的後代。最早期的吠陀文獻記載阿修羅族是一群司掌道德及社會的神祇，如伐樓拿（佛教名：水天）掌管天則與理法梨多（英語：rta），和跋伽守

護信徒的財富與婚姻；提婆族則司掌自然現象，如黎明女神烏莎斯及氣候神、雷神因陀羅等。

密特拉（佛教名：彌勒菩薩）、伐樓拿及弗栗多都是很具知名度的阿修羅神祇。毗樓遮那（佛教名：大日如來）、松巴（英語：Sumbha）和尼森巴（英語：Nisumbha）原為阿修羅王，後被佛教吸收成為佛陀。

於後期印度教的文獻如「往世書」和「過去如是說（英語：itihasa）」中，兩族開始被明確地二元化，阿修羅族作為提婆族的對立被描寫成邪惡的一眾。根據「薄伽梵歌」中的詳細描述，世界上所有的生命都帶有daivi sampad（神聖的特質，提婆的詞根）或asuri sampad（惡魔的特質，阿修羅的詞根）。總結「薄伽梵歌」，asuri sampad 代表了傲慢、自負、妄想、狂怒、嚴肅及無知。第一部分品格正氣的原阿修羅族的神祇，如伐樓拿後期就因此而被「易族」至提婆族。

在佛教中，其形象大部分源自印度教中的阿修羅，但是也有部分的特性是只有在佛經中提到的。阿修羅道非常特別，佛經說：阿修羅男身形醜惡；阿修羅女端正美貌。阿修羅雄性其貌不揚，雌性卻是國色天香，故阿修羅王常常和帝釋天為首領的提婆神群戰鬥，因阿修羅有美女而無美食，而帝釋天有美食而乏美女，兩神相互妒忌，時傳爭戰。故俗謂戰場為「修羅場」。

其中比較接近事實的是印度教早期的說法

事實真相是：「阿修羅」原本是波斯祆教（俗稱拜火教）中的偉大善神之一，是掌管道德和戒律（天律）的大神，同時也因為有賞罰之權，也被視為一種戰神，為光明正義而戰；（「阿修羅」梵名 Asura。略稱修羅。又作阿須羅、阿索羅、阿蘇羅、阿素羅、阿素洛、阿須倫、阿須輪，因為和「祆教」主神阿胡拉 Ahura 音近，也有學者主張即是主神的另一化身）。

我們必須先了解「雅利安」這個民族；他們是白種的遊牧民族，原居於今天俄羅斯西南部烏拉爾山脈附近的古代部落，逐水草而居的生活方式，使他們大部分時間是活躍於中亞細亞一帶；後來分為一支向西北方遷徙的「印歐雅利安民族」和另一支向東南及南方遷徙的「印伊雅利安民族」，（公元前2000年代初，居於東歐草原西部，大約在今天的多瑙河下游平原的一批雅利安人，沿多瑙河向西挺進，他們翻越阿爾卑斯山進入今天的義大利一帶，被稱為拉丁人。拉丁人是這些遷移民族中最著名的一支。與此同時，另一些雅利安人繼續向西和北兩個方向遷移，形成了西歐的塞爾特人和北歐的日耳曼人。

又一支雅利安部落從裏海東岸分批南下進入伊朗高原，稱為印伊雅利安人，而最先進入伊朗高原的一部分雅利安人則繼續向東南方向移動，在公元前一千五百年前左右越過阿富汗與都庫什山脈來到印度河流域。）

「印伊雅利安民族」入侵印度河流域後，以強大的武力征服當地的原始居民，很快的擴張領土並逐漸定居下來，變成半農耕半畜牧的生活方式，成了穩固的統治者，而原本文明程度明明較高的原住民（澳族與達族）反而淪落為奴隸階段。這些早期的入侵者因為信奉「吠陀經典」，所以自稱為「吠陀雅利安人」；之後不以「吠陀」為主流信仰的所謂「非吠陀雅利安人」也接著跟進入侵印度，定居在東邊的恆河上游一帶；其中「吠陀雅利安人」非常自傲於自身的血統和膚色優越感，不但鄙視黑皮膚的原住民，將之壓迫為奴隸，同時也一樣鄙視「非吠陀雅利安人」；

而後來的這一批「非吠陀雅利安人」大多數屬於「剎帝利」階級，他們的態度是比較開放的，他們不遵從吠陀宗教和祭祀禮儀，相信咒語巫術，願意和原住民的「達羅毗圖族」(Dravidian)及「澳族」(Australoid)交流甚至通婚，於是，產生了所謂混血的「維拉特亞族」（Vratya），同時也因此吸收融合了印度原住民的文化而產生了特殊的宗教信仰；特別是「輪迴」的觀念。（「維拉特亞族」也是受到「吠陀雅利安人」所鄙視的）

「雅利安」這個民族最特別的就是他們非常重視血統；其中「印歐雅利安民族」後裔的日耳曼人，在二次大戰時期，由希特勒偏執的種族主義和為日耳曼人尋根，以及「雅利安民族絕對優秀論」造成了異族大屠殺的人類歷史上最大的慘劇。而相對的「印伊雅利安民族」也一樣不遑多讓的，同樣也非常偏執的重視所謂純淨血統，這也是後來形成印度「種姓制度」的主要原因。

現在，我們可以大略區分一下「印伊雅利安民族」的生活地區及信仰狀態：

一，依舊定居在伊朗地區的「雅利安民族」：信奉「祆教」（拜火教），主神為「阿胡拉‧馬自達」。

二，最先入侵印度河流域的「吠陀雅利安人」：居住在現今已歸屬巴基斯坦的五河流域，信奉「吠陀神系」。

三，後期入侵的「非吠陀雅利安人」：居住在東邊的恆河流域，信奉的除了極少數「吠陀神」。也廣大包容的信仰原本伊朗的「拜火教諸神」及融合了印度原住民的原始信仰而產生了特殊的宗教文化。

原本依舊定居在伊朗地區的「雅利安民族」問題不大，當然也沒有「阿修羅」是惡神的觀念。而是先後入侵印度次大陸的「吠陀雅利安人」和「非吠陀雅利安人」以及混血的「維拉特亞族」之間，因為鄙視敵對，以及對宗教信仰的歧異，尤其是不同的神系，逐漸形成了各種五花八門的教派，各擁主神，互不相讓，而且應該是屬於「非吠陀雅利安人」以及混血的「維拉特亞族」接納了「祆教」（拜火教）的主神「阿胡拉‧馬自達」，而伊朗的君主「大流士一世」又剛好大舉入侵，燒殺擄掠了「吠陀雅利安人」居住的印度河流域，基於仇恨心理，這些「吠陀雅利安人」自然排斥伊朗拜火教的信仰，因此蓄意醜化了主神「阿胡拉‧馬自達」，在各種神話故事中以及實際信仰中都將之惡魔化，變成了「惡神阿修羅」。

後來，堅持血統純淨的「吠陀雅利安人」得勢，成為「種姓制度」中最高階級的「婆羅門」，因此，印度教從「吠陀信仰」進入正式的「婆羅門教」時代，而其主神也變成了「濕婆、毗濕奴、梵天」，而「阿修羅」變成惡神也就從此成了「婆羅門教」信仰中的定論。

這是印度教最大也是最怪異的特色；宗教學家把印度教稱為「交換神教」，其實應該稱為「隨便換神教」更貼切；不用擔心婆羅門僧侶怎麼解釋他們的行為，因為他們只要編造一個神話就能自圓其說，也所以印度的神話特別多，同樣一位神祇在不同的神話中往往會有不同甚至矛盾的性格和言行產生，或者原本神通廣大的神祇在另一個神話中會突然變得很低能；而一個所謂的仙人（森林中的有名的苦行僧）有時又往往比一位大神更有法力或智慧，連神祇都經常要請他們出面協助才能戰勝敵人或者解決難題……

也所以，「阿修羅」會從善神變成惡神，甚至是醜陋好戰的惡魔，在印度教中一點也不稀奇，也不需大驚小怪；

但是，佛教中完全將之定調為醜陋好戰的惡神，那是由於釋迦牟尼就是一直這麼認為的，因為他自幼開始吸收的只是後期不完整已經被「婆羅門教」僧侶改頭換面無數次的印度神話教育，他既不懂得印度歷史，也不懂印度宗教歷史，所以當然只能以訛傳訛的一直信以為真；完全不知道「阿修羅」的來源和原本的真實神性如何？

所以在他描述「阿修羅」時，那就是百分之百的惡神典型，然後在編造完「五道」之後，後來臨時增加為「六道」時，才會把「阿修羅」這樣的編排進去。

有關釋迦牟尼得道成佛，通曉宇宙所有的道理，而且佛法無邊，擁有宇宙間最大的神通法力，這種說法已經流傳了二千年以上，佛教徒自然是信之不疑，但，其他非佛教徒不論是不是相信，至少極少有人提出反駁，在網路上努力搜尋，只有基督教的牧師一向對佛教的抨擊批評是不遺餘力的，但是都是廣泛的論述，對佛教釋迦牟尼主張的「阿修羅道」提出任何具體的反駁證據的絕無僅有。其中，只有「龔天民」牧師對「阿修羅」的考證最為詳實，因為與筆者觀念相近，所以節錄引用如下作為旁證：

『……其實，阿修羅神信仰起源極早。當印度雅利安人於西元前一千五百年前後梨俱吠陀時代，或雅利安人在中亞細亞一帶，尚未與伊朗人分離時，便已有此神。那時，阿修羅是善神，大概便是古代伊朗（波斯）拜火教所信的最高神 Ahura mazdao，或 Ahuro mazdao。希臘文稱此神為 oreo-masdes，英文為 ormazd。根據一般學說，約在西元前三、四千年前，在黑海一帶某地，有大批人開始移勤。向西走的，成了日後歐洲人的祖先;向東來的,成了伊朗及印度雅利安人的祖先。當時,向東走的一部分移民走至阿富汗地方,由於各種原因不再續進,而向西回,住于伊朗高原,而成了今日伊朗人的祖先。另一批繼續前進,侵入了印度西北五河地帶,成了今日印度雅利安人種的祖先。

學者們相信古代波斯人與雅利安人在分離前曾有過一段共住時期,由他們兩者之間所信的神明。多少能獲得旁證。例如拜火教的善神 Ahura mazdao,相當於古代印度吠陀時代的 Asura。此神後漸變質,成了惡魔。波斯拜火教的惡神 Daeva,成了吠陀時代善神的總稱。名叫 Deva,意即「天」。拜火教的惡神 Indra,在吠陀中變為最受人崇敬的守護神。說也有趣,若干拜火教的善神,到了印度都成了惡神,而惡神又偏偏變成了善神。從這種相反的信仰來看,或能多少說明當時伊、印兩地人民分離的原因何在?另又有不少名稱、性質類同的神:拜火教的 Mithra 神,是吠陀的日神 Mitra;拜火教有天國之主之子 Yima,吠陀中有統治死國主之子 Yama,此神後成佛教的閻羅王;拜火教的風神 Vayu,吠陀的 Vayu;拜火教的水神 Apo,吠陀的 Apus……等等。

因此,我們能說,佛教的阿修羅是佛教擷取了印度婆羅門教的阿修羅鬼魔信仰而成。而婆羅門教所信的阿修羅,或來自與古代波斯人尚未分離前的一種共同信仰,或由雅利安人採用了波斯人的神祇 Ahura,而故意把他變成了惡魔 Asura。

關於阿修羅又譯「無酒」一名,法華文句二,「阿修羅,此云無酒,四天下采華,醞於大海,魚龍業力,其味不變,瞋妒誓斷,故言無酒神」。玄應音義三:「一阿修倫又作阿修羅,皆訛也,正言阿素洛,此譯云,阿無也,素洛云酒,亦雲天,名無酒神,亦名非天,經中亦名無善神也」。大乘義章八,「阿修羅者,是外國語,此名劣天,又人相傳名不酒神」。

佛教徒根據「無酒」的說法,遂稱阿修羅常因飲酒誤事,後來戒酒,故稱無酒云云。稱阿修羅為無酒,不無原因,因梵文 a 字作接頭字時,作「不」、「非」之意,Sura 是「酒」之意,因此,asura 便變成了「無酒」神了。但日本梵語學權威神亮三郎博士力斥其非,認為是一種基於印度荒唐傳說的無稽之談罷了(見氏著梵語學字彙第十四頁）。

關於阿修羅王住處，佛經多稱住在須彌山下深海之中。起世經卷第六阿修羅品說有四阿修羅王，他們住於須彌山四周海中。山之東面，過一千由旬大海下，是毗摩質多羅阿修羅王住處，其地有縱廣八萬由旬，七重城。王之宮殿名設摩婆帝，其中央，有集合處，名七頭，七頭周圍有四園林。毗摩質多羅阿修羅王與諸小阿修羅眾，在此園林中游嬉，並有五阿修羅為其侍者。他們是隨喜、常有、常醉、牟真鄰陀、鞞呵多羅。

阿修羅鬼、王，為何都住在深海？這或與印度的地理有關。印度系一不規則的三角形半島，除北部地方為山嶽外，其餘東、南、西三地邊緣均為大海所包圍，波濤洶湧，海難頻繁。印度人遂迷信海中因有阿修羅鬼在互相戰鬥作亂，所以海上才不平安。中國人則迷信海龍王是海中的掌權者，東海有龍王敖廣云。

佛教相信阿修羅王經常怒火中燒，不斷與諸天鬼神戰爭。增壹阿含經卷第三阿須倫品第八稱，阿須倫形廣長八萬四千由旬，其口縱廣一千由旬，（一由旬約三四十里），當阿須倫王欲侵犯太陽神時，倍複化身成十六萬八千由旬。日月王見到阿須倫王，均恐懼萬分，不復再放光明，「然阿須倫不敢前捉日月，何以故，日月威德有大神力……」（見同經）。印度人迷信日蝕及月蝕之所以發生，是這位羅目侯羅阿修羅王侵犯日月結果所致。中國人則有天狗噬日之說。

阿修羅王住在深海中，卻跑到天上去與天上的鬼神打鬥，想奪權，這可說是印度的怪談。住在極度炎熱氣候下的印度人，腦子昏沈而成了「狂想」與「幻想」，令人吃驚！

再者，印度地面遼闊，歷史悠久，自古來，不斷發生各種天地變異自然現象，如日蝕、月蝕、地震，以及慧星出現等。古代印度人均認為不可思議，而用宗教信仰予以解釋，都把它們看成是阿修羅王與諸天鬼神發生戰鬥的結果所致。佛教又說，阿修羅道世界中。每晝夜中便有武鬥大戰三次，凡生在此道的眾生，都必須參與這種戰爭。

因此，佛教徒甚怕死後生于阿修羅道。老是打仗、戰鬥，實在痛苦，吃不消！為何阿修羅鬼會如此打鬥不絕？也許與他的「惡神」性質有關。如為善神，則不會如此了。各宗教中，惡神與惡鬼大多兇惡無比，好戰喜鬥，善神則都是慈祥和平，忌戰厭鬥，祇賜人幸福云。

印度大多數鬼而都是多頭多手多腳，惡鬼尤甚。胎藏界七集下引用伽陀經稱，毗摩質多羅阿 修羅王有九頭，頭有千眼，口噴烈火，有九百九十只手。但腳祇有六隻，其形狀有大須彌山之四位。觀音經義疏記第四稱，阿修羅有千頭二千手，萬頭二萬手，或三 頭六手。補陀落海會軌稱阿修羅為三面青黑色，忿怒裸形，六臂，左右第一手合掌，左之第二手持火頗胝、第三手持刀杖，右第二手執水頗胝、第三手執鎰。胎藏界 曼荼羅外金剛部中，列有阿修羅及摩尼阿修羅兩種，後者全身赤色，披甲，手執刀杖，狀甚兇猛。另秘藏記稱摩尼阿修羅眾為身呈紅色，執閻摩杖，並有二侍女。

《佛說六道伽陀徑》稱：如以善惡標準分別，凡三善者，生天、人、阿修羅三通。三惡者，生地獄、畜生、餓鬼三道。阿修羅道也有壽命，例如「……見阿修羅壽六千歲，于閻浮提中六百歲，以為陀摩目侯阿修羅中一日一夜，如是壽命滿六千歲」。人世界的六百歲等於此阿修羅道的一晝夜，滿六千歲後，壽命便薑（詳見正法念處經卷二十）。

但壽命盡後，這許多的阿修羅道鬼又再到那裏去呢？佛教對此沒有具體交代。因此，整個來說，佛教所講的六道輪回，祇不過是印度人的一些神話與怪譚罷了。

以上所論，皆以立阿修羅為「一道」所說。但也有佛經祇講五趣（道），而把阿修羅攝于天道或鬼道或畜生道中，「…… 名阿修羅，略說二種，何等為二，一者鬼道所攝，二者畜生所攝，鬼道攝者，魔身餓鬼，有神通力，畜生所攝阿修羅者，住大海底須彌山側……」（正法念處經第十 八）。另見大毘婆沙論第百七十二，雜阿毘曇心論第八等處。因此，如《佛地經論》卷第六所稱：「阿素洛種類不定，或天或鬼，或複傍生故」。

佛教的輪迴到底是六道？抑或五道？阿修羅自成一道？抑或祇附在天道、或鬼道、或畜生道中？對此，佛教的說法紊亂不堪。各佛經作者各說各的。沒有統一。由此亦可看出所謂六道輪迴實是一派胡言，是窮苦印度人生前渴望死後不要再生為窮人而生在較好地帶的一些幻想與憧憬罷了。例如天道是何等的美啊！阿修羅道是何等的苦啊！當釋迦時，全印度共有大小十六個國家，互相戰鬥攻打不絕，人民苦不堪言，豈非就是活生生的阿修羅道？……』

（筆者評註：現在，我們終於可以非常確定「阿修羅」之所以被視為惡神，而且從一位變成一大群「惡神族」根本就是印度教派系間鬥爭的結果和對伊朗神系的蓄意醜化結果；所以，沒有所謂的「阿修羅魔族」，更沒有「阿修羅道」。釋迦牟尼根本不知道完整的歷史背景和來龍去脈，所以才會以訛傳訛，完全錯誤的將「阿修羅」編造進「六道」之中，還有一大堆自己編造的描述。這點更可以證明他沒有進入靈界，飛天入地的神通。

這個事實真相同樣只非常確定的證實了一件非常重要的事：那就是佛教從釋迦牟尼開始對「阿修羅」的認知和地位編排都是道聽途說、以訛傳訛的，也可以說從來就是徹頭徹尾的謊話騙局。以前是否曾經被任何人這樣批判過已經不需討論，當下在筆者於本篇文章中正式點破之後，佛教所謂「慾界六道」中的「阿修羅道」就此正式崩盤！事實上也是根本不可能存在的。）

吳哥窟寶劍寺的阿修羅石雕

吳哥窟浮雕中的阿修羅

印度神廟外的阿修羅彩塑

日本興福寺的阿修羅木刻彩繪雕像

日本名寺三十三間堂的阿修羅木雕

教派紛爭的妖魔化結果

伊朗的祆教（拜火教）的主神是「阿胡拉」（Ahura Mazda），是光明正義的善神，雅利安人在入侵印度次大陸前，曾經在伊朗地區流浪遊牧，在宗教信仰中必然摻和了祆教元素，後來因為教派紛爭，而將主神妖魔化為「阿修羅」！

祆教創始者
瑣羅亞斯德

「法拉瓦哈」也是靈魂的樣貌

祆教主神「阿胡拉」
Ahura_mazda

祆教神祇

印度新塑的阿修羅像
是罕見的獨立塑像

杜爾嘉女神擊敗阿修羅王

阿修羅王

釋迦牟尼對於地獄與閻羅王的誤解

筆者閱讀搜尋和參考了許多相關的書籍資料，覺得目前寫得最完整，蒐羅資料全齊全的當屬「漢魏六朝佛道兩教之天堂地獄說」一書（蕭登福先生著作，學生書局印行，民國78年11月出版）以下，筆者從這本大作中節錄引用一部份資料，並加以個人的評註和解說；原文以「標楷體」列出，筆者個人的評註解說仍保持為「仿宋體」字樣，並加註「＊」號：

「……隨著佛經的傳譯，佛家的地獄思想便間接的被帶入了中國。而有關地獄的經論，譯述的也早，遠在東漢桓、靈帝之世，安世高便譯有「佛說十八泥犁經」、「佛說罪業應報教化地獄經」等。稍後靈、獻之時，支婁迦讖所譯「道行般若經」中有「泥犁品」，康巨譯有「問地獄事經」，自此而後，至唐宋止，所譯經論中，或專章、或通書論述，而佛家之地獄思想，便逐漸被國人所接受，所認同。

雖然佛家的地獄說傳入的早；有關地獄的文字，譯著的多；但由所傳入的佛家經論看來，在六朝之世，佛家對地獄的說法仍極紛歧。不僅對地獄的名稱、數目諸經說法不同，甚至連地獄在何處也有異說。這種紛歧的情形，嚴重到幾乎難得找到幾本經論的說法是完全相同的。而地獄說源自印度，由此也可看出印度初期的地獄說，本是紛雜不統一的。」

＊因為「佛經」中有關『地獄』的說法是源自於「印度教」的教義，「印度教」在西元八世紀以前還是

「婆羅門教」時代（後來經過印度大哲商羯羅大力整合之後才統一為「印度教」），本來就是派別眾多，信奉神祇互異，各派信徒間是經常互相攻訐詆毀甚至流血殺戮的，對於「地獄說」本來已經是眾說紛紜，沒有定論的（因為「地獄說」本來就是婆羅門僧侶蓄意編造的騙局），而釋迦牟尼承襲了「印度教」經典中各式各樣的「地獄」相關說法，然後又自行加碼創造了更多的內容、名稱和酷刑花樣，彷彿深怕罪魂死後受苦不足；然後，在他圓寂之後，佛教分裂為「上座部」和「大眾部」，即「小乘」和「大乘」，各自有不同的主張，當釋迦牟尼圓寂四百年後，弟子正式將各人記誦的釋迦牟尼教義以當時民間通用的「巴利文」書寫為各種佛經，後來成為南傳佛教的主要經典，但是到了印度大乘興起之際，為了宣教，又改用「梵文」重寫佛經，這時已經出現內容分歧的經典，在經由西域通商交流之便，北傳入中國之時，也正是中國南北朝的殷需宗教之際，於是許多正統佛經被引入中國（其中人類史上第一本運用印刷術大量印刷的書籍正是大乘佛教的「金剛經」），然後因為如梁武帝等君王的大肆推廣佛教，佛教經典就成了中國最熱門的熱銷印度舶來品，在佛院僧尼和一般富有信徒的競相高價收購的需求下，也因此，印度出現了「製經業」，專門偽造各種佛經，只要在開卷首頁加上「如是我聞，一時佛在……」就立刻變成搶手貨，可以高價售出而致富；也因此一時各種山寨版的偽經簡直是滿坑滿谷，車載斗量，這也就難怪為什麼許多著名僧人，如法顯、玄奘、義淨等等千里迢迢遠赴西天（印度）取經，卻總有取之不竭的各種佛經，很難不令人懷疑釋迦牟尼一生到底說了多少法？當然也正因為如此，所以，從印度來到中國的佛經會出現許許多多類似或互異，或名同文異的版本，弄得僧尼信徒莫衷一是，甚至各立山頭，分裂為不同的佛教派別。也因此，關於「地獄」的教義主張，不但在印度就是紛紛擾擾，爭論不休的，引進中國的各種「地獄說」當然也就更是五花八門，亂七八糟了。

又，佛家以為造惡之人，死後入地獄。除行為上為惡者外，持斷滅論、不信佛法者，也是種地獄種子因。東漢，支婁迦讖譯「道行般若經」卷三「泥犁品」云：「用是斷法罪故，死入大泥犁中。」三國吳，支謙「大明度經」卷三「地獄品」：「以斯愚罪，斷於經法，輕易應儀，受不信之道，死入無擇獄，其歲難算。」；因此，為惡之人固然入地獄；但不為惡而毀法、不信、持斷滅論者，死後依然在地獄受苦。由此可以看出來，佛家除以此勸人為善外，也常拿天堂、地獄之說來勸誘異教徒。

*關於這點，釋迦牟尼在世時就很強勢的這樣主張過，甚至認為佛教徒如果殺害「闡提」（不信佛教者）和「婆羅門」是不犯任何殺業的，也和一些基督教的激進教派主張的「信我者得永生，不信者下地獄」一樣是宗教的本位主義。

「地獄」究竟在那裡？

「地獄」一詞，梵語原稱為Niraya音譯為「泥犁耶」或「泥犁」。本義是「無有」，係指無有喜樂之意。人死後落入此處受苦，毫無喜樂可言，故云泥犁。南朝陳•真諦譯「佛說立世阿毘曇論」卷六「云何品」：「云何地獄名泥犁耶？無戲樂故；無喜樂故；無行出故；無福德故；因不除離業故於中生。復說此道於欲界中最為下劣，名曰非道。因是事故，故說地獄名泥犁耶。」

漢魏六朝所譯的佛經，或說泥犁在高山上，或說在兩鐵圍山間的陸地上，或說在地下。佛家的「地獄」諸家說法不同，並不全是在地下，而有的地獄甚且是在空中（餘孤地獄）。將「泥犁」翻譯為「地獄」，原不十分妥切。但因國人向有死歸黃泉地下的觀念，而人死入此，如犯人入獄中受刑，因此便把「泥犁」翻為「地獄」。到了唐代，玄奘法師等譯經，始捨「泥犁」一詞不用，而用「捺落迦」。捺落迦，梵語為Naraka，本義為惡人，或說是苦器；乃指惡人受苦之處而言。「泥犁耶」、「捺落迦」、「地獄」，三者異名而同實。其中以「地獄」一詞，最為普遍，沿用最久。

*依據最初始的「印度教」說法，「地獄」是在是地下，以有別於「天道」和「祖靈道」，但是，並沒有

「空中的（餘孤地獄）」，但是，佛教在大乘興起之後，偽造了很多相關經典（包括最有名，在中國流傳最久的「地藏菩薩本願經」都是後人偽造的），所以，佛教的「地獄說」不是創新發明，也不是發現，而是從「印度教」搬過來再加油添醋的結果，所以內容也就越來越龐大。

佛家認為造惡業者，死入地獄，長受酷刑之苦。那麼地獄究竟在何處呢？關於這點，各經所載的差異極大。有的說地獄在地下，有的說在兩山間的陸上，有的說在山邊、曠野，更有說在空中者。而這些經論，都各自標榜著「佛說」，標榜著「如是我聞」；因此不禁讓人對何經所說才是佛說，何者才是真正的地獄所在，產生了懷疑。其實，這種相互乖異牴牾的說法，正可以讓我們了解地獄說在印度演變的情形。——他們表現在地獄說上，由六朝傳入的佛經看來，本來是極紛紜不齊的。但到了後來，經由諸論師加以綜匯，則似乎已逐漸能取得妥協了。這可由唐代所譯「阿昆達磨俱舍論」等，文中諸論師相互問難的情形看出來。

*同樣的，「各自標榜著『佛說』，標榜著『如是我聞』」的佛經不盡然全是釋迦牟尼所示下的基本教義，最早的巴利文佛經成書於釋迦牟尼圓寂的四百年之後，這個時間差，相當於我們中國的明朝到現今，究竟有多少人能在沒有文字記載，單靠十幾代師徒之間口耳相傳的死背強記；能把明朝大哲祖師講述的內容一字不差的原貌呈現呢？連最原始的佛經都未必是釋迦牟尼親口講述的原文原意，再加上後世人為的各自註解註解；甚至出於刻意的偽造，那麼當然是撲朔迷離，難辨真假了（因為印度古人非常不重視自己的歷史，甚至連釋迦牟尼的出生和圓寂年代迄今都無法定論，前後竟然相差到百年之久，迄今未有定論。更甚至連遲至西元八世紀印度大哲「商羯羅」的生歿年代都無法清楚交代）。

又，其次再來談地獄的種類。對於地獄的類別，有的佛經不加細分。有的則依受苦性質不同而區分為寒地獄與熱地獄；寒地獄，冰凍難耐；熱地獄，大火熾燃，觸肉皆焦。有的則依其受苦程度之輕重，而區分為大地獄及小地獄。小地獄依其所處之地，又有邊地獄及孤獨地獄之名。但對於「邊」、「獨」二地獄的定義，卻往往有所不同。「俱舍論」以靠近大地獄之十六附屬小獄為近邊地獄，以在山間、曠野、樹下、空中者為孤獨地獄。而「三法度論」等，則以在山間、水邊、曠野，獨自受報者為「邊地獄」。並將邊地獄與寒、熱地獄等並列為三。對於附屬小獄，則不另立別稱。此為佛家經論所提到地獄種類的情形。

*同樣的，因為「印度教」的「地獄說」就是人為蓄意編造的，也是「無中生有」，再「與日俱增」慢慢添加衍生出來的，而佛教的「地獄說」又是從「印度教」承襲過來，從釋迦牟尼本身就開始在蓄意加料，以及後世「製經業者」把舊書加料增胖，就能變成增訂版的新書或者以「海內孤本」的謊話當成古董引人入彀；詭詐鉅款。所以「地獄」的範圍就越來越擴增，內容和罰則及酷刑花樣也就不斷翻新。

真的有「閻羅王」嗎？

有的經典以為地獄在閻羅王城外，為閻羅王所管轄。主張這種說法的有「大樓炭經」、「長阿含經」、「問地獄經」。至於閻羅王城的所在，則有的說在閻浮利洲南大鐵圍山之外，有的說在大鐵圍山之內。「大樓炭經」及「長阿含經」，都在提到兩大鐵圍山的八大地獄外，又另外提到閻羅王所轄之地獄，但對閻羅王所轄地獄的數目，則「大樓炭經」說有十大地獄，「佛說鐵城泥犁經」說八大地獄，「長阿含經」說有一座四門大地獄及十六小地獄。

又，閻羅王地獄說，當為後起之說法，說見后。「大樓炭經」及「長阿含經」雖把它和兩大鐵圍山間的八大地獄說並列在一起，但吾人可以很明顯的看出，它們是屬於兩種不同的地獄說。因此這兩部經都在敘述完八大地獄後，另起一段，並以「佛說」做開頭。這種一經中兼收兩種不同說法的情形，在佛典中常出現。

＊關於這點，筆者不需要用推論的提出異議，因為，「閻羅王地獄說」在印度是在婆羅門教興起時，蓄意將原本「五火二道」改變為「四生三道」時，「閻王」的名詞就和「地獄」一起產生了，所以並不是後來的新論，而且兩者的產生時期早過釋迦牟尼生歿的年代，所以，也當然不是「佛教」創新發明或在他之後的人偽造的（「閻王」或「閻羅王」原來是高高在天上享樂的「耶摩天」，在印度教神話傳說中，他是第一個死亡的人類，後來被婆羅門教僧侶蓄意編造神話將他一分為二，其中一半來掌管地獄……）。

又，關於閻羅王在宮中的生活，諸經中除談到閻羅王以五問或三問，問犯人，治理地獄之事外，也有說閻羅王晝夜各三時受大銅錢燒煮，烊銅灌口之苦的。因為在獄中有一半的時間在受苦，因此初期閻王的地位是大不如人的。茲將佛經中談及閻羅王宮之所在，及閻王宮中生活的，引錄於下：『西晉•法立、法炬譯《大樓炭經》卷二「泥犁品」：「佛言：大鐵圍山外，閻浮利天下南，有閻羅王域，縱廣二十四萬里，以七寶作七重壁、七重欄楯、十重刀分、七重行樹；圍觀浴池，周匝圍繞。金壁銀門，銀壁金門，琉璃壁水精門，水精壁琉璃門，赤真珠壁馬瑙門，馬瑙壁赤真珠門，車璖壁一切寶門。上有曲箱蓋交露，下有圍觀浴池。有種種樹葉花寶，出種種香，種種飛鳥，相和而鳴。佛言：人身行惡，口言惡，心念惡，死後墮此閻羅王泥犁中者，泥犁旁便反縛罪人以見閻羅王……閻羅王晝夜各三，過燒熱銅，自然火在前宮中，王即恐畏，衣毛起豎，即出宮舍外；外亦自然有大火，王大怖懼，還入宮。泥犁旁便各各取閻羅王擒燒鐵地，持鐵鉤鉤其口皆開，以消銅灌王口中，焦喉咽已皆焦腹中腸胃五臟，銅便下過去燒炙，毒痛不可忍。過惡未盡故不死。」

諸經都把閻羅王劃入地獄道中，但世親、眾賢所造的論中卻把他列入「餓鬼道」。又，地獄是三惡道（地獄、餓鬼、畜生）之首，為重惡者才入地獄受刑。閻羅王既在地獄，也是受罪而來，那麼雖然是貴為王者，治理地獄之事，有宮觀綵女相娛，也是難逃刑罰之苦。

＊第一，如果這些經典中的內容真的是釋迦牟尼說的，那他對「印度教」的認知和了解實在太少了，竟

然連最基本的「印度教耶摩神話」(「耶摩」即「閻王」)都沒聽聞過，這也真的是太令人震驚了。第二，在上述經文中對於地獄的景象描述；那種金碧輝煌，珍寶鑲嵌的富麗堂皇，還有美好的鳥語花香，簡直就是天堂的翻版，如果「閻王」是在其中享受，那也就罷了，居然是在那裡每天接受多次酷刑，而且「閻王」還是非常畏懼的，這種矛盾的形容，根本是毫無道理可言。第三，至於「世親、眾賢」把「閻王」列入「餓鬼道」，那就更是百分之百的錯上加錯了，因為「閻王」被婆羅門僧侶蓄意捏造神話，從天上借調過來，就是專職掌管「地獄」的，身分既不是罪犯，也不是眾鬼之王，而是百分之百的「地獄典獄長」，看看人間也一樣；那一國的監獄，典獄長要一面受酷刑伺候一面管理獄政的?主張「閻王」日夜要各被鬼卒灌銅汁三次的說法，不論是出自釋迦牟尼或後世弟子之口，那都是欺世的謊言。而認為「閻王」是因為有罪才會在地獄受刑的見解當然也是不正確的。

「閻羅王」地位的昇降變化?

關於閻羅王之出身，六朝所譯佛經中，除「經律異相」卷四十九所引「問地獄經」、「淨度三味經」外，其餘均未言及。而此二經又係偽經，所言多不可採，今暫錄其說於下：——上述所引二經之文，說閻羅王原是毗沙國王，因作戰失敗，與其臣佐十八人忿懟立誓，死後出生地獄，為閻羅王及十八小王。「問地獄經」及「淨度三味經」的這種說法，不見於其他經論中。而此二經雜有許多中土思想，因此我們懷疑有關閻羅王身世之說，都是杜撰的。但這些杜撰之說，到了後代，卻愈演愈烈。且在六朝，佛經中所見之閻羅王，本為一人，然而流傳到唐宋，卻演變為兄妹雙王。兄治男事，妹治女事。這大概是由中土男女有別的觀念而來的吧!

＊第一，關於「閻王」是「毗沙國王」;其他十八小王是他的「臣佐」一說，百分之百是後人偽造的謊

話。第二，關於「閻王」有妹一事，並非如蕭登福先生所以為是唐宋以後因為「由中土男女有別的觀念而來的」；因為，在「印度教」的最古老的神話中，「閻王」（「耶摩」）確實有妹妹，而且他就是被妹妹謀殺而死亡的；這個神話故事發生的時間很早，「吠陀前期」時已經記載在「梨俱吠陀」之中；「耶摩」（Yama，原名是耶摩羅遮 Yamaraja，中文也有譯為「耶魔」、「閻魔」、「炎魔」或「琰魔」的，最後才在中國變為「閻羅」或「閻王」，在中國民間則俗稱為「閻羅王」甚至「閻羅天子」的）：「耶摩」（Yama）：原本是天神，後來被一分為二，其中一半成了地獄的主宰，他是太陽神和「薩拉尤尼」所生的雙胞胎兄妹之一，妹妹叫做「耶蜜」（Yami），他們原本是世界第一對男女人類，但是，因為太過於寂寞，妹妹「耶蜜」突然瘋狂的愛上了哥哥，不停糾纏著要求和他做愛並成親為夫妻，但是，「耶摩」認為這根本是亂倫行為，絕對不可以，所以嚴詞拒絕，結果引發了「耶蜜」的因愛生恨的如火嗔心，竟然親手弒兄，而「耶摩」就成了世界上第一個死亡的人類；他在死後發現了「祖先之路」，可以把自己和往後死者的靈魂引導到這個屬於死者的天堂裡去；這個天堂又稱為「耶摩天國」，也就是後來佛經中所說的「耶摩天」，起始之初，人類死後，靈魂有二個去處；其一是「天神道」，其二是「祖靈道」的「耶摩天國」，在「耶摩天國」是一片光明美好又快樂的地方，在這裡可以無憂無慮的生活，一切欲望也都能得到滿足，所有亡靈終日都是在鳥語花香、天籟笑聲的花園以及金碧輝煌的宮殿中尋歡作樂。

「耶摩」有一隻鴿子和一隻貓頭鷹做為傳訊的使者，還有兩條各有四眼，全身有著美麗斑紋的狗，只要有人死亡了，就由這兩條狗去將死者的亡靈帶到「耶摩天國」來；以上的神話故事發生的時間很早，「吠陀前期」時已經記載在「梨俱吠陀」之中；但是，這時還是屬於「五火二道」的信仰時期，人類死後的去處只有「天神道」和「祖靈道」；而且並沒有任何和生前心行善惡有關的條件，去處的不同單純只和生前所做過的祭祀有關；也就是說一個人生前不論是大善人或者大奸巨惡，只要完整的做過五種祭祀就能直升到「天神道」，與所有的神祇一起過著永遠快樂的日子，但是，如果少做了最重要一樣針對「火神阿耆尼」的大祭典，那麼就只能進入到「祖靈道」，但是，仍然還是相當美好的，只是不能享有和眾天神一樣的尊榮而已，不過，在這二道生活原來都是永恆的，並不需要重新轉世或者再次輪迴投胎為人。

至於為什麼生前的五種祭祀中唯獨對「火神阿耆尼」的祭祀最為重要？那是因為印度葬禮習俗一向是火葬，而且是將死者的遺體放在木柴堆上火化的，火化時遺體在熊熊烈焰中燃燒並消失，而青煙直上天際，難免會和「火」及「火神」產生神話聯想；於是就認為是「火神阿耆尼」的神力，讓死者的靈魂淨化，並隨著青煙進入永恆的天國，因此，如果生前能夠特別針對「火神阿耆尼」虔誠獻祭者，死後就能進入「天神道」；另外一個原因則是對婆羅門僧侶權力私利有關的；在最古早的信仰傳統中，許多日常祭祀只要由家長或族長主祭即可，只有向一些天地大神的獻祭才需要由祭司（婆羅門）來主持；而一般「五火祭祀」中，其中前四種也是可以由家長主祭即可，但是，唯有對「火神阿耆尼」的祭祀特別隆重，儀式特別繁複，不是一般人能做的，只有正式的祭司才能進行獻祭，而且花費不貲，所以也不是人人都有能力去做的，但是，只要由婆羅門祭司來做主祭，祭司都可以從中獲取豐厚利益的。但是，簡而言之，在這一時期，人們死後的世界都是美好的，和中國古代「生為傜役，死為休息」那種「回老家」的觀念是大致相仿的，人活在塵世間是相當勞苦還有病痛及貧困等等的痛苦的，但是，一旦死亡，經過火化之後，靈魂就被釋放並淨化，然後就能永恆快樂的生活在不同的天國中；生前的心性行為善惡和恩怨情仇從此一筆勾消，再也沒有任何瓜葛。在「吠陀時期」是沒有「地獄」觀念的，也更沒有「善惡罪業」、「因果業報」、「死後審判」以及「輪迴轉世」觀念的。

但是，到了後來，「種姓制度」逐漸成型，那些個個聰明絕頂的婆羅門僧侶為了鞏固自己的權位和攫取更多的利益，竟然把人們死後的永生權利一分為二；把「婆羅門、剎帝利、吠舍」三個種姓劃歸「再生族」，卻把社會金字塔底層佔人口絕大多數的「首陀羅」種姓劃歸為「一生族」；也就是說；佔人口絕大多數的奴隸階層者死後的好日子結束了，只有上三個種姓才能在死後永生，進入「天神道」或「祖靈道」去快樂過活，「首陀羅」種姓（以及賤民）是不能享有這種特權的，生命只有這一世，一旦死去，也就煙消雲散，與草木同朽，沒有永生的靈魂。現在來看；很難相像當時制定這個規範的婆羅門僧侶是基於何種理由產生這種念頭的，不過，還真的是聰明一世，糊塗一時；做了大錯特錯的一種愚行！因為佔人口少數的「雅利安人」以統治者的高姿態入侵印度成功，他們原本並沒有比原住民更先進的文明，反而只是擁有更草莽更原始的觀念（這點和元朝蒙古人打敗宋朝後入主中國的形態相當雷同，宋朝的文化禮教已經相當先進完備，但是，在武力上遠不如文化水準相對懸殊低落的蒙古鐵騎，所以無可奈何也只能任憑宰割了），因此當「雅利安人」寡佔了「婆羅門」和「剎帝利」以及「吠舍」三個階級之後，因為種族及膚色的優越感，將黑皮膚的原住民打入最低的奴隸階級「首陀羅」，武力容或可以使人的肉體屈服，但是，卻無法使人的心理真正誠服，於是在極度歧視的心態下，他們擅自編派「死後永生」的權利，剝奪了奴隸階級「首陀羅」族群的再生權；但是，也因為這個非常錯誤的決定，引發了社會的巨幅震盪；那些一生勞苦貧窮的奴隸階級，原本對死後世界總是還有一絲絲期盼的，結果竟然被硬生生的剝奪，當然會引發心理和實質的反抗；在武力不足以抗爭時，一種原始順世頹廢潮流開始蔓延，輕則廢弛自身的社會責任，抱持著今朝有酒今朝醉的人生觀，只求當下的快活和享受，不願再唯命是從的接受差遣奴役，重則作奸犯科，窮兇極惡的奪取酒色財貨來滿足今生的需求；整個階級嚴明的社會架構因此岌岌可危，恐將面臨徹底的崩壞；因此，一種思想恐嚇的宗教信仰被迫產生；那就是「地獄」的觀念；

同樣是出於婆羅門僧侶的刻意編造；在天界眾神中找出了最適當的「人選」——「耶摩」；畢竟他是掌管「祖靈道」所有亡靈的。於是「耶摩」這原本只是悠遊在天國享福的主角，竟然被地上一些婆羅門強行一分為二；讓他一半在「耶摩天國」享福，一半卻要兼差來掌管眾苦之地——「地獄」；變成了地獄之王（也就是佛教傳入中國之後，大家耳熟能詳的「閻羅王」），而且婆羅門僧侶為了自圓其說，開始把原本永生的「祖靈道」也篡改了一番；變成不是全部居民都可以永生；而是要看後代子孫是否持續為他舉行祭祀而定？如果不幸沒有子嗣或者後代家道中落無力持續為祖先舉行祭祀的，這些已經在「祖靈道」享福的祖先就會失去永生特權，再次來人間輪迴；對於婆羅門僧侶來說，這無疑是個「一石二鳥」之計，因此又有了可以歛財的名目。

至於在人間作惡的人，死後不再擁有一筆勾銷，重新洗牌的權利，不能再無條件進入「天神道」或「祖靈道」去天福永享；反而會被打入「地獄」接受審判，並依照生前罪過的輕重來接受酷刑懲罰。至於所謂的地獄酷刑倒也沒有任何創新，全是人間各種耳熟能詳酷刑的翻版而已。至此，我們也一樣能夠輕易看出「地獄」和「罪業」觀念是怎樣被人類蓄意造作出來的；同時也可以了解到1．為什麼「地獄」觀念不是無始之始就存在的，反而是在「五火二道」之後才出現的？2．「耶摩」為什麼會被硬生生的一分為二，由他來掌管恐怖的「地獄」？因為他的確是一個適當的人選，但是，同樣為了自圓其說，總不能突然一夕之間改變他的職掌和神性，所以只能掩掩遮遮的讓他用「兼職」的型態來掌管「地獄」。3．在婆羅門三大綱領之中，第三條是「祭祀萬能」，但是，很顯然的，在「五火二道」時期，祭祀是可以決定死後去處的，跟生前心行善惡無關；但是，當「地獄」觀念被造作出來之後，「祭祀萬能」在這個系統中是肯定不適用的，祭祀已經不能挽救那些死後該下地獄的惡人（或惡靈），這點和「婆羅門三大綱領」中「祭祀萬能」的主張是完全矛盾的，但，倒是和第二條「婆羅門至上」卻完全吻合，婆羅門僧侶豈只是至上，根本是比眾天神更偉大更萬能的，連眾神的職掌和地位都可以由他們擅自編派，神話故事也是可以任意編造來符合自身的利益，任何和宗教信仰的事務都是他們說了算，至於「神」，只是他們的傀儡和騙人的幌子而已。

也所以當印度從「吠陀時期」進入「梵書」時期，死後的觀念從原本的「五火二道」也改變增益成了「四生三道」，也就是除了原本的「天神道」和「祖靈道」之外又增加了一個「地獄道」，同時，四生的觀念會被強調，是因為「胎生、卵生、濕生、化生」又被用來加諸在惡人的死後去處，往往是在地獄受完酷刑之後，總是要安排下一程的去處，既不能讓他們去天界享福，又不打算讓他們再世為人，所以，就編派這些罪靈轉生為畜生或者蛇蠍或細小的蟲子吧。在此，我們同樣又可以看出一個漏洞生漏洞的實證：顯然，「首陀羅」（及賤民）突然一夜之間從「一生族」又變回「再生族」了，只要他們生前作惡，死後就還是有持續存在的「生命」去下地獄受苦，受完苦再轉生為畜生或蟲蟻。為什麼會這樣一直自相矛盾呢？答案也很簡單；因為神話是人為編造的，「輪迴」觀念也是人為編造的，「罪業果報」一樣是人為編造出來的，因為不是自然機制，所以難免就會出現自相矛盾的漏洞，更何況；在今天的印度，仍有將近一半以上的文盲，在二、三千年前，知識是完全被婆羅門階級壟斷的情況下，究竟神話是怎麼說的？那些神有什麼不同的特性和神通？神與神之間有什麼樣的關係？那個神比較神通廣大？那個神做過什麼醜事 人死後會有什麼遭遇？怎樣才能進入天國永生極樂？為什麼同樣是人卻有不同的階級？為什麼有人可以一生富貴榮華？為什麼有人就必須貧困低賤的過活，而且世世代代不能翻身？等等等等：：這些都是婆羅門僧侶說了算！

在極少人敢質疑的神權威嚇下，在婆羅門至上的威權陶醉中，他們並不是這麼戒慎恐懼，縝密亟思的來編造各種神話，有時也許考慮有欠周詳，有時則根本是肆無忌憚的，所以天長地久的就會出現漏洞，然後當然就必須以謊圓謊的不停編造各種謊言來自圓其說；但是，謊言終究是謊言，那是絕對經不起時間考驗的。二千多年前民智未開的印度，容或謊言還有極大的效用，還有極多的人民會相信，但是，二千多年後的今天，當我們重新回顧印度的宗教史和各種神話時，用研究的心態去發掘，當然可以找出那些是根本自相矛盾、漏洞百出的人為謊言了。

閻羅王由初期的一人而演變為兄妹二王。由法雲、志磐所撰之文中，可以看出有關閻羅王之說的紛歧性。又，閻羅王在六朝佛經中的地位，原此不上人，但在唐人所撰的經論中，卻常有供請閻王，祈祝平安之經文出現。……可見閻羅王的地位，至唐已逐漸在巨大的轉變中。由原先身分此人低的受苦受難者；而變為消災拔苦，高高在上，為人所崇拜的偶像。

＊同樣的原因，也同樣可以看出「六朝佛經」對於「閻王」的地位根本已經是謬誤了，但是，究竟是從釋迦牟尼本身就有了錯誤的認知，或者是後代偽經發生的謬誤，現在已不容易知曉？但是，問題重點已經不是真經偽經，因為在那個時代僧尼和信徒並不能明確的分辨孰真孰偽，只要是譯自「天竺、身毒、賢豆」（印度當時的異音國名）的佛經，大家都是奉若「如佛親臨」一般的尊貴圭臬，精研誦讀，是不會也不敢質疑的。因而如果中國的僧尼信眾從「六朝佛經」開始就一直受到這種嚴重的見解所誤導，所形成的信仰又怎麼可能

不變成「非理性的迷信」呢？

……據此而言，那些地獄卒，則又是由被人迫害的禽獸轉化而來的。這又是與前兩說不同的另一種說法。再者，地獄獄卒在地獄大火中何以不被燃燒（如無間地獄，通獄大火，了無空缺處），而他們極其殘酷的虐害罪人，又是否會受到報應呢？早期的佛經中未留意到此問題。「長阿含經」只說不僅是罪人，連閻羅王都要受苦刑，但無談及獄卒。到了世親時代，便有人開始探討此一問題了。世親引用當時論師的話說，有的論師以為地獄卒是無情（不是眾生），不受報。有的論師以為獄卒都是有情眾生，都要受報；他們受報處即在地獄中；又因業力所感，所以不被火燒。……

「閻羅王」為什麼也要接受地獄酷刑？

＊第一，這樣麻煩可就大了，因為「長阿含經」是被佛教視為真實無虛的真經，如果連這部經也出現「不僅是罪人，連閻羅王都要受苦刑」的經句，那麼佛法大概要更加的備受質疑了。第二，關於「地獄」當差的鬼卒，其來源和會不會和罪魂同樣受苦，如果連這麼簡單的芝麻蒜皮小事也會各說各話，爭論不休的話，可見其他更高的思辨課題只怕也是泛泛之談，夸夸之論而已。因為先錯在「閻王」也要受酷刑伺候，也就連帶那些部屬和鬼卒也要跟著受苦來求取平衡圓說，但是，「閻王」受苦說竟然是錯的，鬼卒受苦說當然也就跟著的錯的，那麼究竟是「被人迫害的禽獸轉化而來的」或者「無情（不是眾生）」又或者「因業力所感，所以不被火燒」等等的爭論，不只是無聊無謂，更突顯出一旦根本出錯，很多後來的演繹只會「失之千里」了。

「耶摩」（閻羅王）是地獄的典獄長，其地位在釋迦牟尼出生的數百年前已經確立。他並不是惡魔邪神，他的職責是懲治生前作惡的人，可以說是在執行公權力！佛教憑什麼要捏造一個「閻魔敵」來跟他作對？這全是因為釋迦牟尼對於印度教史和教義以及「耶摩」的來由認知都嚴重不足。

藏密中的「大威德金剛」

藏密中的「耶魔」（Yama）

以上兩張圖片中的造像為什麼如此神似？其實右邊這張應該也是「大威德金剛」才對，但是，所謂的「閻魔敵」和「閻魔」（耶魔或「耶摩」）總是讓人混淆不清？因為「閻魔敵」純粹是人為捏造出來的。

印度教中最原始的「耶摩」（閻魔）造像

……地獄的觀念是從印度引進來的，經過六朝的長期醞釀，地獄之說便逐漸為國人所接受。但佛經在傳入之時，譯者為適應國情，方便傳教，因而也摻雜了不少國人固有的思想，以及道教的說法。有些僧徒不僅以此來譯述佛經，甚至偽篡經典。今以地獄說而言：早期的譯者，有時以「太山」來代替地獄，便是受中土泰山治鬼觀念的影響。再如「淨度三味經」中所言三十地獄王有「琅耶王」、「晉平王」、「太一王」等，顯係中土名氏。此外，道教的上章首過，與天神伺察人世過惡的觀念，也間或在佛經中出現。……

＊這點當然是一種必然，但是，其實如果好好比較佛教和道教的經典和主張，在「地獄」這個區塊中，差別真的非常有限，只有名詞代換，變成中國化或者用中國的神祇去取代之外，

其他根本就是換湯不換藥的。當然，蕭登福先生的見解也是符合實情的，因為佛經傳入中國時，原本是「梵文」，在翻譯成中文的過程中，為了傳教的目的，讓普羅大眾更容易接受，所以有些部分內容非常「印度式」的，為了適應中國的國情習俗，所以改換或增減來成書付梓，這是合理的推論。

此外，關於泰山地獄之敘述者「太上洞玄靈寶滅度五鍊生尸妙經」有「東嶽泰山明開長夜九幽之魂，出某甲魂神。」之語，以九幽地獄屬泰山。又「太上妙始經」云：「崑崙四天以外，有鐵圍山，山外有日月所不照，名曰八冥界，則泰山府君之位，統領諸獄，人死歸之，簡錄罪福，然後分遺其人入於諸獄中。獄中有鑊湯、轉輪、銅柱、鐵錐、刀劍諸苦，痛不可具言。」

此經所述與佛家相同，只不過將須彌山換成崑崙山罷了。佛家以為須彌山外圍有七小山，七小山之外有四天下，四天下之外為鐵圍山。鐵圍山外又有鐵圍山；兩鐵圍山之間，日月所不能照，終年幽冥，是諸地獄所在。道教中有部份經典，竊取佛家須彌山之說，而將須彌山改易為崑崙山。蓋佛家重須彌，道家則重崑崙。

＊關於這一部份，蕭登福先生的評語相當中肯，因為，「地獄」、「閻王」、「鐵圍山」等等本來就不是中國土產，百分之百來自印度，所以，內容明明是印度貨，只是把名稱更改成中國人所熟知的，那樣當然是誠如蕭先生所謂的「竊取」。

……趙泰的故事是揉和了佛家、道教及民間傳說而寫成的。文中冥界之主為泰山府君，所述泥犁地獄等事與佛家不異。而可注意者，趙泰先任水官監作吏，後總知地獄事。所述謫役水官與地獄受苦情形不同。謫役水官是接沙著岸上，晝夜勤苦。但在地獄中則火樹劍山，貫穿其體。可見在六朝之時，謫作河梁之罪已較在地獄中受苦為輕。由此可以看出，在東漢之時因佛未盛，所以謫作河梁成為重罪。等到佛教地獄說傳入中國後，河梁與地獄相比，自然淪為次要之獄所了。

中國大哲從不擁抱死亡

＊可以非常確定的；沒有任何一派中國哲學是以「死亡」或者「經營死後世界」為主軸的，更沒有任何一派哲學是「悲觀主義」而主張「超脫」的，當然也就沒有任何「輕今生求來世」或者「來生再續前緣」的想法或者「詛咒惡人仇家死後下地獄受苦」的阿Q式公平，簡而言之，一切的作為和愛恨情仇甚至實質債務都是只限於今生了結。也所以才會有「人死債爛」和「只見活人受罪，那有死鬼戴枷」的說法，人生在世的一切都是隨著死亡而嘎然結束，肯定是「一死百了」的。印度宗教與哲學是「悲觀主義」為主軸，而中國大哲從不擁抱死亡。

＊自從佛教傳入中國以後，「六道輪迴」的教義固然充分的添補了中國一直以來在「死後世界」這方面的空白，但是，在近二千年的積極宣揚和潛移默化之下，佛教極端「悲觀主義」的思想和「因果業報」、「六

道輪迴」的教義卻是普遍深入人心的，除了虔誠的佛教徒，也影響了其他廣大的民眾，「上輩子、下輩子」取代了原本單純的「一輩子」，「生生世世」取代了「人生一世，草木一春」，而同時興起的「道教」大量拷貝了佛教這方面的教義來充實自身的不足，但是，卻完全沒有深入洞明其實「輪迴轉世」思想是和「修真成仙」的主張根本是相互抵觸的，因為雖然「仙佛也是人來做」沒錯，然而自古以來有多少人「成仙成佛」的？機率少到幾乎是千萬分之一的事實，反而讓一般普羅大眾放棄「苦修成仙，長生不死」的高遠目標，但求來世能投胎到「三善道」或者再世為人時能含著金湯匙生在富貴人家，所以轉向「諸善奉行，諸惡莫作」與「作功德求福報」比較人人可行的佛教信仰裡去。何況連「道教」也一樣把「業報輪迴」和「地獄酷刑」觀念全盤當成自己的教義之後，那麼信仰道教和信仰佛教又有何差別？又或者原本是信仰道教的中國神祇的，骨子裡接受的卻是佛教「眾生皆苦」、「業報輪迴」的思想內涵。而佛教最終的「涅盤」主張，二千年來又有多少中國人或者亞洲人真正將之當成修行的標的？於是，中國以及亞洲大部分地區的普羅大眾接受的或者被佛教所影響到的，竟然多屬負面的思想，「諸行無常、諸法無我，一切皆苦」才是洶湧奔騰；沛然莫之能禦的主流，「寂靜涅盤」還是悉數歸還給釋迦牟尼一人去享受吧。

……此文也是在敘述三官與地獄的關係。文中把地獄中諸種酷刑惡罰，區分為火、水、風刀三類，並以之與三官及三業「身、口、意」相配。又因為紫微大帝、清虛大帝、洞陰大帝為三元三官之主宰，地位遠在羅酆六天之上；所以作者說「北天『北酆六天宮』有三官，鬼官之主，——」至於道教地獄的苦況，東漢時大概不外擔山運石，修築河梁，但到了後世，受佛教影響轉多，於是刀山、劍樹、銅柱、鑊湯、火烤、車壓、屠割、考掠，便常成為描述地獄時所用之名詞。甚至成為九幽獄、三十六獄的獄名之一。……

*中國原本對於死後世界都是假想為較好的去處，是比較往樂觀方面去猜想的，加上儒學當道後，並不輕言鬼神及死後之事，所以，嚴格說；中國人很重視葬禮，尊敬死者，敬拜祖先，也是慎終追遠，事死如生

的，但是，卻並不去苦苦探究死後世界究竟是如何？所以，本來就沒有「地獄」這種「嚴苛限制靈魂自由」的觀念，更沒有死後還要遭受酷刑伺候的殘忍恐怖想法，或許是民族性還是有所差別吧，像印度那種列國時代的內戰中，戰勝者往往會殘忍的虐俘，像佛經中提到「琉璃王屠滅釋迦族時，連大批婦女也慘遭斷足之刑」，讀之令人髮指，所以印度的「地獄」酷刑慘況當然是非常激烈於中國的。

這篇文章的主要意涵是在闡明中國在佛教傳入之前，對於死後世界原本是極少探究和論及的，而「地獄」、「閻王」、「鐵圍山」、「輪迴」、「業報酷刑」也從來不曾出現在中國人的傳統觀念之中，完完全全是經由佛教從印度傳入中國，被僧尼推廣教育之後，加上「道教」全盤抄襲納入教義和經典之中，兩相配合，可以說是「相輔相成，互相輝映」，才從南北朝時期逐漸中國化，隨著唐代佛教大興，變成中國人普遍的「死後世界觀」，但是，相較於中國原本「生為徭役，死為休息」或者「回老家」和祖先團聚享福的樂觀傾向推論，佛教和道教的「業報輪迴」和「地獄說」顯然是悲觀恐怖和殘忍的，真的是讓人死後都無法獲得「安息」，容或這種恐怖的地獄酷刑觀念也多少能嚇阻一些犯罪或使人較能「不欺暗室」，甚至阿Q式的慰藉一些被害受欺凌而未能獲得應有公平正義對待者；但是，從超然宏觀的立場來審視；這種錙銖必較，動輒得咎的嚴刑峻罰思想，不也是對人類心靈自由套上了一種無形的沉重枷鎖，對人類最高貴的理性情操一種妨礙式的愚弄嗎？何況印度教的「業報輪迴說」和「地獄酷刑說」都是出於人為蓄意編造的騙局，而佛教不但全盤承襲這一部分的教義；更幾近無限上綱的加料擴張和極力宣揚傳布，其中「南傳佛教」幾乎遍及所有東南亞國家，「北傳佛教」從阿富汗、中亞、西域各國傳入中國，再傳入日本和韓國，對二千多年來接受佛教信仰的中國以及亞洲大部分地區的人民不也是一種長期愚民式的迷惑嗎？

同樣的，釋迦牟尼對於「地獄」以及「耶摩」（閻羅王）的觀念是直接來自印度婆羅門教的，但是，既然婆羅門教的「地獄說」是人為在後期才編造出來的，「耶摩」也是人為編派借調而來的，本來就是一個謊言騙局，但是，釋迦牟尼並不知道其中的來龍去脈，除了照單全收，甚至還自行憑空妄想的加油添醋，增加了許許多多的地獄層級和酷刑花樣，他甚至還讓叛徒「提婆達多」和「琉璃王」都鐵口直斷的宣佈他們會墜入「無間地獄」，但是，以釋迦牟尼生前對於「地獄」和「耶摩」的誤解，全憑婆羅門捏造的說法來解說；可見釋迦牟尼並不曾真正進出過「地獄」，他也完全不認識「耶摩」，不論是借由神通或者冥想入定的方式，他都不曾見識過「地獄」和「耶摩」。那麼，既然我們已經知曉「婆羅門教」時期是人為編造了「地獄說」和「耶摩」怎樣被人為編派借調的騙局，也就可以非常確定釋迦牟尼對於「地獄」以及「耶摩」（閻羅王）的觀念是完全的誤解，而後來他憑空衍生出來的地獄細節，甚至「閻羅王」一面掌管地獄，一面自己也要每天受酷刑之折磨，這些不但是根本不合理的謊言，同時也又一樣是使得佛教的「地獄說」、「閻王說」徹底的崩盤，完全不可能存在，也絲毫不可信。於是，佛教的「天界」、「阿修羅道」、「地獄道」完全的分崩離析，不復存在，而婆羅門教所主張的「三道輪迴」之中，並沒有「餓鬼道」，比照佛教前三道的「胡扯」，依據合理的邏輯推論，「餓鬼道」也極有可能是釋迦牟尼自己編造出來的，於是，佛教的「六道輪迴說」，有四道是胡扯瞎掰或者誤解產生的，一旦去除之後，那只剩下「人」和「畜生」了，而這個又剛好是我們一般人平常就能看見和肯定認知的；這樣不是很奇怪嗎？「人」和「畜生」之間是否會互相輪迴轉世暫且不論，但是，其他我們一般人肉眼或者任何感官都不能感覺到的「天界」、「阿修羅道」、「地獄道」、「餓鬼道」，為何偏偏都禁不起簡單的分析就一一崩盤，如果是釋迦牟尼蓄意編造或者出於無知的誤解而拷貝引用，那麼不論動機的好壞，至少「六道輪迴」比婆羅門教的「三道輪迴」更加不可信，即使是出於善意的，但是，完全背離了事實真相，那就一樣難逃「惑世」的批判。

（註：本文原載於本書作者所撰寫之「千古騙局　業報輪迴」二書，本文節錄部份並加以刪節和補充最新的論述）

佛教退守東印度之後的根本質變

（註：主文以節選方式引用自「印順法師」所著之「印度之佛教」一書，1985年「正聞出版社」出版）

第一節　秘密思想之濫觴

佛元八世紀以降，秘密教日見風行，以身、語、意三密相應行，求得世、出世之成就果也。密咒遠源於吠陀之咒術，信咒語有神秘之能力；藉表徵物與咒力，以利用神鬼精魅，俾達其目的。表徵物及密咒，乃至身體之動作，常若有神力於其間者。咒法之作用，分「息災」、「咒詛」、「開運」，或加「幻術」為四類，此與秘密教之「息災」、「調伏」、「增益」，大致相同。原印度文明以「梨俱吠陀」為本；次組織補充之，成為『沙磨』、『夜柔』二吠陀。是三者，雖崇事神權，而末流成「祭祀萬能」，意象尚稱高潔，總名之曰「三明」。別有『阿達婆吠陀』，以咒術為中心，乃鬼魅幽靈之崇拜，用以適應低級趣味者。釋尊出世，斥婆羅門「三明」，而猶略事含容。於咒法、幻術，則拒之唯恐不及。『雜阿含』云：「幻術皆是誑法，令人墮地獄」。巴利藏之『小品』，『三明經』，『釋塔尼波陀經』，並嚴禁之。其後，「阿含」、「昆奈耶」間有雜入，然見於現存經、律者，以治病為主。佛滅二百年，分別說系之法藏部，推尊目連，盛說鬼神，如傳有「咒藏」之說。

（筆者評註：佛經中記載「佛說末法世六外道」以及「金剛經果論」中都曾經訓誡弟子：「復有外見，偏學有為，行符咒水，驅鬼遣神，惑亂世人，增長惡見，滅佛正見，第四外道；——」可見，釋迦牟尼是非常反對巫術符咒，驅策鬼神的，認為這些外道邪術將會毀滅佛教的正統教義，但是，在他的弟子中，「目犍連」之所以被尊為神通第一，乃因為他原本就是專精學習神通法術的外道，後來才皈依佛門的，也可見在釋迦牟尼的諸多弟子中，有許多是從原來「非佛教」的其他印度教或外六道已經有過深厚的修行經歷，然後才轉向皈依佛門的，因此，出身和思維並不是那麼的清純，而且，既然釋迦牟尼主張眾生平等，許多皈依的弟子信眾也是三教九流，龍蛇混雜的，許多不堪印度教壓迫欺凌的「賤民」，有些皈依了伊斯蘭教，有些則皈依了佛教，因為只有這兩個宗教是沒有種姓制度森嚴階級分別的，尤其是印度教一向視「賤民」為不可觸的「非人」，是不准進入印度廟進行任何活動的，這個傳統嚴格執行了將近三千年，雖然印度獨立後，憲法明令廢除「種姓制度」，規定不得有階級歧視，但是，即使時至今日，種姓制度還是沒有消失，許多廟宇仍然不准「賤民」進入，而佛教從釋迦牟尼開始就一直被譏為「賤民的宗教」直到現今依然如故。但是，也因為佛教這樣的兼容並蓄，釋迦牟尼在世時還能用戒律嚴禁巫術符咒，差神役鬼之行為，但是，在他圓寂之後，教團就逐漸分裂，也給了「外道巫術」滲入的機會；以至後來的「法藏部」公開的接納了「巫術鬼神」的成份）。

大乘佛教與祕密，無必然之關係，然大乘佛教之興起，則確予秘密思想以活躍之機。大乘仰望理者功德之崇高，昔之世、出世善，並由自力以致之者，今佛力無量，菩薩願大，他力加持之思想乃勃興。菩薩 入六道，龍、鬼、夜叉中，自應有菩薩存在。而佛弟子之編集遺聞，融攝世俗，既以魔王及外道師宗多菩薩之示跡，又以天、龍、夜叉之護法，而謂傳自夜叉或龍宮。魔王、外道、天、龍、夜叉與菩薩同化之傾向，日益顯著。如梵童子之與文殊，因陀羅之與普賢，摩醯首羅天成佛之與大自在天，其顯例也。其中，尤以夜叉為甚。夜叉本為達羅維荼民族之神 。佛世傳有金剛力士護佛，『密跡經』即謂其為大菩薩，以護持千佛之佛法而示現夜叉者。說『十地經』之金剛藏，亦夜叉之一。『大智度論』謂夜叉語音隱密雜亂不易知，此與密咒之密有關。夜叉手執金剛杵，金剛乃常住不壞之實物，因與真常論特相契合。自中印法難，安達羅王朝之文化大啟，大乘由此而勃興，夜叉即於此菩薩化。後之傳密法者，謂龍樹開南天竺鐵塔，見金剛薩埵而後傳出；密典多以秘密主或金剛手為當機者，其間之關係，固顯然可見也。大乘佛教之演化為密教，雖千頭萬緒，而菩薩與外道、龍、鬼、夜叉之合化，為一特要之因素也。

（筆者評註：宗教一旦有所質變時，通常為了隻手遮天；掩人耳目，多會假托前代某大師「密傳」為由，譬如佛教在印度中土失勢不得不退居東印度偏遠地隅，為求苟延殘喘，而與當地「左道密教」交融時，就謊稱『------龍樹開南天竺鐵塔，得密典，為釋迦牟尼祖師所密傳之「時輪金剛」大法，時當釋迦牟尼於「菩提迦耶」證悟得道的一年之後；地在伐折羅波那南部吉祥聚米塔內大樂地，化現大壇城，佛祖入定於吉祥時輪三摩地，向入壇眷屬佛菩薩、請問者眷屬香巴拉國日光王之子即金剛手化身月賢王、以及其它九十六王等眾有緣所化，說『時輪根本續』一萬二千頌。香巴拉國並不在地球的層面上，它是一座天國，類似於漢地佛教徒推崇的西方極樂世界，但香巴拉比西土離娑婆世界更近，所以藏人多希望死後能往生香巴拉極樂淨土。月賢王將『時輪經』帶回天國後，將它整理成『時輪根本續』，其精華就是「時輪金剛」。「時輪金剛」在香巴拉國代代相續，公元九世紀時，印度有個大瑜伽士堆夏欽波以神通親往香巴拉國，求得『時輪根本續』等密宗續部傳承，帶回後在流派紛繁的佛教古國得到一定的傳播。阿底峽尊者跟諸多班智達辯論時，一度相持不下，最終，他以時輪金剛要義駁倒了對方，結果，原先對時輪不甚了了的班智達紛紛拜倒在尊者面前請傳時輪金剛。印度史書上尚有「不知時輪則不知佛法，尤其不知密咒」的評價。約在一千年前，「時輪金剛」由印度傳至西藏，『時輪經』中有關天文曆法的內容且成為藏地創立藏曆的主要依據，至今不少寺院仍把《時輪經》作為學習天文曆法的基本教材。當『時輪金剛』傳至一位後藏大修行者更蚌・圖傑宗哲（1243–1313）手裡時，他在今西藏日喀則拉孜一山溝裡，創建了對保持時輪脈系永不中斷具有特殊意義的覺囊寺，覺囊派之名亦由此而來。------』云云。但是，這些說法根本就是一個完全違反佛教原始教義的謊言；因為這點從藏密「時輪金剛」的銅鑄雕像造型就可以看出：依據相關的描述：『「時輪金剛」佛父佛母交抱雙運立於花及日、月、星輪，足踩在大自在天及天母身上，表摧伏貪瞋諸障。時輪金剛身靛藍，面相忿怒，四面，主尊身藍色，放射純光。有四頭，主面藍色，獠牙外伸；右面紅色，表情欲望；左面白色，模樣肅靜；後面黃色，情狀靜修。每面均三隻眼。戴珍寶裝飾，著輕柔天衣，與明妃擁抱，雙足力踩紅白二魔，威嚴無比。』。設想，釋迦牟尼在世時，一生倡言斷慾，更嚴斥『男女雙修』，又怎麼可能會在證悟得道一年後就密傳這種「佛父佛母互相擁抱交媾」的法門？更何況還腳踩婆羅門教的主神「濕婆神」及其妻子「雪山女神帕索巴蒂」，不但稱為「紅白二魔」，更象徵征服貪嗔癡及私慾之心魔；這尊造像本身就是自相矛盾的；「佛父佛母互相擁抱交媾」不是赤裸裸的色慾表現嗎？又如何征服腳下的色慾心魔？更何況；以時代而論；當時釋迦牟尼證悟得道才僅一年，所謂「佛教」根本還未成氣候，跟婆羅門教的勢力和威權以及信徒人數豈能相比？他焉敢公然把當時勢若中天的婆羅門教主神的「濕婆神」夫婦踩在腳底當成魔？如果此法果然是釋迦牟尼本人在那個時節所傳，釋迦牟尼必定和「目犍連」下場一樣，肯定會被激進的婆羅門教信徒立即打殺，這個世界上也就根本不會有佛教了。這麼簡單的道理，這麼難以置信的謊言，居然還能被當真的被東印「密教化的佛教」和「藏傳密教」一再宣揚迄今，既不合時機又根本違反釋迦牟尼的原初教誨，非常明顯是純屬人為編造假托的宗教騙局而已！）。

『般若』、『華嚴』之字門陀羅尼，亦予秘密法以有力之根據。大眾部「苦言能助」，開音聲佛事之始。至字門陀羅尼，則藉字母之含義，聞聲思義，因之悟入一切法之實相。如「阿」字是「無」義，「不」義，聞唱阿字，印悟入一切法本不生性；此深受婆羅門聲常住論之影響也。其初，猶以此聞聲顧義為悟入實相之方便，繼則以文字為真常之顯現，以之表示佛德及真常之法性矣。以此，昔之密咒，用以為「息災」、「調伏」、「增益」，後則以密咒為成佛之妙方便。「阿字本不生」，固為其重要理論之一。

身份來歷和任務都很曖昧的時輪金剛

「時輪金剛」的咒牌

「時輪金剛」的壇城

「時輪金剛」的足下玄機

「時輪金剛」左右腳底下各踩著一個小雕像，在佛教中稱為「紅白二魔」，其實，這又是佛教自欺欺人的把戲；因為白色的是「濕婆神」，紅色的是其妻子「雪山女神」，佛教究竟需要動用多少明王和金剛來「踩」印度教的主神夫妻呢？

藏密「時輪金剛」銅像

左右腳各踩著一個雕像

手拿三叉戟的「濕婆神」

「雪山女神」帕爾瓦蒂

濕婆神

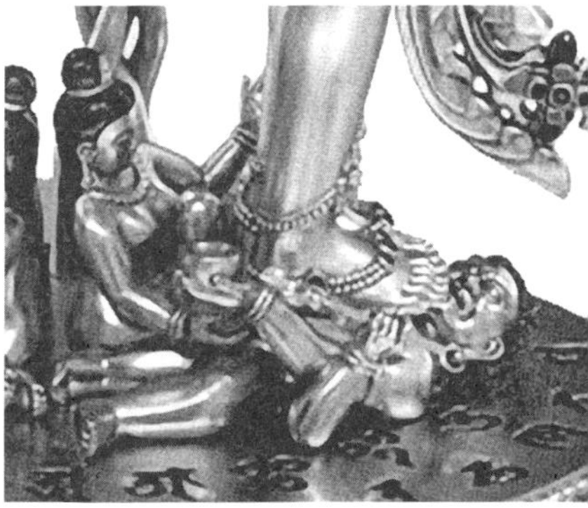

濕婆神

雪山女神

雪山女神

（筆者評註：眾所周知的，「佛」的本意為「覺者」，「覺」是指徹悟天地宇宙以及生命的真正實相，與「息災」、「調伏」、「增益」等等現世利益或解決生活上的困苦、災難等逆境，並無直接對應的關係，因此，本來就無任何方便捷徑，如同求知作學問，總是日積月累的漸悟或者慧根高者間或能在某種啟發下突然頓悟，但是，斷無依靠「密咒」聲聞之方便法門而能因此即時徹悟成佛的。）

龍鬼神秘之思想，雖逐大乘道而漸盛，然初期大乘經中，助佛揚化及受化者，多為人身菩薩，猶以入世利生，深智悟真為本。此期之經典，密咒之成分漸多，然多用以護持佛法，未視為成佛之道。且此項密咒，亦多後代增附之。如『般若經』本無咒，雖說「是大神咒，是大明咒，是無上咒，是無等等咒，是一切咒王」，實以喻讚般若之特尊。後人集出「學觀品」要成「般若心經」，則加以「即說咒曰」云云。『法華經』本無咒，而「囑累品」以後之附編者，有「陀羅尼品」。「仁王經」、「理趣經」本無咒，唐譯則有。凡此皆足以見初期大乘之猶未大濫也。

（筆者評註：同樣也是一針見血的見解，若為深解經意，而佐以密咒，利於記憶或切中要旨，當然有所助益，但是，如果本末倒置，將咒視為經意要旨之簡化，當成方便捷徑，甚至過度頌揚為「是大神咒，是大明咒，是無上咒，是無等等咒，是一切咒王」，則必然是歧路亡羊，如覓兔角，徒勞而無功。也因此「密宗」被稱為「真言宗」，用以「息災」、「調伏」、「增益」甚至差神役鬼或許可能奏效，但是，妄言長期持咒不輟，一生唸誦數百萬句，即可立地成佛，證得涅盤，不入輪迴；那就真的自欺欺人的大妄語。）

密教亦稱瑜珈教，與瑜珈者之關切特深。詳解脫之道，唯八正道，即三增上學。以正見、正思之慧學為眼目，以正語、正業、正命之戒學為足。必心懷明潔，行止無瑕，而後以勇猛精進心，因正念以入正定（定學）。止觀相應，乃得斷惑證真。斷證有賴於禪定，而佛法不以禪定始，亦不以禪定為尚，取其攝心明淨而已。否則，離戒、慧以入禪，未有不落魔外蹊徑也。

（筆者評註：佛教發展到後期；號稱有八萬四千法門；莫不以「禪定」之深層觀想，以求明心見性，為證阿羅漢、幾地菩薩，甚至成佛的必經途徑，彷彿急功近利只一味修習「入定」，並以「入定」時間越長久，證明功力越高，然而「戒、定、慧」同樣重要，互為君臣表裡，原本即不可偏廢，直至現世，仍多佛門弟子，輕戒律，不增慧，只是一味枯坐力求快速「入定」，有如自我催眠，結果若不是有如水中撈月，就是心魔生，外魔入，仍不自覺，執幻境為極樂淨土，認魔為佛陀菩薩，輕則沾沾自喜，誤已證道，重則滿心狂亂，胡言亂語，形如瘋癲。）

佛世言禪定，推二甘露門，此皆印度常行之禪法，而佛資以為攝心之門。初以不淨觀，厭心切者多自殺，乃教以安般念，即以調息為方便而繫心入定。

（筆者評註：此一事件實在是佛門二千多年以來一直難以擺脫的「痛腳」，釋迦牟尼當年傳授諸弟子「不淨觀」，使得他們對於肉身生起極度厭棄之心，於是有多達六十名比丘或自殺，或請人殺死自己，釋迦牟尼當時正在「入定」，後來出定知道此事之後，才改教「安般念」的數息法，但是，傳法非人，不當教而教之，雖未殺伯仁，伯仁卻為此而死，六十位可不是少數呢？釋迦牟尼有沒有任何深自悔悟，痛心疾首的自責？沒有！這並不能責怪其為鐵石心腸，無血無淚，而是釋迦牟尼一生所傳的道理教義本來就是「一切皆苦，不許有我」，正是人類史上最極端的「悲觀主義」領袖，宣揚的正是一切以「死亡」為終極依歸，否定一切生命價值，但求「寂靜涅盤」，不生不滅為最高指導原則，因此，為誤修「不淨觀」而自殺死亡的比丘只是冰山一角，修行佛教任何法門而對今生有厭棄之心，不論是即時自殺或鎮日枯坐，但求徹悟終極涅盤，對今生生命沒有任何作為，形同僵蠶，心若枯井者自古至今何止千百萬計？釋迦牟尼不需要為那六十名比丘的死亡擔負任何責任嗎？沒有因果業報嗎？釋迦牟尼圓寂時是「有餘涅盤」或者「無餘涅盤」？或者，生生世世還在輪迴的羅網中償還這些因果債務呢？佛門中人曾經探討過這個問題嗎？如果過去世的釋迦牟尼為童子時曾經敲了三下大魚頭，結果雖然自稱得道成佛後依舊要為過去世的作業頭痛三天，如果因果業報是如此絲毫不爽，錙銖必較的話；單單這六十位比丘因為誤信他的法門而自殺身亡，釋迦牟尼豈可能沒有任何業報而能置身事外，寂靜涅盤？）

「風」、「脈」等瑜珈，即此安般之餘，而戀世心切者，末流乃與方士家言合轍。靜層入禪，其戒行不淨，慧眼不明，動機不正，或不善用心者，常有種種身心病生，有種種可喜可怖境界現前。正本清源，莫如戒、慧。或者不務本而逐末：懸聖賢像，善神像，燒香散華以求護衛者有之。論宿曜吉凶，時日祥忌，山水利害，以求解免者有之。藉咒力、表徵物，請護法神以驅鬼魅者有之。禪病日深，神秘之風日熾。昔佛之世，弟子以不見佛為苦，夜行獨居而有怖畏者，佛嘗教以念佛、念天。念佛陀之智慧慈容；或念行善者必昇天，我既行善，復何所畏！以此強其意志，慰其脆弱之心。禪者怖畏多，念佛乃為其要行，發為念佛三昧。不僅念佛之悲智，而多念佛之相好，住處之莊嚴（淨土）；求於此三昧中，佛為現身說法。所念者不僅佛陀，諸菩薩亦為觀想之境。迨佛與天混融之勢成，觀想夜叉等為本尊而求成就之密法乃出。瑜伽師初出「虛妄唯識論」，又伴「真常唯心論」而大出密法。南北瑜珈者合流，三密瑜珈之教乃盛行矣！

（筆者評註：在這段文字中；總括來說；釋迦牟尼當初教導傳佈的只是一種「觀念法」或者也可以說是一種「思想體系」，姑不論其對錯，但是，至少較少功利或者個人吉凶的瑣事摻入其中，但是，後來輕戒、慧，一昧以「禪定」為高，自然而然的偏向神秘主義和巫術神通成份，同時一旦著重在吉凶祥忌的枝微末節，難免又有對鬼神畏怖之心，於是必然會求助於咒語巫術，或者求助巴結於鬼神夜叉，這已經是與釋迦牟尼當初的教誨南轅北轍，背道而馳了。而所謂「念佛陀之智慧慈容」、「多念佛之相好」，不禁會聯想到信徒都相信釋迦牟尼相有三十二好云云；但是，金剛經中明明白白的昭示：有相皆妄！很難想像為什麼總是會一再出現與基本教義完全相左的信念，而且總是一再抵觸根本正道，專在皮相中鑽營的佛弟子？）

秘密法雖逐大乘而起，然獨立而成所謂坦特羅乘，則遠在其後。密乘學者欲託古以自厚，乃謂昔已有之，且大宏於龍樹。於佛教名德，如提婆、無著輩，莫不引以為密乘大師。傳說之紛雜，亦已極矣！西藏傳密乘有「事部」、「行部」、「瑜珈部」、「無上瑜珈部」四部。我國舊傳之密乘而流入日本者，有「胎藏」、「金剛」二大部，此二與「行部」、「瑜珈部」相當。「無上瑜珈部」後出，始宏於波羅王朝，趙宋曾譯出數部，間有被禁不行者。「事部」則與日本所謂二大部外之「雜密」者大同。自理論言之，「胎藏界」明本具之真常心性；「金剛界」則詳於真常本淨性之修顯，並與「真常唯心論」之大義合。「雜密」則罕言理性，其修無相瑜珈，亦朗妄以明空，不與天色身觀相合，真常之色彩不深。言組織，「雜密」常聚佛、菩薩、鬼神於一堂，未若「胎藏界」等組織嚴密，秩然有序。其行法中，結壇場，重供設，誦咒、結印，詳於事相而略觀想。其觀想本尊，則召請一外來之本尊而觀之，修畢則送之還，未直觀自身即佛也（大都如此）。

（筆者評註：這段內容可謂切中古來至今所謂「佛教密宗」或「密乘」的真正起源，那裡是釋迦牟尼所傳，甚至也不是「龍樹」所傳；純屬倒添日期，一來標榜遵古，二來假冒正統；其實那些都是「紙糊的大士爺—唬鬼的」，尤其是所謂的「雜密」，專門著重在一些結壇場，重供設，誦咒、結印等等的表象儀軌上，與本初的佛教根本毫無相似之處；以現今的「藏密」而言，各種花樣的壇城、忿怒恐怖的雕像、各種咒語、各種手印，各種奇門法器，加上形形色色的「雙身佛像」以及相關血腥恐怖或者崇尚男女雙修的古怪法門，那些又有那一部份和本初的佛教相似？）

於秘密教之發展中，「事部」乃其未臻圓熟之初型，其流出實先於「真常唯心論」之盛行。佛元七世紀之末（晉永嘉中），帛尸梨密多羅即以善持咒術稱，來華譯出『孔雀明王』、『灌頂神咒經』矣。初期之「雜密」，與北印之瑜伽師有關。『西域記』謂北印烏仗那人，「特閑咒術」；秣底補羅亦以深閑咒術著稱。西藏傳僧護以前，秘密法不無流行，烏仗那人多有得持明位者。初期來華傳譯密典與精閑咒術者，多北印及西域之龜茲人。龜茲之帛尸梨密多羅，善持咒術，無論已。佛圖澄姓帛，再到罽賓，亦「善誦咒術，能役使鬼神」。餘如北印菩提流支之兼工咒術，烏場（即烏仗那）之那連提耶舍，健陀羅之遮那崛多，且於隋世廣出咒典。沿雪山而住之瑜伽師，內有所見於定境，外有所取於民俗之咒術，以之自護，以之教他，「事部」乃漸行。

（筆者評註：這段內容所敘述的時間點是很重要的，在釋迦牟尼圓寂後不過六、七百年時間，所謂的「佛教」已經摻入了極多與原始基本教義根本不相容的「雜質」，釋迦牟尼在世時就非常鄙視神通咒術，最有名的就是「目連救母」的傳說故事，釋迦牟尼訓誡曰：「神通不敵業力」。然而，他圓寂之後數百年間，連四出傳教宏法的高僧大師卻多屬「善誦咒術，能役使鬼神」的魔法師，或者是魔術師；這種以崇尚神通法術來宣教的方式容或可以先吸引住一些好奇圍觀的「路人」，但是，終究是枝微末節，離釋迦牟尼基本的核心思想相去甚遠；更何況這些以神通法術驕人的高僧大師，又有多少工夫是用在思辨佛法的精髓上？）

密乘之流布，常途多託始於龍樹，其初指『大日經』而言，請一論龍樹師資之傳承。什公來華，惟傳龍樹、提婆，青目等之傳承不明。『付法藏傳』謂提婆弟子羅睺羅；真諦傳羅睺羅以常、樂、我、淨釋八不，性空者之轉入真常，可考見者，自此人始。西藏傳羅睺羅弟子有龍友，龍友弟子僧護。龍友之與龍樹，傳說頗為紊亂。龍友之師為羅喉羅（跋陀羅），俗乃傳龍樹之師亦為羅喉羅，其訛傳蓋可想見。——————

（筆者評註：這段內容否定了「密乘」一向假托「龍樹發藏得密經」的謊言，而事實上也是如此，藏密一是假托「釋迦牟尼得道後一年就傳下『時輪金剛』法，二是假托『密乘始於龍樹』」，這些都是一戳就破的謊言，根本經不起任何考證，以「釋迦牟尼傳『時輪金剛』法」為例，這麼重要的密乘大法，為何在弟子記誦的有關釋迦牟尼一生傳法的口述歷史中，從來不見提及？而後來所有集結的經典中，甚至是中國唐朝以前的諸多偽經中也不見形容？而「密乘始於龍樹」的說法也是一模一樣，緊接著「中觀」到「唯識」定調，相關論述及與外教辯駁攻防的紀錄滿坑滿谷，一樣從未見到有關「龍樹傳密法」一事。這種「倒填日期、假托正宗」的騙局只是更加證明「藏密」的『非法性』（非正統佛法）。」

「行部」與「瑜伽部」之成立，在融攝世俗邊，可謂佛梵之綜合，此於「胎藏界」、「金剛界」之曼陀羅可知。惟其中有可注目者，即以在家菩薩（天人）形之大日如來為中心，以金剛手等護翼之，釋迦及阿羅漢等，則退列於外圍。蓋以密者之見，印度之　神，自其本地言之，並佛、菩薩之示現，為大日如來之內眷屬、大眷屬。應化身之釋迦及其眷屬，轉望塵而莫及。以在家菩薩為中心，本大乘佛教必至之勢。顯教之文殊、淨名，以及諸大菩薩，無不有越出家聲聞眾而上之概。惟秘密者以在家佛教之立場，不能發為人世濟眾之行，而融合世俗之神教，猶敢輕究竟之解脫道，唱釋迦不得成就，請教於天上之大日如來而後能證人之說，不能無感於尊卑之倒置耳！舊傳羅喉羅跋陀羅，即婆羅門學者娑訶羅，而龍智亦一長壽婆羅門。此時之佛教，常以佛化之婆羅門學者為其先導，其精神固已非僧非俗，亦佛亦梵矣！

（筆者評註：佛教視「商羯羅反佛」終至佛教在印度全面覆亡為一大痛史，然而所謂「物必自腐而後蟲生」，佛教在東印度的「密教化」過程中，竟然以「大日如來」為主尊，釋迦牟尼和阿羅漢退居外圍、遍納印度教諸神以迎合世俗，與本初釋迦牟尼為反對「婆羅門三大綱領」及反對「種姓制度」的基本教義已經完全顛倒，而此段所說「尊卑倒置」，賓主易位，甚至可以說是「認賊作父」；這點並非空穴來風，即使今日在印度仍可觀察到「耆那教廟宇」竟然會延請婆羅門僧侶管理的怪異現象；因為「耆那教」嚴禁本教僧尼入住任何廟宇，而信徒多屬經商有成的「吠舍」階級，雖然慷慨解囊群出鉅資，在印度各地大興宏偉廟宇，但是，受禁於祖師戒律，「耆那教」之僧尼仍然餐風露宿以遊方行腳修行為主，所有廟宇均非本教僧尼主持掌理，而一般信徒又不嫻熟祭祀儀軌和廟宇管理之道，所以竟然會出現延聘敵教「婆羅門僧侶」代管的怪事。而佛教在「密教化、世俗化」的過程中；會出現「以佛化之婆羅門學者為其先導」的不倫不類情事，也就可想而知了。）

前三部之流行，笈多朝以來三百餘年事也。若「無上瑜伽」，則後弘於波羅王朝。自伐彈那王朝傾覆，中印大亂，佛教之勢轉衰。有波羅王朝興，佛教乃賴以偏安五百年，而成一異樣之繁榮。東方有瞿波羅王，起而統一藩伽羅國，西取摩竭陀等地，創波羅王朝。王朝相承，凡十八世。夜叉波羅王為大臣羅婆斯那所篡，王朝遂亡。此十八世、五百年間，崇信佛法，歷世不替。其尤竭誠護持者，凡七世，稱「波羅七代」。七代中，第四世達摩波羅王時，國力最盛，曾擴展至曲女城，於佛教之護持亦最力。王於那爛陀寺附近，建歐丹富多梨寺。又於北近建毗玖摩羅尸羅，即有名之超岩寺。道場百八，規模宏大，視那爛陀之八院三百房而過之，遂奪那爛陀之席，而超岩成最高之學府矣。於此波羅王朝，一類「無上瑜伽」，初非人間所有者，始由密乘學者次第傳出。初有毗流波者，出那爛陀座主勝天之門，後從龍智學而得悉地。自後，曇毗醯流迦，婆日羅犍陀等，相繼得道。又有婆婆波、婆羅波、俱俱囉羅遮、喜金剛等出，並宏「瑜伽」及「無上瑜伽」五部。如『集密』、『歡喜金剛』、『明點』、『幻化母』、『閻摩德迦』等，均先後流布。及喜金剛弟子檀毗醯盧迦，又傳來『佛項輪』、『救度母輪』等，「無上瑜伽」已大體備矣。佛元十二世紀後期，達磨波羅王在位，建超岩寺，密乘之勢益盛。王於『現觀莊嚴』派之師子賢，弟子智足，特加欽崇，而密乘與「隨瑜伽行」之中觀師，相涉乃益深。智足　宏前三部，及五種內道坦特羅，於『集密』之解釋尤工。然與護足之舊傳有異，『集密』因有所謂「龍猛傳」及「智足傳」之兩大流也。繼智足而為超岩寺主者，有然燈賢等十一人，通稱「調伏法坦特羅阿遮梨」。蓋皆維持智足之統，專宏『勝樂』、『閻摩』、『明點』、『歡喜金剛』、『集密』等無上瑜伽者。

（筆者評註：此段的時間點也很重要，所謂「佛元十二世紀後期」，大約為西元七世紀至八世紀間，正是「商羯羅」舌戰佛教「唯識派」群僧獲得空前勝利，而佛教因為徹底敗北；導致寺廟一舉有二十五處被王室沒收改為婆羅門教寺廟，而佛教信徒也紛紛改宗，佛教從此在印度中土失勢，不得不黯然退守東印度偏遠地域。為了勉強在海隅立足，這些佛教殘部的不肖佛門弟子，竟然做了一件更荒唐絕倫的決定，那就是與「左道密教」掛勾融合的蠢事，其實從歷史縱觀彼等作為，說「掛勾融合」都有粉飾之嫌，事實上若要真正嚴格來說；此時的佛教應該是完全雌伏於「印度教性力派」的胯下；不但將佛教徹底的「色情化」、「娼妓化」、也甚至「妖魔化」。原本「婆羅門教」在隨政治力征服東印度各城邦部落後，在宗教方面是以「懷柔收編」的政策將東印度原住民的原始信仰神祇及巫術成份吸納，不但悉數接收當地土著的泛女神信仰，並且派出「婆羅門教」中大性神「濕婆」去與女神「和親交媾」，原本的塑像就是「濕婆神」以年輕力壯的帥男形象與女神以坐姿交媾為基本造像；而象徵性的「林迦」（陽具崇拜）也結合「約尼」（女性性器象徵）更加緊密結合並在東印度各處散布樹立。其實其中仍然暗藏「男征服女」或「男攻陷女」的稱雄情結意涵；但是，證諸印度教「性力派」的發展史，可以看出「婆羅門教」這種籠絡收編的策略確實是相當高明的，可謂兵不血刃就由「濕婆神」把原住民的女神徹底征服；從此，「右道」和「左道」密教的「莎克蒂派」就繼「濕婆派」、「毗濕奴派」之後成為印度教的第三大派—「性力派」。從此三派鼎立，各擁億萬信徒，並且在大哲「商羯羅」的徹底整合之後，互相承認而不再流血殺戮爭取正宗。反觀佛教退守東印度之後，為求苟延殘喘，保命一時，不肖的佛門弟子竟然出賣教義，將釋迦牟尼效法「濕婆」一般，用「性愛」與當地女神結合，因此竟然出現足以讓世代佛教徒髮指痛心的「佛陀莎克蒂」造像，同樣是與女神坐姿交媾的塑像，男主角卻從「濕婆神」改換成了「釋迦牟尼」，這點恐怕是對佛教後期發展不甚明瞭的佛教徒完全難以置信的驚聳之像，而且從畫像和雕塑都有，有許多一直保存至今仍然散見於東印度及尼泊爾等地；使得後世佛門弟子想否認粉飾皆不可能。而「佛教在東印度的密教化」其實不只是表面上的改頭換面而已，已經根本是一種完全脫胎換骨，不復舊貌的降服行為，完全違背釋迦牟尼創立佛教的初心本意，也是違反佛教基本教義的行為，可謂欺師滅祖，背叛師門，徹底自取滅亡的極致。其中由之發展出來的『勝樂』、『閻摩』、『明點』、『歡喜金剛』、『集密』等無上瑜伽者」，都是雙身擁抱交媾的造像；與釋迦牟尼當年「斷慾」主張根本是背道而馳；而且「左道密教」更崇尚犧牲血祭，不但大肆宰殺牛羊牲口；甚至還有宰殺活人獻祭予各種女神的恐怖血腥儀式，這點同樣與原始佛教禁止殺生，眾生平等的教義是完全相反的。然而不論從「東印度密教化的佛教」以及後來傳入西藏的「密教」，不論是神佛菩薩造像以及殺牲血祭的儀軌都可以看出；佛教在密教化之後，其實已經名存實亡了，根本不用等到西元十四世紀伊斯蘭教軍事入侵，對佛教殺僧毀寺那樣形式化的滅亡；應該說佛教在東印度密教化的過程中，已經徹底臣服於宿敵的「印度教」，脫胎換骨轉變為與佛教基本教義完全相反的另一種畸形變種的「異教」，佛教在印度本土任何地區都已經先行從骨子裡實質滅亡了。）

綜觀密教發展之勢，即鬼神崇拜而達於究竟。「事部」本為次第錯雜之傳出，後人嘗董理而統攝之，分「佛部」（上）、「蓮華部」（中）、「金剛部」（下）之三部。「佛部」以釋迦為部尊，文殊為部主；「蓮華部」以阿彌陀為部尊，觀世音為部主；「金剛部」以不動為部尊，金剛手為部主。雖意在融攝鬼神，而尊卑之勢猶存。此三部，就其所重而言之，則佛部為解脫相之佛；蓮華部為慈悲相之菩薩，金剛部為忿怒相之鬼神。世人之所崇事，唯此三類而已。此亦即以釋迦文殊之大乘深智，融西（北）方彌陀、觀音之慈悲柔和，東（南）方不動、金剛手之方便雄猛也。「行部」承之，綜合為三部，然「佛部」之釋迦，轉化為在家菩薩（天人）相之大日如來，秘密教為之一變。化出家佛為在家佛，以為重人可，以之為重天尤當。其曼陀羅中臺作八葉蓮華形以象心，中為大日如來，四方為四佛。「瑜伽部」即五方五佛說而開為五部—「如來」、「寶」、「蓮華」、「業」、「金剛」。其曼陀羅依月輪心中五智成五佛，一一出三輪身。即以大日（中）、不動（東）、寶生（南）、彌陀（西）、不空（北）、五佛為自性輪身。普賢、文殊、虛空藏、觀自在、金剛業—五菩薩為正法輪身。不動金剛、降三世、軍荼利、六足（即閻摩德迦）、大夜叉金剛—五大明王為教令輪身。「行部」

這是俗稱「歡喜佛」的男女神雙身像，
你覺得這件塑像中的男身本尊是誰？

他是佛陀釋迦牟尼本尊

如果這樣的雕像讓你感到震驚、困惑、難以置信、或者忿怒、難堪、甚至認為這是不可饒恕的謗佛大罪；當墜地獄受無間之苦，永世不得超生。那麼，不論你是出家僧尼或者在家居士；

你對佛教的認知只是皮毛而已！

當然，你可能早就知道；十分確定這類「歡喜佛」雙身作男女交合型式的神像是出自西藏密宗佛教「金剛乘」法門。

那麼，你對佛教的認知只是皮毛上的微塵而已！

來龍去脈的圖文詳解在本書第 131 頁

這類雙身「歡喜佛」像和西藏密教雖然關係密切，但是，卻不是出自西藏，而是來自其更古早的源頭——

這類的雙身佛像才是你所知道的西藏密教造像！

這類的雙身佛像卻是你未必知道的「近似」西藏密教的造像，是從東印度密教經過尼泊爾流傳向西藏時的「過渡期作品」

佛教的密化

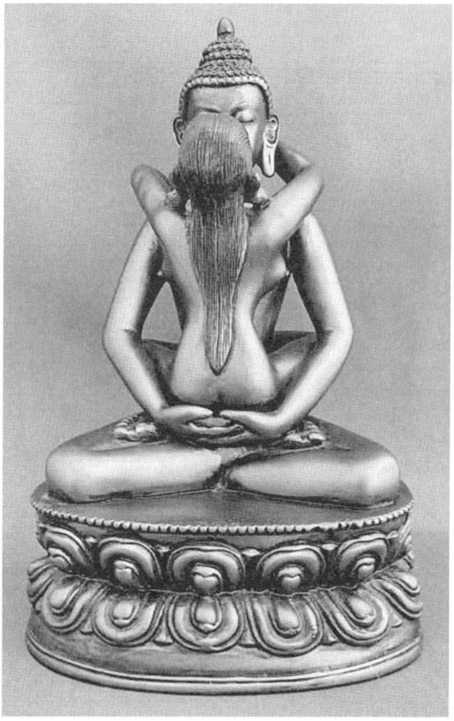

這種類型造像的「佛陀釋迦牟尼」的雙身佛是出自東印度密教

這些釋迦牟尼的雙身佛像才是西藏密教「歡喜佛」的真正源頭

這些釋迦牟尼雙身佛像是密教化的印度佛教最具體的象徵

濕婆神與雪山女神夫婦，以及「林迦約尼」的性器崇拜象徵，影響了性力派

這是濕婆神的雙身交合像，這才是印度密教的濫觴

印度密教中尼泊爾風格的雙身造像

印度密教中尼泊爾風格雙身造像

在藏密信仰的「唐卡」中的幾種「雙身佛」繪畫造像

唐卡中的釋迦牟尼像與「釋迦牟尼莎克蒂」像

濕婆神的雙身造像

濕婆神

釋迦牟尼

濕婆神與釋迦牟尼
之間角色的代換

釋迦牟尼

釋迦牟尼

西藏密教風格的歡喜佛雙身造像

帝釋天

梵天

日天

月天

被佛教收編的印度神祇，由中國傳入日本的諸神畫像之一

閻魔天

毗沙門天

羅刹天

水天

帝釋天

梵天

日天

月天

被佛教收編的印度神祇，由中國傳入日本的諸神畫像之二

閻魔天

毗沙門天

羅刹天

水天

以三而啟五，「瑜伽部」明五以含三。以如來部為最勝，而如來為在家菩薩形，僧俗之形雖倒，人鬼之敘未失也。嗣以學者特重金剛之調伏，乃流出『集密』、『勝樂』、『閻摩』等無上瑜伽。然諸部獨立，頗有無統之感。或謂五部統以金剛持之第六部，即以金剛持為最勝；亦即離去天人相之菩薩，而以鬼神夜叉之忿怒身為所崇，秘密教又一變。或謂波羅王朝時，國難、教難相逼俱來，故特重金剛之雄猛法以制之。教法當機，義或近之。雖然，國難、教難，五大金剛其能救之乎！

（筆者評註：「波羅王朝」崇信密教化的佛教，但是，正如「印順法師」此段所述：既稱佛教，佛菩薩卻是被置於腦後，專以「鬼神夜叉之忿怒身為所崇」，結果，不論是異族入侵的「國難」；或者來自印度教、伊斯蘭教的欺凌引發的「教難」，所謂的五大金剛根本毫無任何拯災救難的神力，徒然只是木雕泥塑的偶像而已。）

密教多特色，承固有之傾向而流於極端者有之，融攝外道者有之。若以一言而罄無不盡者，則以「世間心為解脫」是已。信師長達於極端，即自身妻女亦奉獻而不疑。師命之殺，不敢不殺；命之淫不敢不淫，此婆羅門所固有（讀『央掘魔羅經』可知），後期佛教所取用者也。佛斥外道之事火，而教以事根本火（供養父母）、居家火（供養家屬）等。密乘學者又轉而事火（護摩）：求子、求財、求壽、求官，一切無不於火中求之，而酥、蜜、衣服、珍物，悉 以供火之一炬，將以求其大欲也。佛世以依教奉行為最勝之供養，佛後亦供以燈明、香、華等而已。密教以崇拜者為鬼神相，其供品乃有酒、肉。有所謂「五甘露」者，則尿、屎、骨髓、男精、女血也。更有「五肉」者，則狗肉、牛、馬、象及人肉也。以此等為供品而求本尊之呵護，亦可異矣！

（筆者評註：這點不用考證，證諸今日之藏密即可清楚看到遺風猶存；各種「火供」、「煙供」，以及殺牲血祭，以各種人的內臟、精血供「佛」，以人骨做為各種法器、唸珠……種種根本是原始巫術才會崇尚採用的野蠻儀式，這些不只是釋迦牟尼時代已經絕對嚴禁的，甚至在佛教於東印度密教化以前是從來不可能出現在佛教各門派中的。）

且置此等瑣屑事，試一言其要義。一、心餘力絀之天慢：密教以修天色身為唯一要行，念佛三昧之遺意也。自佛天合化，佛菩薩既示現天神身，龍鬼、夜叉亦多天而實佛、菩薩之示現。觀此天等之相好莊嚴，此自世俗假觀而來。「觀身實相，觀佛亦然」，觀己身、天（即佛之示現）身之實性，此自勝義空觀來。此二觀，初或相離而終復合一，以身、語、意三密修之，即手結印契，口誦真言，意觀本尊之三昧耶，或種子，或本尊之相好，求佛天加持而有所成就。若直觀佛相，觀成而佛為現身說法，顯教大乘亦偶有之。然秘密者意不在此，雖或前起本尊，而要在信自己為本尊，觀己身為本尊，本尊入我中，我入本尊中，相融相印而得成就。天慢者，即以佛、菩薩自居。此由他力念佛之渴望救護，自力念佛之我佛平等，極卑、極慢之綜合，而以三密行出之。一切法真常本淨，不應妄自菲薄，應有堅強之天慢。自身即佛，而未嘗不自感其無能，乃唯求本尊之三密加持。質言之，信得自身即佛，而求諸佛三密加持力以實現之。此與初期大乘經論，信有成佛之可能，而但可於智深悲切之大行中得之，精神之相去遠矣！秘密者修天慢而即身成佛，如乞兒以富有自居，衣食不給，乃卑辭厚顏以求富翁之賜予，俾與富人共樂耳！何慢之有？

（筆者評註：同樣的，證諸今日之藏密，西藏地荒民貧，但是，人民因為崇信「藏密」，雖自身已難溫飽，仍然竭力供養喇嘛上師，而這些喇嘛上師最喜歡前來港台等地「宏法」，其實是來化緣，求取更多金錢的供養，既然自誇尊貴又有神通，不能給予藏民溫飽富裕，反而必須跨海外出「化緣乞食」，確實是「卑辭厚顏以求富翁之賜予，俾與富人共樂」而毫不以之為恥。）

二、厭苦求樂之妙樂：出家聲聞弟子，視五欲如怨毒，以「淫欲為障道法」，固非在家弟子所必行。然以性交為成佛之妙方便，則唯密乘有之。「先以欲勾牽，後令入佛智」，大乘攝化之方便。方便云者，且以此引攝之，非究竟，亦非漫無標準也。或者謬解「以樂得樂」，乃一反佛教之謹嚴樸質，欲於充滿欲樂中，成就究竟佛果之常樂。欲界欲樂中，淫樂最重，或者乃以此為方便，且視為無上之方便。惟是淫欲為道，密宗之舊傳我國而流入日本者，猶未嘗顯說，故每斥「無上瑜伽」之雙身法為左道密教。然特宏「無上瑜伽」之西藏喇嘛，則矜矜以妙法獨備於我已。平心論之，此即「欲為方便」之極端，固於前三部見其緒矣。所崇事者，天身之佛。天有明妃（天后），佛亦仿之而有「佛母」、「明妃」，此即與「方便（悲行）為父，般若（智慧）為母一之大乘義相雜。金剛以表雄猛折伏，蓮華以表慈和攝引，亦一轉而為生殖器之別名。密教所崇事之本尊，無不有明妃。「事部」則彼此相顧而心悅，「行部』則握手，「瑜珈部」則相擁抱，「無上瑜珈」則交合：此固順欲界欲事之次第而成立者。前三部雖有相視、相抱事，而行者每以表悲智和合等解之，然無上瑜伽則付之實行。衡以密者之說，則「三昧耶」為表象，「法」為觀想，「業」為實行，固表象獨是而觀想、實行之非耶？以秘密教之發展觀之，固不達此不止。

（筆者評註：關於「密教」此一特異的法門；正邪與否？單以『先以欲勾牽，後令入佛智』一句即可分辨，如果此一法門為正信，當年釋迦牟尼在世時為何不曾傳下？集結的經典亦從未記載？其實釋迦牟尼反而是一再主張「斷慾」，特別是斷男女之慾，並且嚴斥「雙修」為邪魔外道？這種為邪說邪行辯駁粉飾的說詞，根本只是此地無銀三百兩的謊言笑話）。

吾人以秘密教為佛之梵化、神化則可，尊信前三部而不信「無上瑜伽』則不可。何有智者，譬病人膏肓為健康，而歸死亡之責於臨終一念也！「無上瑜伽」者，以欲樂為妙道，既以金剛、蓮華美生殖器，又以女子為明妃，女陰為婆伽曼陀羅，以性交為入定，以男精、女血為赤、白二菩提心，以精且出而久持不出所生之樂觸為大樂。外眩佛教之名，內實與御女術同。凡學密者必先經灌頂，其中有「密灌頂」、「慧灌頂」，即授受此法者也。其法，為弟子者，先得一清淨之明妃，引至壇場，弟子以布遮目，以裸體明妃供養於師長。師偕明妃至幕後，實行和合之大定，弟子在外靜聽之。畢，上師偕明妃至幕前，以男精、女血（甘露）即所謂「菩提心」者，置弟子舌端。據謂弟子此時，觸舌舌樂，及喉喉樂，能引生大樂云。以嘗師長授予之秘密甘露，名「密灌頂」。嘗甘露味已，去弟子之遮目布。為師者以明妃賜予弟子，指明妃之「婆伽」而訓弟子曰：此汝成佛之道場，成佛應於此中求之。並剴切誨以一切，令其與明妃（智慧）入定，引生大樂，此即「慧灌頂」。『歡喜金剛』云：「智慧滿十六，以手相抱持，鈴、杵正和合，阿遮黎灌頂」，即此也。經此灌頂已，弟子乃得修「無上瑜伽」，其明妃可多至九人云。西藏宗喀巴似有感於此道難行，故於「無上瑜伽」之雙身法，自灌頂以至修行虧多以智印，即以觀想行之，然餘風猶未盡也。解脫是所求，欲樂不欲棄，厭苦求樂而不知樂之即苦，乃達於淫欲為道。或云：印度有　行外道，於性交為神秘之崇拜，佛教之有此，欲用以攝此外道也。

（筆者評註：所謂「此汝成佛之道場，成佛應於此中求之。」，如果此一訓誨為真，當年釋迦牟尼何必剃度出家？在「迦毗羅衛國」不論是當太子或者後來必定要繼承王位，後宮中豈乏『成佛道場』？直接在後宮就可得道成佛，何必自苦出家，日食一米一麻，幾乎變成餓殍，經歷七年苦修無所得？還非要在菩提樹下入定七日才能證道成佛？此種謊言，竟然自古以來就成為藏密為「雙修邪淫」惡行辯護的標準用詞。真的是有識之士難以想像更無法認同的。也因此，「藏密」怎麼會是佛教呢？所有教義、儀軌和修行法門都與佛教大異其趣，甚至剛好是倒行逆施，反其道而行的，與西方所謂的「敵基督」來比喻；稱為「佛教敵」或許更為貼切。而所謂「印度有　行外道，於性交為神秘之崇拜，佛教之有此，欲用以攝此外道也」。那更是『吞砒霜毒猛虎』的自欺欺人之說，根本不可信）。

三、色厲內荏之忿怒：應折伏者，則折伏之，菩薩之行也。密乘行者，特於「無上瑜伽」，其崇事之本尊，無不多首、多手、多角，腳踹口咬，烈焰熾然，兵戈在握，雖善畫鬼者，亦難設想其可畏也。然以予視之，大丈夫一怒而安天下，猶非面目猙獰之謂，而況菩薩之雄猛乎！龍樹菩薩引偈云：「若彩畫像及泥像，聞經中天及讚天，如是四種諸天等，各各手執諸兵仗。若力不如畏於他，若心不善恐怖他，是天一切常怖畏，是故智者不屬天」。力不如則失雄威，心不善則失慈悲，其不堪崇事，固明甚也。密乘者以學出龍樹自居，而以猙獰之天形為所崇，不亦可以已乎！總之，秘密者以天化之佛、菩薩為崇事之本，以欲樂為攝引，以猙獰為折伏，大瞋、大貪、大慢之總和。而世人有信之者，則以艱奧之理論為其代辯，以師承之熱信而麻醉之，順眾生之欲而引攝之耳。察其思想所自來，動機之所出，價值之所在，痼疾其可愈乎！

（筆者評註：此段同樣又是一針見血的點出「印密藏密」的痛腳所在；釋迦牟尼在世時，並無畫像雕像流傳，亦不崇拜偶像，直到「阿育王」時代，才引入希臘、埃及的巧匠，開始大造佛像，即所為「犍陀羅風格」的佛像；但是，除了印度教一些魔王或者「迦莉女神忿怒尊」，印度的神像或者佛教的佛菩薩造像都是溫和慈悲的；只有「印密藏密」才特多奇形怪狀、多頭多臂、尖角獠牙，恐怖駭人的各種金剛、明王雕像或者唐卡；如果「印密藏密」算是一種宗教，即使古今中外，放諸四海來評比；這種崇尚並虔誠敬拜忿怒、恐怖、駭人、邪淫神祇的又是什麼樣的宗教呢？是正信的或者邪門的宗教呢？而『而世人有信之者，則以艱奧之理論為其代辯，以師承之熱信而麻醉之，順眾生之欲而引攝之耳』之說；確實是中肯又切中要害的評斷。其實只要了解到佛教為何在印度中土失勢，又如何在東印度徹底密教化，以及如何傳入西藏，當可清楚了解這些根本就是「原始苯教」妖魔鬼怪的金剛、明王以及所謂的「佛母、明妃」以及淫穢的雙身交媾佛像的來龍去脈了。）

第四節　印度佛教之衰亡

佛元八世紀以來，佛教外以印度教之復興，於具有反吠陀傳統之佛教，予以甚大之逼迫。內以「唯心」、「真常」、「圓融」、「他力」、「神秘」、「欲樂」、「頓證」思想之泛濫，日與梵神同化。幸得波羅王朝之覆育，乃得一長期之偏安。然此末期之佛教，論理務瑣層玄談，供少數者之玩索；實行則迷信淫穢，鄙劣不堪！可謂無益於身心，無益於國族。律以佛教本義，幾乎無不為反佛教者！聞當時王舍城外之屍林中，密者於中修起屍法（可以害人）者，即為數不少。佛教已奄奄一息，而又有強暴之敵人來。佛元十四世紀初，阿富汗王摩訶末，率軍侵略印度，佔高附而都之，回教漸滲入印度內地。相傳侵入者，凡十七次，每侵入，必 異教之寺院而悉火之。佛教所受之損害，可想見也。於是恆河、閻浮河兩岸，西至摩臘婆，各地之佛徒，改信回教者日眾。其佛教僅存之化區，惟摩竭陀迤東耳。迨波羅王朝覆亡，回教之侵入益深，漸達東印，金剛上師星散。不久，王室改宗，歐丹富多梨寺及超岩寺，先後被毀；即僅存之那爛陀寺，亦僅餘七十餘人。佛教滅跡於印度大陸，時為佛元十六世紀。佛教興於東方，漸達於全印，次又日漸萎縮而終衰亡於東方。吾人為印度佛教惜，然於後期之佛教，未嘗不感其有可亡之道也！

補充自「印度之佛教」一書中之相關段落原文：

佛元十世紀之後期，東印羯羅拏蘇伐剌那（金耳）國日強。國王設賞迦（月）挾武力西侵，所至 壞佛法，毀寺、坑僧、伐菩提樹（佛成道處），教難 及於恆河兩岸。拘尸那（佛涅槃處）之佛教，為之焚戮殆盡。玄奘師事之戒賢，即被坑而得脫者。

一千零一二十四年，戒日王卒，中印復大亂。婆羅門教學者，如前彌曼薩派之鳩摩利羅，後彌曼薩派之商羯羅，同出十一世紀，融攝佛教之理論而大成其學。印度教之復興，至此而大成。

相傳商羯羅嘗至藩伽羅，與佛徒辯，其時法將無聞，竟莫有能敵之者。道場二十五處被焚掠，五百比丘被逼改宗。東至歐提昆舍亦然。南印度以鳩摩利羅派之隆盛，佛弟子莫能勝之，民間乃多改其信仰。即佛教最高學府之那爛陀寺講學之制，亦因之略變，凡無力折伏外道者，可於內室講授，不得公開云。

（筆者評註：佛教在印度的全面覆亡，除了此段內容所述及的原因之外；其實在釋迦牟尼尚在世時期已經顯現出端倪了；除了釋迦牟尼一生所主張「無我無神」的基本教義，不容易為一般普羅大眾所了解和接受外；沒有祭拜儀軌，沒有神祇可祈求，而「無我」與「輪迴轉世」的矛盾兩端，釋迦牟尼在世沒有講清楚，圓寂後有一千年時間從小乘到大乘都是在爭辯這個難題；造成基本教義的搖擺不明。如果連佛教本身的高僧尚且難解，更何況一般普羅大眾又如何適從呢？再加上從釋迦牟尼時代開始；就是主張「一切皆苦，人生無望」，既不合常理又不合常情，更完全罔顧一般普羅大眾的現實生活所求所願，終日夸夸而談皆以「寂靜涅盤」為終極依歸；而「中觀」以後更是萬法皆空，有相皆妄；這又豈是一般普羅大眾所能認同的？同時，以信徒來說；「婆羅門教」信徒至少是佛教徒的百倍以上；以比例而言；雙方高僧大師的比例同樣也是百分之一的等比；在商羯羅以前，婆羅門教是四分五裂，各信其神，互相爭鬥傾軋不已的，而佛教的興盛多是政治權力的護持下有如特權式的發展，而一旦政局改變，主政者改宗，佛教也就自然立即失勢。同時，婆羅門教在商羯羅全面整合後，復興為統一的「新印度教」，眾志成城的變成擁有數億信徒的龐然大教，不論是宣教或者教義的辯論，相形之下，佛教根本只是不堪一擊的「弱雞」，以情勢而言；印度擁有固有的「印度教信仰」，兩相較量，佛教之不能廣泛見容於印度本土已經是必然趨勢，而後來在東印度徹底密教化之後，其基本教義已經蕩然無存，徒留一些佛菩薩的空名而已。傳入西藏的也早就不是本來面目的佛教，不論是「印密佛教」或者「藏密」在佛教本宗不論小乘大乘眼中，根本就是「披著僧袍的邪魔外道」。而佛教最後形式化的滅亡於伊斯蘭軍隊之手；那只是有如最後一批垃圾的消除罷了。）

東印度的信仰與佛教的覆亡

在地圖位置上所謂的「東印度」其疆域是很模糊的，通常指的是鄰近孟加拉灣的「西孟加拉邦、奧里薩邦」，但是有時也會加入「比哈爾邦」或更靠近「中央邦」一帶的區域。

在現今與「孟加拉國」鄰近的印度地區，自古以來就是崇山峻嶺，茂林深谷，文明難入的地區，其中存在了許許多多的少數民族，其中單單「奧里薩邦」目前已知的就有 62 個不同的少數民族，而且咸信還有不少原始民族迄今尚未被發現；這個區域多屬極低度開發的沼澤瘴癘之境，當地各種少數民族迄今仍然過著相當原始的生活，極少和外界接觸。

也因為民族眾多，原始信仰相當駁雜，從舊石器時代開始，這裡的各種少數民族就已經有著原始信仰；後來在「雅利安」民族的勢力逐漸東進，侵入這個地區之後，印度教很難秉持基本教義在此地生根，歷經數百年的血戰征服，仍然難以徹底剷除原始信仰，希冀以印度教取而代之，因此只能改採「懷柔籠絡」政策，編造各種「攀親帶戚」的神話故事，將兩種信仰中的神祇收編融合，也形成了東印度特有非正統「吠陀信仰」的混合式宗教；

之後，佛教在印度中土式微敗落之後，也退居到東印度一帶，同樣無法純淨的立足，則是比印度教「懷柔籠絡」政策更有過之而無不及的，不是收編融合，而是根本背離教義，出賣祖師的「性力化、密教化」。

因此，東印度的宗教信仰是繁複多樣的，互相融合的結果：從印度教、耆那教到佛教都不得不改頭換面，失去原本的面貌，如果要說是否還有純淨的宗教信仰，那就是與外界極少接觸更偏遠深山密林中一些少數民族的原始信仰了。

因為佛教是在退居東印度之後才正式覆亡，從印度徹底消失的，所以，關於東印度的宗教信仰歷史就是非常重要的一環：

其一，首先，當然是從舊石器時代就一直遺留下來迄今仍被尊崇的原始信仰；包括了萬物有靈信仰，大地之母的信仰以及各種女神的信仰，因為東印度少數民族也是母系社會，所以「母親神」（現稱為「天母」）和「各種女神」的信仰是主流。

其二，「Jagannath 神的信仰」：Jagannath（宇宙之主）是梵文詞 Jagat（宇宙）和納特（主）的組合，「Jagannath」原本是部落的酋長，也是附近諸多部落共同信服的偉大共主，在神話傳說中，他是黑臉黑身的魁武勇士，他還有一個弟弟是白臉白身，有一個妹妹是黃臉黃身，都是異常英勇的，曾經率領附近諸多部落的居民多次擊潰驅逐了入侵的敵人，所以死後被當成神祇來供奉，咸信他有庇佑部落平安的神力，但是，原始的少數民族沒有具像雕刻神像的能力，原本多以粗壯的樹幹或者大石頭，在上面彩繪一個人臉來象徵；後來有個國王因為作戰勝利又夢見有三兄妹的神祇來托夢，國王認為是因為受到他們的保佑才戰勝的，所以，就想雕刻他們的神像來供奉祭拜，但是，所託非人，一直都不能雕刻出他滿意的造像，後來，來了一個年輕人毛遂自薦說是雕刻師，聽國王描述之後，就要求閉門刻像，條件是他工作時，任何人不得偷看。但是，接近預定完成日期之前，國王忍不住好奇的從門縫中偷看進度和成果，結果，雕刻師竟然不見了，打開房門，只見地上有三尊黑、白、黃的神像頭顱，沒有手腳和身體，那個雕刻師卻一直沒再出現，國王非常懊惱，就出宮去尋找並發誓沒有找到絕不回宮，經過漫長的尋找，他終於累倒在海邊，作了一個夢；三位神祇又出現了，除了責怪國王不守信用，使得神像永遠無法完成，國王雖然苦求饒恕，神祇還是不肯，只要他把那三顆頭顱就當成神來供奉即可，國王十分無奈，回宮之後另尋工匠，為神像裝上身軀和手腳，但是怎麼調整，看起來就像三個小朋友，但是無計可施之際，也就先這樣供奉著，後來就形成了所謂「娃娃神」的崇拜，目前在東印度「奧里薩邦」的首府「浦里」就有一座供奉「娃娃神」的超級大廟，平時香火鼎盛，信徒極多。

2011 年 1 月 26 日，筆者從加爾各答搭乘臥鋪夜車前往奧里薩省的省會--布本內須瓦 Bhubaneshwar，下午前往印度教的聖城之一浦里Puri：

傍晚搭乘人力三輪車前去參訪一個非常奇特的大廟「娃娃神廟」，廟非常大，尖塔非常高，但是，因為我們不是印度教徒，所以不能入內參觀；但是，因為這是非常著名的原住民大廟，供奉的是比印度教更早的三位「娃娃神」；但是，廟宇建築形式和祭祀儀軌以及管理階層卻全都是印度教的形式；

因為信徒非常多，在這個廟外的寬大街道上，真的是人滿之患，車水馬龍，我們獲准登上一間圖書館的頂樓鳥瞰廟宇全景還有熱鬧的街景，也總算聊勝於無，只可惜不能進入廟內瞧瞧那奇特的娃娃神像；

「娃娃神」有三位，是兄妹關係，大哥叫做「佳格那達」（Jagannath），弟弟叫做「巴拉如阿瑪」，妹妹叫做「蘇芭朵」，原本是東印度一帶最原始的原住民信仰，印度教勢力入侵之後，要毀掉原始廟宇很容易，要砸毀原有神像也不難，但是，最難的是如何擺平在深山海濱神出鬼沒為數眾多的原住民才是大問題？

一個最聰明的作法就是從原住民最崇拜的神祇開始「收編」，反正印度教中有三億三千萬的神祇，形形色色，應有盡有，只要找一個樣貌、性質近似的神祇來「攀親戚」當然不難，於是找到一個和「黑娃娃神」很像的「黑天」神，然後就編造一個神話；宣稱原住民原本崇拜信仰的「黑娃娃神」就是印度教「黑天」的化身，二者只是一神二名，其實是同一尊神，然後幫忙原來的小廟整修興建成更高大宏偉的神廟，於是乎，原住民的信仰就被印度教給融合了，這招的確很妙，這樣也就兵不血刃，大家化干戈為玉帛，反正印度教有那麼多神，也不在乎多幾尊來湊熱鬧，而對於原住民當然也樂得自己原來的神能被認同甚至認為得到更高的尊崇，所以原本的信眾當然是欣然同意，更加虔誠的來此膜拜了。

這三尊「娃娃神」真的很卡通，大眼睛還穿鼻環，蠻可愛的，原住民對色彩和造型的想像力是豐富的，所以，神像的圖片和雕像在整個「浦里」甚至奧里薩省都隨處可見，也可見其信徒的眾多。

其三，印度的密教：印度東邊是恆河的下游，一部份國土以恆河與「孟加拉國」為界，「孟加拉國」在以前稱為「東巴基斯坦」，獨立之後才改為現在的國名。恆河最後一段穿越這個地區流入孟加拉灣；

在印度這一邊被稱為「西孟加拉」地區，包括了靠海的「奧里薩省」，這裡有很多的少數民族（原住民），他們原本就世居此地的，也有一些是被雅利安人入侵後逃往此地而落地生根的，他們多半居住在山區或海邊，有些根本是化外之民，極少與外界接觸，而且對外界人也保持相當的敵意，有些地區名義上是原住民保護區，事實上是政府力量根本不能到達的「異域」，印度政府也不太照顧得到他們，同時也不很希望包括印度國民在內的外界文明人事物進入這些地區，而這些原住民的地域觀念極強，民風驃悍難馴，極端仇視外來人，加上毒蛇猛獸極多，一直到現在還有相當大的一片地區被印度政府劃為「禁區」，不但外國人觀光客絕對禁止進入，連印度本國人也一樣禁止跨越，隨便闖入萬一被誤會有敵意，甚至有可能被追殺或者用弓箭射殺的，最忌就是因為好奇而用相機拍攝他們的婦女，因為她們有些族群的平時服裝是上空的，如果見獵心喜隨便拍照，只怕自己會變成獵物。直到目前即使印度自身的人類學家等想要進入作研究，也要經過正式申請，經嚴密審核通過之後，必須派武裝軍隊保護才得以進入作短暫停留，雖然如此，印度政府仍然不保證任何人身安全。

但是，這些地區原本就有萬物有靈論的崇拜和原始宗教雛形，迄今仍保有動物神崇拜的儀式，最主要是「大地母神崇拜」的架構，在印度被稱為「母親神信仰」，因為認為所有生物的「母親」都是偉大的創造者，所以他們會用土捏塑（後來改為陶俑）出各種動物，以及獸頭人身的女性芻偶，譬如雞首人身，有豐滿胸部特徵的女性芻偶，左右手各環抱一個小貝比，一樣也是雞首人身的，象徵孕育多產……

在這些地區，隔沒多遠的路邊大樹下經常可以看到一個用磚砌成的「冂」字型 50—60 公分高，一公尺見方的祭台，裡面擺滿各式各樣獸頭人身的女性芻偶，飛禽走獸應有盡有，台子前面有一塊用磚或水泥平鋪的祭壇，是焚香和擺放供品的地方；有時也在這祭壇上宰殺牲口作犧牲血祭……

筆者於 2011 年初特別造訪東印度已開發地區，作「輪迴轉世」方面的研究；先坐小型遊覽車，換乘吉普車、三輔嘟嘟車，人力三輪車，最後改為步行，去參觀原住民的燒陶村，因為種姓制度的嚴格分工限制，這些燒陶的工匠是祖傳世襲的，而且不得改行也不能和其他種姓通婚，用以保持手藝能夠永遠流傳，在維繫專業的立場而言，這是種姓制度原本好的一面；

也因為這麼嚴格的規範，所以工匠形成各種不同的聚落，各種傳統工藝也得以世代傳承不會中斷失傳，應該說直到現在還能看到三千年來一直被維繫著的古老手藝樣貌；

他們揑塑燒製的是屬於硬度不高的低溫陶，這是最原始的燒陶技術，作品絕大多數都是各種動物造型，也有少數是實用器皿，還有就是獸頭人身的祭祀芻偶，整個村落家家戶戶，男女老幼幾乎個個都是掏土、煉土、揑陶、拉坯、窯燒的高手，而且家家戶戶都堆放著很多很多的成品，從古老的以物易物，到現在的金錢買賣，但是，這邊極少觀光客或外地人進入，所以，從作品的樣貌造型就可以看出完全沒有「商業藝品」的影子，還是純傳統樣式，這是保持傳統的好事，但是，在另一方面對於村民的經濟收入卻沒有幫助，他們製作的成品都很大件，低溫陶是非常易碎難搬運攜帶的，雖然大家看了都喜歡，而且價位便宜得「嚇人」，還是買不下手。只能買些小東西當成紀念品。

筆者買到一個他們真正用於祭祀的「雞母神」的芻偶，那是他們最原始的信仰崇拜的動物神之一，比雅利安人入侵後帶進的「濕婆神」信仰還要早，所以特別帶回來作為研究證據，同時也在他們的村子口拍攝到他們原始動物崇拜的祭壇；

雖然後來他們也多少接受了印度教的一些神祇信仰，不過，沒有完全融合，仍然是互相保持一定的界線，應該說同樣也是「有拜有保庇」心理形成的兼容並蓄，也因此讓我們看到超過 3500 年以前印度原住民的原始信仰，其中完全沒有雅利安人的文化沾染。

也因此讓我們更深入了解；所謂的印度或者印度教，不是只有利安文化的「濕婆神、毗濕奴神、梵天神」的信仰而已，還有更原始的動物神崇拜，這些是屬於所謂的「印度密教」（不同於佛教密宗，所以請不要一聽到「密教」或「印度密教」就誤以為是在講西藏密宗或密教，「印度密教」包含的範圍其實更廣闊數百倍）。

密教天母廟（64 Yogini Temple）

在東印度地區，原始的宗教信仰是以女神（或稱母神、母親神、天母），為主，和全世界各地原始民族母系社會型態有關，特別是崇拜大地母神，或者豐饒女神；

在印度西孟加拉和奧里薩省以及一部份阿薩姆省，崇拜的「天母神」不只一尊，有8位、10位、64位、128位不等，數目的多寡不同，其實只是名稱和造象上的不同，原本是和部落之間因為語言不同，想像出來的造象不同而發生差異，甚至因為信仰不同名稱相貌的配套成龍神，因此而產生紛爭甚至流血戰爭，後來逐漸認同，相信其實母親都是一樣的，天母神也只有一位，只是化身成不同的樣貌而已，因此互相包容融合，最後全部集合起來，擁有相同的地位，接受相同的祭祀和崇拜。

但是，因為這種原始密教和入侵統治者雅利安人信仰的「梵天、濕婆、毗濕奴」為主的婆羅門教，在教義和祭祀上大相逕庭，尤其是密教的性力崇拜、犧牲血祭甚至活人祭，還有過多的巫術成份，所以受到相當大的排擠和迫害；所以，長期處在弱勢的地位的原始密教開始低調行事，許多廟宇建得外表非常低矮，毫不起眼，和婆羅門教以及耆那教、佛教的寺廟那種雕樑畫棟，巨門高塔的宏偉壯麗外觀完全不同，有時匆匆瞥過，根本不會相信那是內有玄機的廟宇呢？

而且也因為他們祭祀也格外神祕，連祭典也刻意選擇與一般月圓大祭相反的日期，都是在每月月晦（沒有月亮）的夜晚才舉行祭祀，所以這也是被稱為「密」的緣由之一，還有就是師徒相傳或者信徒聚會也都是低調隱晦的，一些神祕咒語巫術也是祕密傳授的，所以這是另一個「密」的緣由；

最具有東印度「密教」典型指標意義的就是外觀圓形像堡壘一樣的密教64天母廟（64 Yogini Temple）；廟的整個建築造型是「約尼」（女性性器），中間的祭壇是方型的，雖然有別於一般圓柱形的「林迦」，但是，這是一種妥協化的結果。

外表非常低矮，門也矮小，低頭才能鑽進去；進入之後才發現別有洞天，中間有祭台，沿著環形石牆的內側雕滿了64位「天母神」的造象，雕工精美，體態姣好，都很豐滿，因為西孟加拉這一帶的女性都是以身材豐滿著稱，所以神像也符合地域性的審美觀；

東印度奧里薩邦浦里最大的神廟，供奉的主神是原住民原始信仰的Jagannath，弟弟Balabhadra和妹妹Subhadra，又稱「娃娃神」

東印度的原始娃娃神信仰

右邊的Jagannath神特徵是「黑臉」，後來被印度教用巧計收編；謊稱與「黑天」克里希納其實是同一尊神祇，只是毗濕奴神不同的化身顯現，並且為原住民蓋大廟，順利化解宗教紛爭

此圖中可以看見象徵毗濕奴神的四件法器：海螺、轉盤、棒子、蓮花。婆羅門僧侶確實非常懂得宗教信仰的心理學，擅長巧妙的收編異教神祇。

東印度奧里薩邦的64天母廟（64 Yoginis Temple）

天母廟俯視圖，整座廟的造型
就是「約尼」（女性性器）

中間圓柱是「林迦」（男性性器）
周圍是「約尼」（女性性器）

64天母廟面積雖然不到一個籃球場大，卻是印度教「性力派」中具有指標意義的重要廟宇，從西元九世紀開始就結合了東印度原住民信仰的「泛女神」崇拜，不但有殺牲血祭，甚至還有活人獻神儀式

上方二圖為廟宇正中間的方形祭壇，除了一般鮮花、水果、熟食供品，雞鴨牛羊等活物牲口也在此現場宰殺，並以鮮血祭祀眾女神，同樣在宗教信仰的狂熱時期，也有信徒自願以本身的肉體性命直接作為祭品，引頸就戮，血祭神祇；牲口和人的鮮血會由內經左圖溝槽流至廟外，供信徒取用塗抹手臉消災祈福。有關活人犧牲獻祭的恐怖儀式一直到英國殖民統治後才明令禁止。

廟中唯一與衆女神並列的「濕婆神」，男性性器官明顯並誇張向上挺立。

廟外有一尊陰陽合體的「濕婆神」像，同時雕刻出男女雙重性器官。

「迦莉女神」的恐怖尊造像

據說是全印度唯一一尊女神造型的「象神甘尼許」的神像

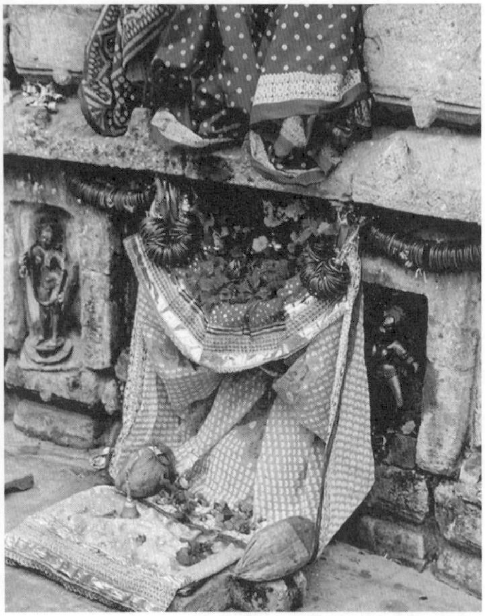

守廟的婆羅門僧侶正在祭拜的神尊為「摩耶夫人」，也就是釋迦牟尼的生母。

「摩耶夫人」在東印度性力派中，不但同樣是赤身裸體的雕刻造像，更受到信徒長年犧牲血食的虔誠祭祀，這些儀軌和釋迦牟尼的教義完全背道而馳。

東印度原住民及信仰

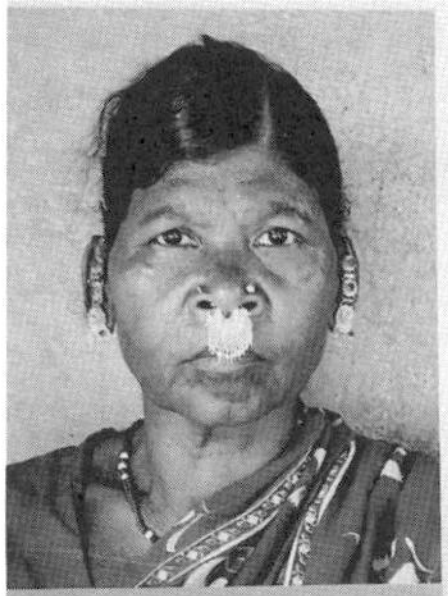

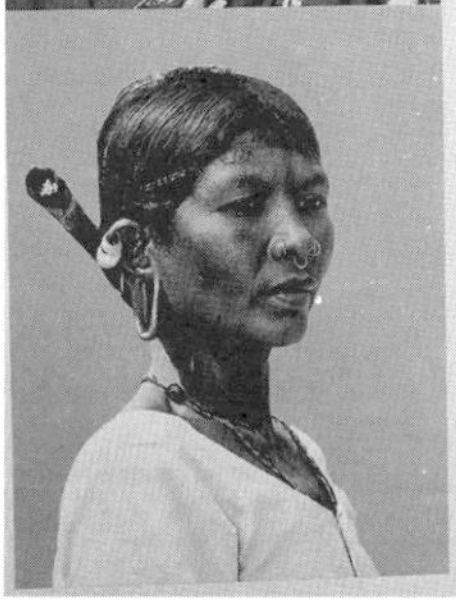

東印度原住民及信仰

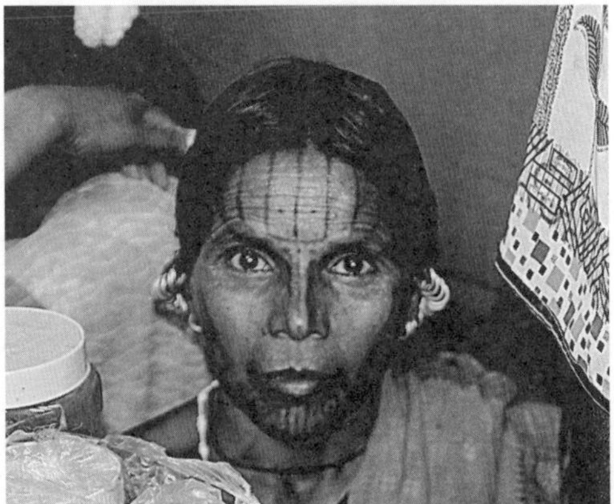

這裡比較特別的是所有64位天母神雕像都有不同的座騎或踩著不同的器物，有的竟然是踩著「風火輪」，好像三太子哪吒；

從這間「密教64天母廟」可以清楚看到，原始「密教」信仰和印度教融合的痕跡，在印度教武力難以征服原住民，改採「懷柔收編」政策之後，派出的是「濕婆神」，因為他以陽具超級巨大和性能力超強著稱，因此，在和東印度原始密教信仰融合的過程中，形成了「濕婆性力派」（Shiva shakti）的「右道密教」，因此在此處可以看到一些「濕婆神和女神坐姿交合的雙身像」，這種造像是最早的「雙身神像」，後來流傳到尼泊爾，再流傳進入西藏。但是，由於當地原本犧牲血食祭祀的習俗非常盛行，甚至還有以活人獻祭的恐怖信仰，而在每月月晦的祕密祭祀中，男女雜交混合血腥的巫術儀式又另行延續形成「坦特羅派」（左道密教）。但是，從許許多多的跡象和古蹟中都可以看出「印度教」派出「濕婆神」仍然有「男性征服女性」的用心所在，而原本的原住民女神（天母）又被巧妙的改變為「濕婆神」妻子「雪山女神帕爾瓦蒂」化身的「時母」以及「難近母」（迦莉女神和杜爾嘉女神）的忿怒尊。

當佛教在印度中土式微後，退居到東印度之後，原本東印度的「左道密教」又和佛教融合了一次，最具體的歷史證據就是原本「濕婆神和女神坐姿交合的雙身像」有了重大改變，男身像從「濕婆神」變成了「釋迦牟尼」，形成了「釋迦牟尼和女神坐姿交合的雙身像」（Buddha shakti），這不但是釋迦牟尼生前所深惡痛絕而極力排斥的，也是他始料未及的遺憾痛心結局，相信這也是歷代所有佛教徒不肯接受、不肯承認甚至是一直被蒙在鼓裡的「痛史」。但是，這卻是一個不爭的歷史事實。甚至在「密教64天母廟」中，其中最大的主尊竟然就是釋迦牟尼的生母「摩耶夫人」，但是，雕像本身原本是和其他神像一樣都是赤身裸體的，（註：目前已經圍上了紅布，相信是一些近代佛教徒看不過去了，大概付了一些錢這樣要求才改變的）。但是，赤身裸體的「摩耶夫人」肯定和佛教的教義是南轅北轍，背道而馳的，也可見佛教式微退居東印度之後，為了苟延殘喘是如何摒棄基本教義，厚顏無恥，自甘墮落的不惜出賣祖師，甚至犧牲色相來依附寄生於密教。

為了深入探討，以下內容以節錄方式引用自「波羅王朝東印度的密教觀音造像研究論文」（國立東華大學藝術與設計學系洪莫愁副教授）部份內容：

『……印度的佛教與印度教在發展的過程中相互影響，佛教受到在西元四世紀興起的印度教密教影響而逐漸密教化。十一世紀時，印度佛教已密教化進而逐漸走向消逝之路；十二世紀末，伊斯蘭教徒入侵印度，佛教寺院遭受嚴重摧毀，僧徒逃往國外而消聲匿跡，佛教遂在印度失去其版圖。

印度教密教發源於印度東部，其性力崇拜與對母神的重視加強了女性神祇的地位，在如此的氛圍之下的宗教藝術造型自然顯得比較細膩。

（一）佛教的興起與東印度的關連

古代的印度人並未將文字用於記載以帝王為主的政治史，而是用以記述經典、史詩與傳奇等以哲學與文學為重的巨著，因此對於編年紀事始終存在著很大的模糊地帶而難以釐清。吠陀後期（西元前約 1000 至前約 500）的恆河流域西部是保守傳統的婆羅門教盛行區，而恆河流域東部的摩揭陀（Magadha）一帶則為新興沙門思潮的自由天地，各宗教論師與哲學思想家聚集於此，百家齊鳴各抒發己見可謂盛況空前。這個時期恆河下游平原和三角洲的摩揭陀、安加（Anga）和翁加（Vanga）是雅利安文化範圍之外，此區的人們被雅利安人視為蠻人。新興沙門思潮引發了教派林立，這些林立的派別中只有兩個宗教即耆那教和佛教取得主要的地位，如為佛陀教化的摩揭陀國王頻毗娑羅（Bimbisara），原先所信奉的亦為當時新興宗教之一的耆那教。

佛陀在世時，在印度東部的比哈爾邦即為佛教的主要傳播地區，位於今日比哈爾邦南部的摩揭陀國，約西元前 600 年左右由西索拉迦（Sisulaga）創立，以華氏城（Pataliputra）與伽耶（Gaya）為其中心，摩揭陀為佛陀在世時的印度十六大國之一。國王頻毗娑羅在位期間（西元前 543 至前 491）征服了安加國，在比哈爾邦的東方建城王舍城（Rajagriha）。釋迦牟尼為北印度迦毘羅衛城 Kapilavastu）淨飯王之子。太子看到生老病死的人生苦痛後，領悟了人生的無常，夜出王宮尋求解脫之道，至摩揭陀國的伽耶（Gaya）南方之優樓頻羅村（Uruvilva）的苦行林，進行六年苦行生活期間，太子日食一麻一米，至形體枯瘦、心身衰竭，卻仍未能悟道，乃悟苦行非得道之因，遂出苦行林，至尼連禪河（Nairanjana）沐浴後，接受了牧女的乳糜供養，恢復體力後的釋迦牟尼到伽耶的一棵菩提樹下，思惟解脫之道，經四十九日，豁然大悟。釋尊成道後，於鹿野苑（Mrgadava）首先度化共修苦行的五位侍者，即「初轉法輪」。後來，釋迦牟尼在王舍城為頻毗娑羅王講解佛法，原信奉耆那教的頻毗娑羅王遂歸依釋尊信奉佛法，王在迦蘭陀（Kalanda）長者所獻之竹園建立精舍供養釋尊，稱迦蘭陀竹林精舍，為第一所大規模的佛教道場。在拘薩羅國（Kosala）舍衛城（Sravasti）的給孤獨（Anathapindika）長者禮請佛陀至為祂購置的弘法中心「祇樹給孤獨園」弘法。佛陀在世時所經歷的重要國家摩揭陀國與拘薩羅國均位於目前印度東部的比哈爾邦。如前述的王舍城、伽耶、優樓頻羅村、尼連禪河、鹿野苑與舍衛城等地留下足跡，因此佛陀在世時，今日的比哈爾邦即為佛教的主要傳播地區。

（二）孔雀王朝與東印度

西元前三世紀左右，孔雀（Maurya）王朝的第三代君主阿育王統一全印度，疆域東至孟加拉灣，他成為宣揚佛教最有力之統治者，以華氏城為首都，除了遵奉佛教之外，阿育王亦尊重其他信仰並明令不得詆毀。這說明了除了佛教的興盛之外，哲學思維相當的蓬勃，宗教家及哲學思想家聚集此區域。完成第三次結集之後，阿育王更派遣布教師至全國及海外各地宣揚佛教，建佛塔，立石柱，佛教極一時之盛，亦留下了最早的佛教藝術。目前，東印度亦留有「阿育王石柱」，如鹿野苑的石柱殘柱與石碑遺跡，華氏城（即「巴特納」）附近出土了兩件重要的男女藥叉雕像，阿育王在菩提迦耶（Bodhgaya）的北方的波羅波爾（Barabar）為耆那教徒開鑿的石窟寺，開啟了後來的石窟建築藝術風格的先鋒。既然孔雀王朝疆域可達孟加拉灣，此區的人民必然也在佛法的薰陶之內。

（三）巽迦王朝與東印度

阿育王過世後，統一的王朝逐漸分崩，佛教不為繼位的子孫所重，僧眾與信徒轉向西北與西南發展。西元前 185 年，孔雀王朝的末代君主為婆羅門將領弗沙密多羅（Pusyamitra）所弒，建巽迦（Sunga）王朝，仍都華氏城，重啟馬祭，尊婆羅門教。弗沙密多羅不但排佛甚至滅僧毀佛，佛教遭受空前劫難，部分僧侶往南印度發展，東印度的佛教傳承受到嚴重的損傷。巽迦王朝歷時約一個世紀，西元前 28 年時被婆羅門大臣所推翻，建立了短暫歷時 45 年以婆羅門教為主的甘華（Kanva）王朝，隨即被在德干高原建立薩塔瓦哈納（Satavahana）[10] 王朝的安達羅人（Andharas）所推翻。巽迦王朝的君王崇信婆羅門教進而排佛甚至滅僧毀佛，佛教僧徒紛紛往南走避發展，因此，此時期重要佛教遺址皆在德干高原上，如重要的窣堵波（stupa）建築代表：巴爾胡特（Bharhut）塔門與桑奇大塔均在德干高原北部，石窟佛寺「支提」（chaitya）的代表建築則在德干高原西部的巴賈（Bhaja）。在巽迦王朝諸王的壓抑之下，東印度的佛教藝術發展乏善可陳並陷入停頓。

（四）薩塔瓦哈納王朝統治下的東印度

安達羅人建立的薩塔瓦哈納王朝歷任君主多信仰婆羅門教，亦有信奉耆那教與佛教的君王，佛教可以自由傳教。因此，薩塔瓦哈納王朝雖以婆羅門教為主，但在此王朝的寬容統治之下，印度東部的佛教又恢復了活力，但此時的佛教受到了婆羅門教的影響，已與阿育王時期統治時期已有不同，此時大乘佛教昌盛也廣為流傳，大乘佛教中觀派的創始人龍樹即為安達羅人。當尊婆羅門教的薩塔瓦哈納王朝統治印度東部時，保護佛教的貴霜王國則統治著印度北部和中亞，建都於弗樓沙（Purusapura），疆域向南延伸至桑奇（Sanci），向恆河平原擴展至貝拿勒斯（Banaras），秣菟羅（Mathura）是王國南部最重要的城市。

大乘佛教在印度西半部的貴霜王朝蓬勃發展，薩塔瓦哈納王朝於西元 225 年為南方的波羅毗（Pallava）王朝所滅。

（五）笈多王朝統治下的東印度

西元四世紀初北印度小國林立，來自摩揭陀地區 [17] 的旃陀羅笈多一世（Chandragupta I）建笈多（Gupta）

王朝（320–540），以華氏城為都。笈多王朝以武力征服了印度的北部和東部建立一個足以比擬孔雀王朝的統一的王國，後期雖國力不如以往，但仍統治摩揭陀與孟加拉等地，笈多王朝的諸王以信仰婆羅門教為主，重新進行馬祀的活動，笈多王朝時期令沉寂已久的婆羅門教復興並隨著王朝勢力的擴張而臻頂盛，同時結合了民間通俗信仰成為新婆羅門教（即印度教），信仰以毗濕奴、濕婆和梵天為三大主神，進而形成的毗濕奴教派與濕婆教派兩大教派廣泛流行。笈多諸王大多雖信奉印度教，但並不排斥佛教與耆那教等異教，在寬容的宗教政策下，各派宗教皆自由發展。五世紀初，拘摩羅笈多（Kumaragupta）於華氏城南約公里處創那爛陀寺（Nalanda），該寺成為大乘佛教中心與印度中世紀前期的宗教和學術文化中心。那爛陀寺的設立對佛教在東印度的發展有著重要的意義，它是古代中印度佛教最高學府和學術中心，僧徒以研習大乘佛法為主，研習佛學成為當時重要的學術研究，但那爛陀寺學術中心的學習不以佛教為限，亦有潛習其他宗教學說的僧侶。在今印度比哈爾邦巴特那（Patna）縣內的拉傑吉爾（Rajgir）以北。據玄奘的《西域記》那爛陀寺的初建是在「佛陀涅槃後未久」；據中國西藏地區史料，佛教哲學家龍樹（Nagar juna）三世紀在那裡學佛，然東晉的法顯則未曾提及此寺。

西元七世紀，繼笈多王朝統治東印度的戒日王（Harsavardhana）以曲女城（Kanauj）為中心建立了一個帝國，疆域東起雅魯藏布江河口至印度西北的整個恆河流域。戒日王原為波羅門教徒後皈依佛法，睿智的戒日王對各種姓與不同的宗教皆一視同仁，玄奘即此時期造訪印度，並曾在那爛陀寺中停留數年，亦以《大唐西域記》記載了這個時期的東印度。

那爛陀寺自創寺後歷代屢加擴建，七世紀時遂成為印度規模宏大之佛教寺院及佛教最高學府。初為唯識學派之中心，其後演變為密教之一大中心。西元七世紀間，受到婆羅門教的影響，產生了一些密教經典，尤其是《大日經》與後來的《金剛頂經》代表了大乘佛教密教化的完成。兩大經典分別形成兩大系統：以理論為主的「真言乘」（又稱「右道密教」）與以實修為主的「金剛乘」（又稱「左道密教」）。由於印度政治上的分裂，以及佛教在發展過程中自身的侷限以及印度教勢力的復興，佛教在西元六至七世紀間再一次吸納印度教和民間信仰的內容，形成密教。密教是大乘佛教融合了印度教與印度民間信仰，以高度組織化的咒術、儀式與俗信為特徵，宣揚手結印契、口誦真言與心作觀想，即通過「身密、口密、意密」的「三密」修持可以達到「即身成佛」的目的。西元十世紀，頓悟的「金剛乘」與印度教的「性力派」結合而廣為流行，然而已失去佛教本來的面目，後來更是將至真的妙理與極端的肉慾主義結合而墮入邪道。印度教在吸收佛教之長而漸復興，同時佛教卻被印度教性力派同化而趨衰微，密教化的佛教因難以在印度發展為印度人接受的義理，遂逐漸失其版圖。

（七）波羅王朝統治下的東印度

波羅（Pala，750–1150）是在戒日王的帝國消逝後，以孟加拉為中心崛起的新王朝，在西元八至十二世紀統治期間的疆域雖有所更異，東印度（孟加拉和比哈爾地區）是波羅王朝所保有最長久的疆域，由於王朝歷代君主皆虔誠護持佛法，佛教得以在東印度繼續延近五百年，波羅王朝可說是印度佛教的最後堡壘。除了繼續維持那爛陀寺的經營之外，又在附近建造歐單多富梨寺（Uddandapura）與超戒寺（Vikramasila），超戒寺的規模甚至超越那爛陀寺，進而取代了那爛陀寺的地位成為當時佛教的最高學府，波羅王朝時期的佛教如前所述已滲入了大量印度教因素，因此，波羅王朝所護持的是佛教密教。

八世紀時，集印度中世紀吠檀多哲學大成的商羯羅（ AdiShankara，788-820），其哲學稱為「非二元論」（或稱「絕對一元論」），認為最高真實的梵是宇宙萬有的始基，也是萬物的依靠，世界上一切現象都是從梵中產生出來的。一生雲遊四方，致力於復興傳統印度教，吸收了佛教與民間宗教信仰的元素，對婆羅門教進行改革而形成了印度教。商羯羅致力於復興傳統婆羅門教（印度教），與佛教高僧展開論戰，駁倒了當時佛教的「無我」理論，重新確立了關於個體靈魂的吠陀真理，不少佛教徒因而出走，對已經是疲弱不振的佛教是相當沉重的打擊。八世紀中葉，印度教的勢力幾乎席捲了整個印度。商羯羅在印度東西南北各建一座印度教神廟，東印度的是在奧里薩邦（Orissa）的浦里（Puri），印度教的「性力派」風行於孟加拉、奧里薩、阿薩姆（Assam）一帶，更加速了佛教的蛻變。

佛教與印度教在各自發展與互相競爭的過程中，皆吸收並收編了對方的神祇作為該教派的次等神明，如佛陀成了印度教宇宙守護神毗濕奴的第九權化，而毗濕奴則被佛教收編並調降為守護佛法的「天龍八部」之「遍入天」。

波羅王朝的印度教在吸收佛教之長後，再加上商羯羅以「梵我不二」駁倒了當時佛教的高僧，印度教已臻於鼎盛而佔據絕大多數的國境，事實上此時的佛教密教僅侷限在東印度的小區域，而受到印度教「性力教」派的影響，佛教造像的藝術風格亦早已失去笈多時期所表現出佛像的莊嚴肅穆的外表與寧靜澄明的內在，取而代之的是強調活潑生命力，豐富的符號象徵與豐盛細緻的裝飾性。

四、結論

東印度的佛教在長期發展中扮演了一個特殊的角色：佛教發源於此，亦在此地劃下印度佛教最後的句點。當佛教在亞洲其他地區仍舊蓬勃發展，探索已劃下句點的東印度的佛教發展與其宗教藝術成就給筆者一些感想：宗教義理的發展若是無法以平易近人的方式讓追隨的信眾理解，反而採取搭載其他宗教的順風車前進，是很容易被信眾所背離的。雖然波羅王朝所護持的佛教密教在伊斯蘭教徒入侵後滅絕了，但是所遺留的佛教藝術卻依然耀眼。……』

在上文最後一段點出了真正的重點；佛教起始於印度，原本是反對「婆羅門教」的改革派，但是，卻始終無法獲得多數印度人民的接納，最後終於不敵「婆羅門教」而在印度中土式微，而退居東印度之後又為了救亡圖存，苟延殘喘於一時，過度權宜的依附寄生於「左道密教」，甚至徹底違背了基本教義，這種「飲鴆止渴」的險招不但沒有讓佛教起死回生，反而使得原本虔信的佛教徒更加分崩離析，棄暗投明，也更使得虔信的「婆羅門教」信徒越加鄙夷，反而更加速自身的覆亡。

實事求是的來說；「佛教在東印度的左道密教化」其結果就是徹底背離基本教義，名存實亡的留下一個無用的「蛇蛻」外殼，不用等到中世紀伊斯蘭教徒的實質燒殺破壞，佛教早就徹底在印度滅亡了。也因此，由東印度傳入尼泊爾、西藏時的只是披著佛教外衣的「左道密教」，根本稱不上是「佛教」。

註：有關佛教在印度的歷史和式微滅亡的原因，筆者曾經做過相當深入的研究和實地考察蒐證，相關內容已收錄於 2011 年出版的拙作「千古騙局　業報輪迴」二書之中，(請參閱本書中同名的增訂篇章)，在此同時引用洪莫愁副教授的論文，其目的則是在取得客觀中肯符合歷史真相的旁證，因為但凡有佛教本位主義的各種論述，必然偏頗粉飾，極難將這段歷史攤開在陽光下公正客觀的檢視，筆者本身無任何宗教信仰，亦非為任何宗教目的蓄意羅織污蔑，只是為善意告知事實真相而撰寫本文本書。

濕婆神的陽具、林迦與左道密教

「濕婆神」（Shiva）：毀滅神或者破壞神；雖然現今已經成為印度教最崇拜的主要大神，全印度信奉祂的信眾極可能多過信奉保護神「毗濕奴」的，除了印度以外的各國人，對於印度教神祇最早認知或聽聞的也必然是「濕婆神」。而且在一些後期的傳說中，祂的神力奇大無比，連其他兩大主神「毗濕奴」和「梵天」都不得不甘拜下風，承認祂的領袖地位；但是，在「吠陀時期」，祂其實幾乎根本沒有什麼地位，也沒有什麼驚人的神蹟表現，也僅只是暴風神「樓陀羅」的一個別名；直到「梵書」時代，隨著時代和主要生活型態的改變，人們從原先遊牧生活進入農業定居時代，並且有了比較穩固的屋宇住宅，「雷電」不再像長年生活在曠野時期那麼令人畏懼和容易造成生命財產的損害，反而是來自「孟加拉灣」的熱帶氣旋（颱風）造成的狂風暴雨比較讓人害怕，所造成的生命財產往往難以估計，所以，如同巨大破壞有如毀天滅地的威力成為人們極度敬畏的對象，加上壟斷知識的婆羅門僧侶的主觀詮釋和權謀編造附會，於是「濕婆神」就成了毀滅之神，也取代了「因陀羅」的地位。

在後期三大主神的地位高低神話傳說中；有一天，「毗濕奴神」和「梵天神」爭論起到底誰的神力最大；最值得大家崇敬？突然在他們前面出現了一根巨大無比的柱子；燃燒著熊熊烈火，兩位大神驚愕之餘，就想要去了解火柱的究竟？於是「毗濕奴」變身成為一隻巨大的野豬，從火柱底端的地面向下挖掘，結果整整挖了一千年仍然是深不可測也不見尾端？而「梵天」則變身成為一隻巨大的天鵝，奮力往上飛翔，想要找尋到火柱的頂端所在，同樣是花了整整一千年時間還是沒有到達柱頂，最後都只能精疲力竭的放棄搜尋，這時「濕婆神」突然在他們面前出現了，這時祂們才吃驚的發現；這根頂天立地沒有盡頭的大火柱竟然只是「濕婆神」的「林迦」（男性的陽具），於是這兩位大神只好心悅誠服的甘拜下風，承認「濕婆神」才是最值得崇敬的最高神祇，而後來的「濕婆神」信徒自然暴增，也無不認定「濕婆神」是全宇宙最偉大最至高無上的神祇，而印度地區自古以來就有的「林迦崇拜」也因此成為更為普遍的一種信仰象徵，在很多「濕婆神」廟宇中，有時並沒有具象的「濕婆神像」，反而只有圓柱形的「林迦」，但是，信徒一樣將之當成「濕婆神」本尊來虔誠膜拜。（註：這點也引發了一個非常大的疑竇？假設「濕婆神」真的是如此偉大崇高，神力無邊到眾神退讓，不敢比擬，那麼為什麼在「吠陀時期」並沒有什麼地位和特殊神蹟呢？（只不過是個小小的暴風雨神「樓陀羅」），反而是到了「梵書」時期的婆羅門教大興時，「濕婆神」才突然大顯神威，成了天地主宰呢？這大概不言自明的可以證實壟斷知識的婆羅門僧侶正是始作俑者，正是他們「閉門造神」一手操弄出來的結果。）

關於「**樓陀羅**」（**Rudra**）：印度神話中專司風暴、打獵、死亡和自然界之神。他還擁有三母（Tryambaka）、獸主（Pashupati）、殺者（Sarva）、大天（摩訶提婆，Mahadeva）、荒神（Ugradeva）等稱號。他的外型是褐色皮膚，著金色裝飾，有髮辮，手持弓箭，被視為破壞神「濕婆神」的早期原型。他在暴怒時射出的箭會傷害人畜；他又擅長以草藥來給人治病。他的名字含義為「在宇宙崩潰之時令全世界哭泣的人」或「帶走悲傷者」。但是。矛盾的是；他又被稱為治療者（Jalasa-bhesaja）。「樓陀羅」是古「吠陀時代」形成的吠陀教被人們所崇拜的月亮神系諸神之一，在吠陀時代後期，「樓陀羅」演化成「濕婆神」，升格並取代「伐樓那」，成為主神之一。

很奇怪也相當費解的是；「樓陀羅」在「吠陀時代」根本只是一個非常不起眼的小神，若要和「因陀羅」、「阿耆尼」、「蘇利耶」這些大神相比，他根本連敬陪末座的資格都沒有，也沒有什麼值得一提的豐功偉業可以誇耀？他甚至也不如戰神「賽犍陀」（Skanda）名氣大，神力高強，很難想像為什麼他後來竟然會變成足以毀天滅地的婆羅門教到印度教的三大主神之首？

在「吠陀時代」從來沒有任何神話提到「樓陀羅」有第三隻眼；沒有提到他的「林迦」超級巨大，沒有提到他會跳毀滅之舞，也沒有「宇宙舞王」的封號，沒有提到他用一枝箭毀滅了金、銀、鐵三個惡魔建造的都市？？？總之他根本是突然在一夜之間就變成宇宙第一的「濕婆神」的，這當然又是婆羅門僧侶「閉門造神」，再努力加注各種不可思議神力給他的成果。

「濕婆神」之所以能夠成為印度教中的「性象徵」，除了以上擁有「頂天立地大陽具」的神話以外，還有另外一個是關於他「超強性能力」的神話傳說；濕婆神也是一個偉大的苦行者，象徵永遠的寧靜，終年在喜馬拉雅山上的「卡拉薩山」修煉苦行，即是西藏的「岡仁波齊峰」，坐在虎皮上，千百年來他一直在打坐入定，因此濕婆神幾乎成了苦行的代名詞。他的額頭上長著象徵無上智慧與洞察力的第三隻眼，這第三隻眼標誌著他進行苦行的偉大成就。

「恒河的降臨」是有關濕婆神最著名的神話傳說。眾天神被魔鬼「多羅迦」的入侵所困擾，有智者預言說，只有濕婆與山神的女兒結合所生的孩子才能摧毀此魔鬼。但濕婆神沉醉於打坐入定的苦行之中，導致他與某個女神結合生子的希望太渺茫了。然而，眾神於是請求雪山神女「帕索巴蒂」去做這件事。於是，「帕索巴蒂」來到濕婆神的苦行地，儘管她設法吸引濕婆大神的注意，但濕婆神始終沉醉於修行之中。愛神試圖幫助「帕索巴蒂」，射出「愛情的箭」，濕婆神中箭之後突然對眼前的「帕索巴蒂」怦然心動，但是，他非常警覺這樣的不尋常；定睛一瞧果然是愛神搞的鬼。原本是出於善意的愛神「伽摩」結果卻被濕婆神睜開的第三隻眼射出的烈火燒成灰燼。最後，「帕索巴蒂」決定追隨濕婆苦行，她除去自己身上的裝飾，成了一個女修行者，在雪山的另一座峰頂上苦修，濕婆神最後總算注意到她，試煉了她好多次，終於被她的精神感動，於是答應了「帕索巴蒂」的請求。濕婆神與她交媾，但是，一次就達一百年之久，中間從不間斷或休息，這使眾神感到極為恐懼，擔心濕婆神的性能力這麼勇猛，這樣到底還要等上多少年才會讓女神懷孕生子呢？於是又苦苦哀求「濕婆神」快點結束吧？「濕婆神」才結束做愛，拔出陽具，把精液射在地面，結果竟然又噴灑了一百年，變成了洶湧澎湃的恆河，而「恆河女神」也同時產生；於是眾神祇又開始擔心恒河之水會沖毀大地。在眾神的請求下，濕婆神答應自己垂頭頂著，讓水從他分成七束的頭髮上流過，分流為七股河水，蜿蜒轉緩之後才流向大地。這樣一來，恒河之水才從天而降，在波光閃閃的恒河之中，戰神「賽犍陀」誕生了，他長大之後摧毀魔鬼多羅迦。

雖然，「陽具崇拜」是世界各民族從遠古就有的原始信仰，在印度地區也一樣，但是，因為「濕婆神頂天立地超級大陽具」懾服了眾神，使得他的陽具成為印度教統一的「林迦崇拜」（Linga），有時，沒有「濕婆神」具體雕像的神廟甚至家庭神龕中，也會供奉「林迦」作為「濕婆神」的象徵。同時，因為他擁有做愛百年不洩的超強性能力，使得他不但成為所有印度教諸神中最具代表性的「性象徵」，甚至他和妻子「帕索巴蒂」結合而成的「男女雙身像」也是「濕婆性力派」（右道密教）的主要象徵，留下許許多多繪畫和雕像供信徒膜拜；更進而在印度教勢力進入東印度地區時，為了盡量不流血的暗中征服，採取了籠絡收編的伎倆；「濕婆神」又和當地原住民遠古以來所信仰的「女神」融合（交媾結合），成為印度教第三大派「莎克蒂派」（性力派）的男性主神，同樣的，在「性力派」激進教派的「坦特羅派」（左道密教）中，甚至出現了「濕婆神」和女神交媾的露骨雕像，兩神對坐交媾，這也是印度左道密教供奉祭祀的主神造像，這種型態的造像又影響了後來退居東印度的佛教，佛教為了苟延殘喘，拖命一時，竟然徹底背離了釋迦牟尼原初主張「斷慾」的基本教義，甚至，將釋迦牟尼取代了「濕婆神」（Shiva shakti），同樣出現了佛陀主尊與密教女神面對面坐姿交媾的造像（Buddha shakti 註：只要在 Google 網站鍵入這個英文名詞就能看到一大堆相關圖片為證，其數量之多，年代之久遠，都使人無法否認這段佛教的痛史，更不容質疑是後世有心人蓄意污蔑之作。這也是所有佛教徒必須確實深入了解的歷史真相。）；後來再傳入尼泊爾，所以現今在尼泊爾不但有「陽具廟」，許多家庭也供奉各種形式各種材質雕刻的陽具；而且更留下了許多稱為「佛陀莎克蒂」的雙身交合的佛像。再經由尼泊爾傳入西藏，又和當地原始苯教信仰中諸多魔王融合，形成了「西藏密教」，並且擁有全世界最多三頭六臂、青面獠牙的魔王（被人為刻意收編為護法金剛）和所謂「佛母明妃」交媾的雙身像，有立姿也有坐姿的不一而足。

由佛教退居東印度的密教化，可以明確看出這些後世的佛弟子是如何的不肖，竟然徹底違背釋迦牟尼的基本教義，作出這麼卑賤猥褻的融合，更甚至把教主釋迦牟尼也出賣，犧牲色相作色情演出；其實，根本不用等中世紀伊斯蘭教徒入侵印度，徹底破壞佛教寺廟，屠殺佛教僧尼，事實上佛教在東印度密教化之後就已經是改頭換面，名存實亡了，空有佛教的名號，其實那根本已經不是佛教了。

也因此，所謂「蓮花生大士」將佛教傳入西藏的說法根本就不成立，他傳入西藏的已經是掛羊頭賣狗肉的「佛教招牌的左道密教」；因此，不論西藏信徒或一些喇嘛上師如何澄清「藏密不是印度教」或者「印度教是邪教」，但是，卻根本無法徹底切斷和印度「左道密教」的臍帶關係。因此，西藏根本沒有「傳藏佛教」，更沒有什麼「藏傳佛教」，勉強只能稱為「西藏密教」或「藏傳密教」。

這是非常明確的，西藏信奉的根本不是佛教，除了有許許多多佛教神佛菩薩的名號，在教義上和神祇造像上，有那一點和佛教相同或相關的；釋迦牟尼傳下的佛教在退居東印度以前有雙身交媾的法門和佛像嗎？釋迦牟尼有傳下任何男女雙身交媾修行的法門嗎？

如果宣稱是「藏傳密教」那是可以的，如果非要只是沿用了一些相同的佛菩薩名號，就宣稱是「藏傳佛教」，那是欺世盜名，佛頭著糞的騙局。

長年在雪山修行的長濕婆神」

濕婆神、雪山女神、象神家庭

聳立在印度各地的巨型濕婆神塑像。雖然被全球大衆視為印度教三大主神之首，但是，毗濕奴派的信徒卻不同意，堅持毗濕奴神才是所有天神之首。

濕婆神最經典的造像「毀滅者宇宙舞王」

無論如何，濕婆神的雕像是全印度最多，通常也是最大的，卻是不爭的事實。

濕婆神的男女雙身像

不論是古老的繪畫造型上，或者現代畫的藝術表現方式上都有男女同體像。

在左下圖的現代作品中，可以看到畫家從古畫中汲取到的同體主題元素。

是為印度教性力派的濫觴

濕婆神是性力象徵

印度教濕婆雙身像是世界各種宗教中最早男女合體造型

「林迦與約尼」是男女性器官的結合象徵，也是濕婆神雙身像簡約化的象徵

古青銅濕婆神像背後的飾物也是男女性器官的簡約化象徵

在印度教中經常出現的六芒星造型或圖案，同樣是男女性器官的象徵

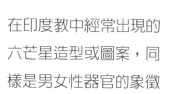

印度教性力派崇拜的女神之一「迦莉 女神」

各種不同材質造型的「迦莉女神」像，吐舌頭是其特徵。

東印度是「性力派」的大本營，尤其是西孟加拉、奧里薩二邦，原本就有原住民母神及女神的崇拜，與印度教相互融合成為「莎克蒂性力派」，所信仰的多為各種女神，所以在這一帶看到的神像幾乎都是女神為主。在加爾各答泥塑區最能感受此一特點。

古今畫像中的「杜爾嘉女神」

古今雕像中的「杜爾嘉」

迦莉女神廟宇

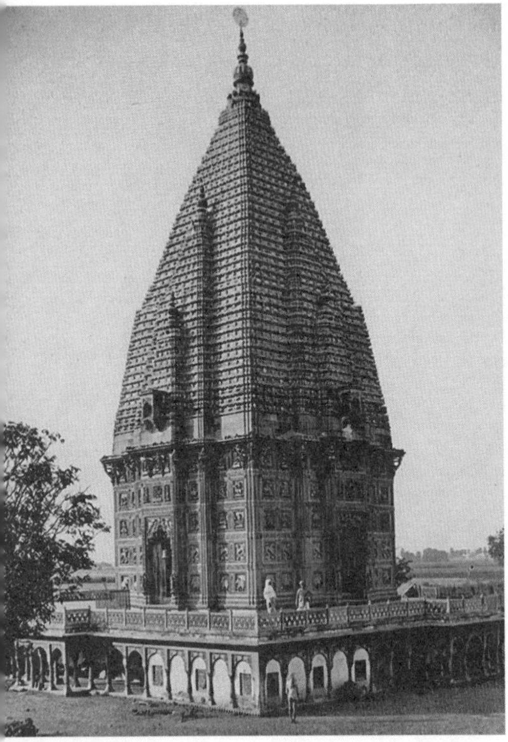

杜爾嘉女神廟宇

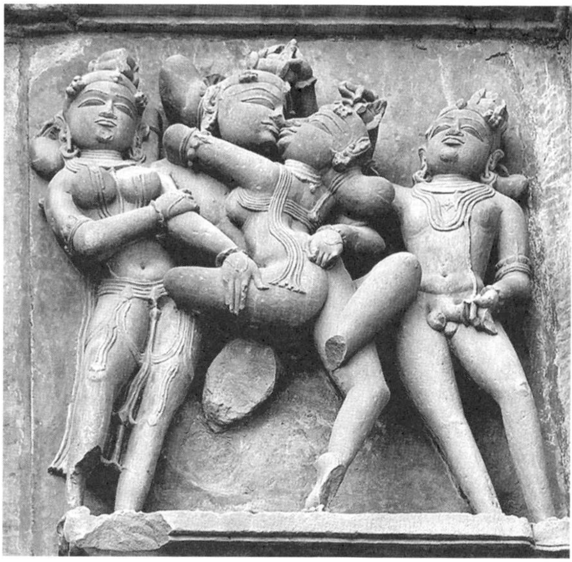

這是「卡修拉荷」最有名「性廟」牆面上的性愛浮雕，但是，這樣的雕像和「性力派」並沒有直接的關係，而是和印度教教義「四行期」有關；雕像主角都是平民百姓，不是任何印度教的神祇。

廟塔、林迦與陽具崇拜象徵

完整的陽具造型廟塔

印度廟塔是「林迦崇拜」的演化

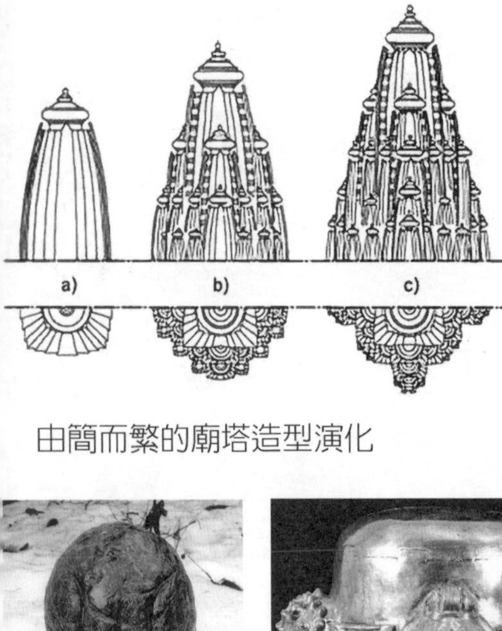

由簡而繁的廟塔造型演化

雖然有來自「女神坐姿」說法，但，指的是後期繁複化建築形式

各種造型的林迦

印度廟塔的原型

中國佛塔多為孤峰獨峙的造型更類似陽具

陽具崇拜的中國佛塔

濕婆神以巨大的陽具成為印度教的性象徵

濕婆神的陽具頂天立地，讓毗濕奴神和梵天神甘拜下風，讓出天神最高的寶座

各種有濕婆神頭像的「林迦」

性象徵的濕婆神

附錄：「中印之法難」及筆者之評註

（註：主文引用自「印順法師」所著之「印度之佛教」一書，1985年「正聞出版社」出版；「印順法師」為近代中國佛教知名高僧，在此書中對佛教在印度覆亡原因之敘述尚屬客觀公允，較少粉飾護短之情事，故引用來作為補充）

『……第一節　教難之概況及其由來

迦王之世（筆者註：指「阿育王」），佛教一躍而為印度之國教，遠及異域，炳耀其悲智之榮光。然諸行無常，迦王歿，不五十年而教難起；自爾以來，佛教退為印度文明之波濤，不復為主流矣！迦王歿後，其子達摩婆陀那立。依者那敵徒所傳，王嘗於五印度廣建耆那寺院；其子多車王，則為邪命外道造三洞窟精舍云。佛元二百零四年，多車王不孚眾望，大臣補砂蜜多羅，握兵權，得婆羅門國師之助，乃弒王而自立。於是冒狸王朝亡，建熏迦王朝。補砂蜜多羅王，信婆羅門教，行迦王懸為厲禁之馬祠，開始為毀寺、戮僧之反佛教行為。佛教所受苦難之程度，傳記多不詳。『阿育王傳』，『舍利弗問經』，極言其寺空、僧絕，有避入南山以僅存者。王歿，佛教乃稍稍復興，然遠非昔日之舊矣。幸補砂蜜多羅王之排佛，僅及於中印（筆者註：指印度中土或印度中部地區），時西北印及南印，非其政力所及也。

（筆者評註：「阿育王」對於宏揚佛教之功蹟真的是古今中外，無出其右者，但是，他駕崩後短短五十年，佛教就差點被滅亡，由此可見：由政治權力來扶持推展的宗教，並不能長保久遠，一旦政局改變，主政者信仰改變，原本的宗教極可能一夕覆亡；這點從羅馬帝國原本信奉希臘多神教，極力迫害基督教徒，後來君士坦丁大帝一聲令下，開始改信基督教，而原本多神教的廟宇神殿竟然幾乎一夕燒毀殆盡，目前只保留僅存的「萬神殿」而已。而羅馬竟然成了基督信仰的核心總部。而佛教在「阿育王」死後短短五十年間就失勢，也可見印度民心之向背，「婆羅門教」對於印度君民肯定比佛教更具有吸引力，而佛教也肯定有其難以讓印度君民接受的盲點）。

教難之來，有內因，亦有外緣。內因者，佛教之興也，不特以解脫道之真，亦以革吠陀之弊而救其窮。泯階級為平等，化天道為人事，即獨住為和合，離苦樂為中道，禁　術，闢神權，人本篤實之教，實予雅利安人以新生之道。然自迦王御世，佛教勃興而淳源漸失；彼婆羅門以之而衰蔽者，佛徒則蹈其覆轍矣！部執競興，失和樂一味之風，動輒爭持數年而不決。是非雜以感情，如說一切有者以大天為三逆極惡，大眾者亦於持律耶舍有微詞，此皆自誣自輕以自害也。化外之要求亟而「論藏」興，論興而空談盛。其極也，務深玄不務實際，哲理之思辨日深，化世之實效日　。至若「雜藏」興而情偽起，「　藏」興而神秘熾，每異佛世之舊。而廣致利養，僧流浮雜，則其致命之傷也。迦王崇佛，作廣大布施，動輒以百萬計。建舍利塔八萬四千，修精舍，豎石柱，乃至三以閻浮施。無既大施，於印度本不足異，然偏為佛教，當不無　嫉憤慨者。王大夫人咒詈菩提樹；嗣王及大臣，鑒於府藏之虛，制王而僅得半訶梨勒果供僧，其勢之不可長明矣。

（筆者評註：此段內容確實一針見血，因為「婆羅門教」是印度原本唯一的大教，佛教只是印度次大陸東北區域一個「改革派」的小教，教徒人數在釋迦牟尼時代也不過幾十萬人而已，因為「阿育王」個人的喜好，一夕改信，然後幾乎是傾全國之力護持佛教，又嚴禁一些原本上至王公貴族，下至販夫走卒向來奉行的各種信仰儀式，甚至嚴禁君王才能進行的「馬祭」，這種高壓手段來推行的佛教，本來就是為反制「婆羅門三大綱領」而產生的，也從來就是與「婆羅門教」互相為仇敵的，釋迦牟尼甚至主張「殺婆羅門僧侶和不信佛教者無罪」，又怎能不讓「婆羅門教」的僧侶和信徒不視之為眼中釘、肉中刺，必除之而後快呢？而佛教在「阿育王」個人強權的翼護之下，財富、權力日增之後，那些僧尼難免日益驕奢，廣積財富，霸佔良田，大建佛寺，甚至成為大金主和大地主，置「修行」於腦後，在印度這個地雖廣，人極多的土地上，原本就是窮多富少，人民普遍貧困，難得溫飽的情況，加上佛教在政治力的曲護之下，還要從中榨取油水供僧尼自身奢華享受，要想讓絕大多數民眾不痛恨也難，何況釋迦牟尼主張的「眾生平等說」又和「婆羅門、剎帝利」原本政教勾結的利益既得結構相抵觸，並使得這些階級特權受到嚴重打壓，所以背後靠山的「阿育王」一死，佛教要想不垮也一樣很難）。

釋尊有留乳之訓，輟施之勸，而佛徒莫之覺也。朝野之信施既盛，必有為衣食而出家者，賊住比丘，濫入佛門，事應有之。無淡泊篤實之行，以廣致利養為能，有唱「由福故得聖道」者，有尊「福德上座」者。僧物充積而國敝民艱；淨人為之役，僧侶則空談而享其成。處國難之運，敵教者又播弄其間，毀寺戮僧以掠其金寶府蓄，蓋亦難以倖免矣。昔釋尊垂訓，以廣致利養為正法衰頹之緣，而後世佛徒，卒以此召禍也。

（筆者評註：不只是二千多年前的印度「阿育王」時代如此，佛教傳入中國以後的各個大興之世，甚至直到現今的台灣，佛教各山頭互相誇富，僧尼的窮奢極侈，富貴驕人，必然吸引許多好吃懶做，不事生產，但圖信徒供養的廢人寄生其中，確實是「為衣食而出家者，賊住比丘，濫入佛門」，甚至不少住持本身就是貪財好色之徒，被媒體爆料或遭到法律制裁的也僅只是冰山一角而已）。

雖然，佛徒之內窳未極，遺制猶存，若非外力之鼓動其間，則事不至此。外力者，雅利安貴族之反動是。雅利安人抵五河，成「梨俱吠陀」，奠定其文明之本。次達恆河流域，初則整理祭典而予以神學之解說，成「梵書」，確立婆羅門教之三綱。繼則熏染於東方民族，依「梵書」之極意，發為苦行、禪思、解脫之風，成，「奧義書」。「奧義書」與，反吠陀之潮流，以東方新興民族之摩竭陀為中心而蹶起，佛教亦其一也。釋尊以人本、篤實之中道觀，揭慈悲、平等之教，力反吠陀，然於雅利安人優良崇高之傳統，未嘗不取而化之。自俗諦之立場言，佛教乃立足於蒙古族文化，而攝取雅利安文化者。以此，以婆羅門教為思想動力之雅利安人，不以佛教為正統者，且敵視之。自佛教之創立以迄冒狸王朝之亡，凡二百五十年，佛教極一時之盛。婆羅門教雖一時中落，然以千百年來之深入民間，力量雄厚，猶自以印度之國教自居。在政治，有國師其人，能左右政權，得其同意，可擅行廢立。在宗教，即反吠陀者，其哲理亦與「創造讚歌」、「奧義書」等有關。在人民之日常生活，自誕生、婚姻而死亡，自家庭、社會而國家，婆羅門教無不一一見之於實際。政教一貫之婆羅門文明，頗堅韌有力。中落期中，或承禮法之要求，組成幾多之「經書」，「吠陀支分」，及「摩奴法論」等名著，於階級之別，特為嚴格之規定。或應信仰之要求，鼓吹神之熱信，毗濕奴、濕婆、梵天，則其有力者也。或應哲理之要求，流出「吠檀多」等學派。積三百年之努力，雖哲理遠不及佛教，神力愚民異佛教，而融宗教為人民生活之全體，則非後起之佛教可及。佛教之失敗，亦在於此。

（筆者評註：這個原因確實是非常重要的，不論「阿育王」或者「孔雀王朝」等強大政治權力如何護持佛教，但是，以「雅利安」民族為主的絕大多數印度民眾仍然較能接受「婆羅門教」，因為有明確的主神，有容易進行的各種儀式，有可以依託的僧侶給予賜福；相對於佛教的「無神論、無我論」，反對形式化的祭祀，禁殺生血祭，鼓勵「斷慾出家」這種完全不合乎自然人性需求的教義，一般普羅大眾又怎麼能深入了解呢？雖然「釋迦牟尼」在世時常常以「無記」來摒絕一些形而上的問題，甚至自己也強調他不談「形而上」，然而，事實上，他一生宣揚的教義，對一般人而言，正是不折不扣，不容易領悟的「形而上」。而佛教從釋迦牟尼開始，基本上就是一個「丐幫集團」，不事生產，專以乞食為生，終日圍坐樹蔭草棚，夸夸而談，表面上看起來根本沒有什麼實質作為，而「斷慾出家」更是與「婆羅門教」主張的人生「四行期」根本衝突的；「婆羅門教」的「四行期」除了後二期的修行之外，前二期都是正常居家過日子，並且可以工作賺錢，養家活口，也鼓勵盡量享受婚姻性愛的歡娛；這才是符合人性和自然的，但是，釋迦牟尼主觀的認定「萬法皆空，一切皆苦」，認為現世人生是沒有任何價值的，甚至鼓勵信徒不作為以免造業，雖然口頭上沒有禁止或宣揚不婚不生，但是，他宣揚「出家是大丈夫」的論調，其實正是反對正常婚姻和性愛的；更何況他本身以至追隨他的弟子都是不事生產的，假設人人都如此這般的不事生產，只求乞食為生，終日清談，既不生產創造，也不過正常的家庭生活，那麼，人類豈不是在釋迦牟尼時代就斷代絕種了？而「婆羅門教」卻剛好相反，除了高階僧侶會鑽研形而上的哲理，一般僧侶都以處理淑世生活禮儀為主，各種儀式都是和民眾日常生活有關的，有具象的神祇偶像可以敬拜，有固定的儀式可以具體進行，最重要的是有一個非常明確的「真我阿特曼」（靈魂）可以相信——這些正是佛教從釋迦牟尼開始起就已經註定的致命傷；也註定在印度次大陸和「婆羅門教」的競爭中，一開始就已經處於必定落敗收場的局勢。至於為什麼佛教在中國也曾經歷「三武一宗」的滅佛之禍，卻還能蓬勃發展至今呢？那是因為中國從來沒有一個像「婆羅門教」一樣的本土強力宗教，而所謂「道教」幾乎是和佛教傳入中國時期才同時發展出來的，根基不穩，教義不足，連「地獄觀念」和「輪迴轉世說」都是盜版自佛教的，因此只有互相融合，而難以分庭抗禮，更遑論要擊敗佛教了。）

依印度之古例，如純為宗教之爭，則不外集人民而辯論以定之。中印排佛之出於毀寺戮僧，政治其重心焉。婆羅門教為政治之動力，以冒狸王朝之大一統而危殆；佛教之種族平等、仁民愛物之思想，影響支配乎政治，實婆羅門貴族政治家所痛心者。迦王逝世，適達羅維荼民族勃興於南印，希臘、波斯人進窺於西北，冒狸王朝之政權，僅及於中印。國家受南北之威脅，國王庸懦無能，婆羅門階級乃鼓弄其間，歸咎於佛教之無神、無諍。藉補砂蜜多羅之兵權，廢多車王，行馬祠，以政治陰謀，為廣大之排佛。行馬祠已，西征得小勝，婆羅門者乃大振厥辭。然摩竭陀王朝之衰落，如恆流東奔，勢成莫挽，熏迦朝十傳（僅一百零二年）而至地天王，婆羅門大臣婆須提婆，又得婆羅門國師之贊許而行篡立，別建迦思婆王朝。四傳至善護王，凡四十五年，為安達羅王尸摩迦所滅。婆羅門文明之復起，終無以救摩竭陀王朝之危亡，而階級、神秘，則陷印度於厄運，迄今日而未已。

（筆者評註：佛教自釋迦牟尼開始，就是一個極端消極，不求實質作為的「悲觀主義」新興宗教，釋迦牟尼本人一生不事生產，也從不鼓勵任何日常生活的謀生之道，只以乞食為生，甚至在他已經名揚印度，弟子滿門時代，仍然每日先出門化緣乞食之後才回來昇座講道，終日夸夸而談的都是形而上的哲理，宏揚的只以「寂靜涅盤」為終極依歸，厭棄人生，擁抱死亡；而「婆羅門教」原本主張的「真我阿特曼」和「輪迴轉世說」是互為表裡的兩大支柱，穩固支撐而能近三千年仍屹立迄今，但是，釋迦牟尼卻取「輪迴轉世說」而反對「真我阿特曼」，主張「無我論」，這就如同日本的「鳥居」或者中國的「牌坊」，同樣各有兩支巨柱才能支撐挺立，如果非要拆掉其中一支，妄想靠一支巨柱就能支撐挺立，無異是緣木求魚。釋迦牟尼在世時沒有解說清楚，後世佛門弟子歷經千年爭論，仍然難以自圓其說；後來改頭換面，以「阿賴耶識」掩耳盜鈴的來取代「真我」（靈魂），結果卻是又回歸原點，和「婆羅門教」一直堅持的「真我阿特曼」實在沒有任何不同，那麼「婆羅門教」到了佛教「唯識論」定案時，已經屹立了二千年，佛教此時才想起步追趕，又怎麼能迎頭趕上呢？何況又不敢公開承認「阿賴耶識」根本無異於「真我阿特曼」，仍然還要死要面子的硬拗，那麼一般印度的普羅大眾，又為什麼非要放棄二千年不改教義的「婆羅門教」，來改信一個搖搖晃晃，教義不明，「不許有我」的外道異教呢？）。

第二節　教難引起之後果

中印佛教，隨摩竭陀王朝俱衰。熏迦、迦思婆朝，佛教抑抑不得志，僧眾多南遊、北上以避之；促成安達羅中心之南方佛教，迦濕彌羅、犍陀羅中心之北方佛教，為獨特偏至之發展。分別說系，南化於大眾系，北影響於譬喻師，並中印法難後事也。北方事分析，為實在多元論；其極出婆沙師。南方重直觀，明一體常空，其極出方廣道人。一則嚴密而瑣碎，一則雄渾而脫略。迨安達羅王朝入主中印，中印佛教乃稍稍有起色。

然摩竭陀中心之中印佛教，夙為分別說系教化之區，以受創深鉅，復興不易，非輸入新思想不為功，時值安達羅文明發輟之期，故取於大眾系者特多。昔迦王之世，分別說系初分，其傳人錫蘭者，樸素可喜；而大陸分別說系則反是，如化地之糅世學，法藏之含明咒，其不必即初分之舊，受安達羅朝文化之熏染而同化耳！本佛所說而衍為學派，彼此各得其一體，分別說系折中其間，尤長。教難而後，南北日趨偏頗，中印佛教則常為折衷而綜合之。此至後期佛教猶爾，惜流於邪正綜合為可憾耳！

佛教因教難而引起之變質，以教務外延，法滅及他力思想為最。佛教攝雅利安人之優良傳統，而實歸宗於中道，與吠陀異趣。摩竭陀東北一帶，受雅利安文化之熏陶而多為蒙古族，宜佛教之能適應而誕育成長也（佛教勢成黃種人之宗教，以此）。教難之先，學理間或出入，而佛則世尊，法則三藏，僧則聲聞，猶大體從同。教難而後，因政治關係而南北分化。僧眾未能注力於攝雅利安人之優良傳統，闡佛教之特質，以謀印度佛教之綜合發揚。以感於教難，乃本世界宗教之見，不崇內、固本、清源，而教化日務外延。萬里傳經，惟恐不及，重廣布而不求精嚴。以隨方而應，即釋尊所深斥者，亦不惜資以為方便。佛教疊經教難而猶能布於人間，賴此者正多。然不固本，印度佛教日衰；不清源，化達於他方者，雖源承五印而多歧，不盡釋尊之本，可慨者一。生者必滅，盛者必衰，佛教在世間，自當有盡時。然住世幾久，盛而衰，衰而復興，要以佛弟子之信行為轉移，業感非命定也。釋尊制戒攝僧，和合則集　力，清淨則除邪雜，以是正法住千年，不以人去而法滅。經、律舊傳此說，遙指千年之長時，本以稱譽聖教也。自教難勃興，古人即興千年法滅之感，可謂「言同心異」矣。或說五百，或說千年，法滅之時、地、因緣，一一預記以相警。如『迦丁比丘說當來變經』等，其思想彌漫於教界。法滅有期，一若命定而無可移易。雄健之風，蕩焉無存，易之以頹喪；哀莫大於心死，可慨者二。佛弟子自視甚高，淡泊自足，隨方遊化，無需乎政力之助，亦不忍政力之縛。外化，內淨，一本自力，僧事固非王臣所得而問也。迦王誠護正法，然受命之傳教師，印王子摩哂陀，亦悄然南行，不聞　赫之聲。教難而後，佛弟子感自力之不足，而佛法乃轉以付囑王公大臣。僧團之清淨，佛法之流布，一一渴望外力為之助，一若非如此不足以倖存者。又天、龍護法，聖典有之。僧眾和合清淨以為法，孰不珍護如眼目乎！誠於中者形於外，自力動而外力成，來助非求助也。教難而後，護法之思想日盛，而出於卑顏之求。其極也，聖教之住世，生死之解脫，悉有賴於天神或聖賢之助力。他力思想之發展，一反於佛教之舊，可慨者三。中印法難之關係於未來佛教，豈淺　哉！

（筆者評註：「印順法師」對於佛教在印度的衰微以至最後徹底覆亡的慨歎；確實是語重心長，所言也確實切中要害，但是，卻沒有對佛教教義中的矛盾痛下針砭。佛教最大的問題還是釋迦牟尼主張的「無我」、「不許有我」，從他出生時「天上天下，唯我獨尊」開始到「我已證得無上正等正覺」、「我說因緣」、「……時將欲過，我欲滅度，是我最後之所教誨！」，幾乎和常人一樣的時時說「我……我……」，何嘗捨棄這個說話者自稱的「我」字。螃蟹一生橫行，卻一再宣揚「直行方為正道」，豈不是自欺欺人的笑話？這也正是筆者批判釋迦牟尼一生惑世的要點）。

佛教在印度式微與消亡的原因

佛教起始於印度，創始者釋迦牟尼生活在歷史上的「列國時代」（又稱十六國時期）；這是一個群雄割據，互相征戰不休的亂世。

釋迦牟尼的祖國「迦毗羅衛國」只是一個非常小的藩屬國（以拘薩羅國為其宗主國），位在今天的尼泊爾境內；就是加德滿都西南方靠近印度邊境，據日本佛教印度考古團「上野照夫」先生的推測，迦毗羅城東西寬約五百公尺，南北約一公里長；因為毀壞的非常嚴重，所以目前仍無法確定；但是，範圍非常小卻是事實。釋迦牟尼的父親淨飯王，中文雖譯成「王」，但實際上只不過是相當於一種「部族統領」（raj）的地位。

釋迦牟尼是這個由「釋迦族」組成的「迦毗羅衛國」統領第一順位繼承人，勉強可以稱為「王儲」，但是，中國的佛教界將之稱為大國的太子，那是誇大其詞的溢美和神化心態。

此外，雖然自古以來的佛教徒總是自許為獨立宗教，自外於印度教，然而，事實上，佛教承襲了太多印度教的主流教義和思想，或者說佛教所主張的基本教義「輪迴、解脫、涅盤」無一不是出自印度教，所以，不論在宗教學或實質的內涵分類上，佛教只能算是印度教的一支，視為印度教中的「改革派」，應該更接近事實。

釋迦牟尼為反對印度教傳統的「種姓制度」和「有我」（真我阿特曼），所以他提倡「眾生平等」和「無我」來抗衡；在世時積極傳道四十五年，但是，他在世時期，佛教在印度並不是一個很大的教派，加上他反對建廟及祭祀，所以除了「僧團」組織以及「比丘商團」，沒有大規模的信眾和廟宇建築。

甚至他尚在世時，自己的祖國「迦毗羅衛國」已經被宗主國「拘薩羅國」的琉璃王所滅，「釋迦族」幾乎全被屠滅殆盡；而一手創建的「僧團」組織中也已經有了不同派別，甚至有些較大的派別領袖意圖挑戰他的領導地位，爭奪主控權。加上他接受各種種姓加入或皈依為弟子，其中許多是目不識丁的「賤民」，有些根本只是為了求食而來，這點釋迦牟尼自己在晚年時也相當慨歎的證實過。整個「佛教」教派在他晚年，加入的份子已經非常雜亂，層次高低懸殊，派別林立，已經失去主軸的堅定信仰，雖然釋迦牟尼自己一再宣稱他不談「形而上」；事實上對於一般中下階層教育程度不高的信眾而言；他一生所傳的道全是玄之又玄的「形而上」的意識形態及深奧難懂的哲學思想，對於一般庶民的實際生活或者在苦難中意圖藉由宗教信仰尋求庇佑與心理慰藉方面是完全付之闕如的。他自己生前也沒有留下任何經典；在他圓寂之後，弟子第一次集結開始就發生了嚴重的分裂，這也是可以想見的結果。

到了「孔雀王朝」時代，由於阿育王突然皈依了佛教，並且以佛教為國教，幾乎是一夕之間，形勢丕變，佛教在印度開始大興，進入了一個空前輝煌的時代；

但是，也因為隨著「孔雀王朝」的衰敗滅亡，到了「笈多王朝」時代，重新改信婆羅門教，佛教的勢力在印度已經大不如前；

到了「商羯羅」重新整頓並積極復興印度教之後，駁倒了佛教的大部分哲學思辨，於是佛教開始慢慢式微；關於這點；並不是佛教內部沒有思維精深、辯才無礙的高僧能人足以與商羯羅這位印度教的曠世大哲相抗衡，實在是因為釋迦牟尼留下的佛教教義本身有著難解的矛盾（請參閱後文）。

西元十一世紀，信奉伊斯蘭教突厥人入侵北印度，在極短的時間內就消滅或臣服了大部分北印國家，建立了印度歷史上第一個伊斯蘭帝國－「德里蘇丹王國」。對於印度教和佛教這類異教是完全無法認同的，其中，對於佛教更是有如眼中釘，肉中刺，是除之務盡的，對於這些被他們稱為「最邪惡的偶像崇拜者」的異教徒更是趕盡殺絕，絕不留情（註1）；西元十二世紀末到十三世紀初，突厥人攻入比哈爾邦和東邊的孟加拉地區，印度最後殘存的佛教大寺「飛行寺」、「那爛陀寺」和「超岩寺」都被洗劫一空，僧侶不是被殺，就是逃亡。佛教就在印度正式覆亡而消失了。（參見註2）

相較於同期的印度教，處境至少比佛教好多了；其中有許多明顯的差別原因；

其一是；伊斯蘭教是「一神論」，和印度教至少都相信有「主宰神」，而佛教卻是「無神論」；不相信任何「主宰神」。

其二是；伊斯蘭教相信真理來自「真主」透過先知示諭的「天啟」，佛教卻認為真理是由人為覺悟出來的，而且人人都可悟道成佛（印度教也有「吠陀天啟」的主張）。

其三是；伊斯蘭教相信人死後的歸宿是末日復活和審判，善人可昇入「天園」獲得永生，而佛教認為人死後會進入輪迴，但是如果可以徹悟就能究竟涅盤，不生不滅，但是也不和任何主宰神相關（印度教則認為最終人將和梵合而為一）。

其四是；佛教是主張不殺生與非暴力的，所以當面對伊斯蘭教徒的侵犯和血腥殺戮時，根本無力對抗也不想以暴易暴的來積極反抗（印度教徒並不會消極的束手就擒或坐以待斃，加上有國家和貴族的軍隊武力，足以讓對方有所忌憚）。

其五是；佛教在那個時期原本已經在和印度教的勢力消長中處於劣勢，只退居在東印度一隅，而印度教卻是遍布全印度的，尤其是幾乎深入的根植於各地民間社會的，也是最普遍的傳統信仰，何況上層的剎帝利貴族武士階級和婆羅門階級原本就是「種姓制度」的既得利益者，當然不會同意佛教的「眾生平等」主張，也所以必然是印度教最忠心的實力支持者，所以伊斯蘭教的「德里蘇丹國」對於印度教總是必須作出一些讓步和妥協，在實際面上也不可能對所有印度教徒徹底剷除和趕盡殺絕；但是對於沒有武力和教義完全沒有絲毫共通點；又是佔人口絕對少數人信仰的佛教，那當然就毫不留情的勢必加以滅絕了，以致殘餘的佛教徒若非改宗被迫皈依，否則就是四散逃逸。

但是；如果要深入探究佛教在印度消失的各種原因中；當然不只是伊斯蘭教王朝政治和武力的攻

擊這麼直接；還有許多遠因近因，簡單的歸納有以下幾點：

一，釋迦牟尼對於「無我」和「輪迴轉世」兩個主要教義的矛盾衝突，在他生前沒有解說清楚；埋下日後教內因為認知詮釋的南轅北轍而形成派別之爭，嚴重到幾近分裂狀態。

二，第一點的教義矛盾，局縮了其他方向的思考，單單一個「無我」，就引發了從小乘到大乘幾乎千年的哲理基礎爭議，一說推翻另一說，在核心思想上無法統一，不只是上層知識份子信眾因無所適從而不得不抱持懷疑；中下層絕大多數屬於無知的信眾也就更是不知所措？茫茫然找不到確定的中心信仰。

三，釋迦牟尼生前主張「眾生平等」，所以允許任何種姓民眾皈依佛教或追隨信奉，但是卻反而形成龍蛇雜處，牛驥一皁的混亂狀態（狀況反而遠不如階級森嚴印度教），尤其到了釋迦牟尼晚年，他幾乎在領導整個教團時有相當的無力感，在他圓寂後的分崩離析也就成了定局。

四，釋迦牟尼反對「種姓制度」，反對婆羅門的專橫與壟斷知識，反對貴族的集權統治和窮奢極侈，主張「眾生平等」，在在都已經註定無法獲得婆羅門和剎帝利這兩個階級的支持，所以他的信眾和弟子中以吠舍和首陀羅居多；但是在「吠舍」這類平民商賈中，支持他的還是遠不如支持「耆那教」的眾多。

五，釋迦牟尼反對像印度教一樣的犧牲祭祀，不准興建大廟高塔，不敬拜偶像，但是，對於中下階層的普羅大眾來說；他們信仰任何宗教必定會有世俗的祈求，這也是日常生活的基本需求，相對於印度教種種眩惑人心的儀式和「神祇庇佑」的觀念深植人心已久，從一個市井小民的眼中來看佛教釋迦牟尼的教義，無異是在唱高調，肯定是曲高和寡的，所以根本不可能像印度教一樣深入民間，根植人心（釋迦牟尼說他不談形而上，其實應該說他只是不談「玄學」，除此，即使從今日來看；他終其一生談的都是形而上。但是，他不談如何祭祀，如何獲得信仰庇佑，如何獲致現世利益，這些是真的沒錯，但是，也註定是大失民心，畢竟對平民百姓而言，眼前的富足安全肯定比死後涅盤要實際的多。

參見註3）

六，不能否認的，釋迦牟尼是明確歧視女性的，原本根本不同意有比丘尼，甚至認為女性要修行必須先轉世成為男性才行；這種態度當然使得佛教無法獲得女性信徒的支持，也難以在一般家庭落腳。

七，佛教所主張的修行終極標的是「成佛」及「證得無上正等正覺」，如此才能真正「超越生死輪迴」、「滅除一切煩惱」，達到「寂靜涅盤」之境；但是，這些完全要靠個人自己獨力修行來完成，沒有任何外力或者神祇的助力。然而，實事求是的來看；從釋迦牟尼本身被認為「成佛」；也自稱「證得無上正等正覺」，但是仍然還是血肉之軀，跟一般平民百姓，販夫走卒一樣要受世間所有苦難，釋迦牟尼又反對展現或修行「神通法力」，對於當時教育程度不高，容易迷信又缺乏判斷力的一般民眾而言，他的言論顯然有如「空談」，對於人性一向追求慾望滿足的基本需求，並不能提供任何實質的幫助，釋迦牟尼甚至反對人們追逐現世利益，認為「萬法空無」，因此所有信徒對於自己的現實問題依然要自己解決，心靈上的慰藉，實際物質上的需求都無法滿足，那麼信佛求佛或成佛又有何用？相較於原本主流的印度教，提供的是一種有階級高低，有祭祀儀軌做有形強化信仰的依循模式，而且完全不反對各種階級信徒追求現世利益及欲望的滿足，相對於此；佛教當然非常缺乏誘因（而不少賤民之所以會皈依佛教，那是為了減低種姓歧視而非真的堅信佛教教義）。

八，對高種姓的人來說，本來就已經是位尊權大，擁有傲人的榮華富貴，與其相信一個「樣樣必須捨棄」，以今生現有的榮華富貴，來交換一張死後才能兌現的支票，甚至也可能完全無法兌現的畫餅，誘因更小，尤其是既得利益的婆羅門和剎帝利階級，更難放棄權力和財富去追求「涅盤」。

九，對低種姓的階級來說，原本就赤貧一無所有，信了佛教之後，還是沒有受到任何神祇庇佑，可以讓生活變富足，減少一些困苦匱乏的煩惱，終生修行去憧憬死後的美好境界，那同樣是癡人說夢，不切實際的空談。所以，釋迦牟尼在世時，弟子加上信眾不過數十萬人而已，圓寂之後，弟子中缺乏與他相當擁有個人魅力的領導者，信徒不增反減也是想當然耳的事。

十，因為從「阿育王」時期獨尊佛教開始，印度教的婆羅門僧侶備受壓力，產生了嚴重危機意識，亟思團結抗爭，當孔雀王朝覆亡後，婆羅門開始殫盡心思的更加強化愚民手段，編造了著名的「摩奴法典」，從神話、業報輪迴觀念、婆羅門至上，加上各種嚴苛殘酷的罰則統統細細訂定，穩固的奠定了印度教的基本教義，在那樣民智未開的時空背景下，嚴苛的規範比起佛教的自由信仰型態是更有實際和強制性效率的。

十一，「大乘佛教」不只是世俗化，而且開始變得功利化和商業化，許多僧尼或寺廟擁有大量的屋舍、田地、金銀珠寶等財貨，甚至擁有佃農和奴隸，並且有普遍放債行為，使這些僧尼成為大地主或者商賈，還有「比丘商團」組織，從事遠方貿易，這種嚴重的腐化和墮落，與釋迦牟尼的基本教義早就相違背了，反而行徑更類似釋迦牟尼一向反對的「婆羅門僧侶」一樣腐敗，結果就是根本看不出來「佛教」和「婆羅門教」又有何差異？當改革派變成和「原本被改革的對象」行徑相同時，有識之士又何必加入改革派？又何必放棄原本信仰的婆羅門教，改信佛教，而同樣的行徑，新興的改革派所受到的傳統宗教攻擊只會更嚴酷。

十二，「大乘佛教」的世俗化，同時也將「釋迦牟尼」神格化，加入了諸多菩薩與神祇的神化崇拜，甚至效法婆羅門教的「收編」策略，將印度教傳統的諸神大肆收編及拼命矮化，譬如將「因陀羅」變成「帝釋天」，權力縮小到只掌管天庭，與「梵天」只是釋迦牟尼佛身邊小小的護法神而已，將「毗濕奴神」矮化為「那羅延天」，同時又將大自在天、摩利支天、耶摩天、鬼子母神以及辯才天女、吉祥天女和四大天王一起收編矮化，（印度神話中的俱毗羅神被收編為「多聞天王」），這些統統被矮化變成佛教護法神等等，但是，以當時只有幾十萬信眾信仰的佛教，和整個大印度地區上千萬以上的「婆羅門教」信徒相比，這種東施效顰的做法其實是相當阿Q的；結果，釋迦牟尼反而被對方成功的收編成「毗濕奴神」的第九個化身，兩相較勁的結局當然是全然敗北，不但不能動搖對手，反而使佛教變得更加被婆羅門教所吸附，成了一個附庸教派。

十三，西元八世紀，大哲商羯羅的「吠檀多不二論」在哲理上成功擊潰了佛教的「無我論」和「唯識論」，在高階層好思辨的少數菁英份子中，佛教的基本教義迅速退色，光芒不再。

十四，由於以上的原因，佛教在印度各地逐漸失守，最後退居到東印度地區；迫於時勢和生存的必然，不得不和當地傳統的「左道密教」結合；但是，有如飲鴆止渴，當佛教密教化之後，雖然得以殘喘一時，然而，本質上早已是面目全非了，嚴格說來，密教化的之後的佛教根本偏離了原始佛教的基本教義，甚至反其道而行的有了犧牲血祭和性力崇拜，以及混合了原住民的巫術成份，這些都是違反佛教基本教義的（註：雖然因此在後來蓮花生大士由此將「密化佛教」帶入西藏地區時，能夠快速被認同和欣然接受，並因此在西藏開枝散葉，但是，那已是名存實亡的佛教了。），其實佛教的「密教化」等於是不戰而降的臣服於印度教了，最後沒能改革印度教，反而被印度教同化並成功的收編；這是佛教教義的滅亡。

十五，最後當然就是伊斯蘭教徒的武力掃蕩了，他們大肆燒殺搶掠，所有佛教寺院都在劫掠一空後再被焚燒和徹底摧毀，僧侶和信徒不是被殺死就是被迫皈依伊斯蘭教，再不然只能改裝逃亡國外，甚至遠走西藏。這是佛教在印度的實體滅亡。

註1．釋迦牟尼在世時確實是反對犧牲祭祀、興建大廟高塔和偶像崇拜的，但是，到了三百年後的「阿育王」時代，因為獨尊佛教，加上國家強盛，外交成功，不但廣建寺廟精舍，更專程從希臘、埃及等地聘請諸多雕塑巧匠前來印度，雕琢了無數的精美佛像、菩薩像，佛教到此已經無形中開啟了偶像崇拜的風潮，其中有許多「犍陀羅風格」（「犍陀羅」是一個城市名，在現今巴基斯坦境內「白夏瓦」市附近）的各種佛陀、菩薩石雕，迄今在印度各地博物館幾乎隨處可見，數量也多得驚人。

在現今尼泊爾境內及印度東北部境內的佛教四大聖地（釋迦牟尼出生地的「倫毗尼」，得道的「菩提迦耶」，初轉法輪的「鹿野苑」，涅盤的「拘尸那羅」）原本都有「阿育王」時代興建的宏偉廟宇和精舍建築，並樹柱立碑。結果統統被伊斯蘭教徒摧毀殆盡，除了「鹿野苑」還保留一座「阿育王舍利塔」

（後來重修過，但是，外表還是遺留著被伊斯蘭教徒放火焚燒的痕跡。），其他地表以上的建物根本是片瓦不留，只剩下殘破的地基依稀可見當年的規模而已，附近迄今仍然十分荒涼。

註2．假設；廿一世紀的現今；在歐美一所中學的某一個班級，有幾十名青少年男女的學生，統統沒有宗教信仰，對東方文化也沒太多接觸和了解。

我是美術老師，上課時，在教室中間擺放一個及胸高度的穩固檯子，放置一個我特別準備的沉重布包，在解開布包前，我先鄭重宣佈；這裡面是一尊雕像，我不先解說名稱和來歷，我會離開教室三十分鐘；我交代大家可以共同在這三十分鐘以內觀看，觸摸和討論，然後必須有一個共同的「第一印象」觀感結論，用不超過一百個字工整的寫在黑板上；三十分鐘之後我會回到教室看看大家的觀感結論；同學們點頭同意之後，我打開布包，裡面是一尊三十公分高的「九頭大威德金剛」雙身交合的黃銅雕像……

我出去悠閒的喝了杯咖啡，三十分鐘之後，我回到教室，我相信黑板上的共同觀感結論大概會是這樣：

『猙獰、恐怖、色情，詭異，應該是東方某個異教或者邪教的雕像，與宗教有關，可能包含原始動物、性、惡魔崇拜的性質，也可能本身就是惡魔的具象雕塑品。雖然造型獨特，但是，全班大多數同學的感覺都不好。』

我也可以肯定同學們的結論絕對不可能是：『聖潔、慈愛、崇高，令人見之心生喜悅平和；應該是東方某種宗教最崇敬的大神……』這類正面的觀感評價。

那麼，在東印度與印度「左道密教」結合後興建的「超戒寺」、「大飛行寺」以及「那爛陀寺」中無法計數，大大小小的各種密教詭異、猙獰、恐怖、邪淫的那些佛陀、菩薩、明王、金剛等等的雕像；從有著嚴禁偶像崇拜基本教義規範的伊斯蘭入侵軍隊和教徒的眼中看來；那當然是屬於『最邪惡的偶像崇拜者』的宗教和邪廟，當然務必徹底將雕像摧毀，寺廟燒盡，僧尼教徒殺光而後快；

想想，佛教為什麼會被視為『猙獰、恐怖、色情，詭異，包含原始動物、性、惡魔崇拜的性質』以及『最邪惡的偶像崇拜者』呢？這絕對不是惡意的污蔑或者宗教的排他性使然，而是因為在其他非佛教徒眼中的「第一印象」就是如此啊！

註3．釋迦牟尼主張「超脫輪迴」、「究竟涅盤」；在他生前，除了他本身「究竟涅盤」，還有兩位弟子，一是「目犍連」、一是「舍利佛」，兩人都是早他一步圓寂的，釋迦牟尼親口認證過他們兩人已經證得「涅盤」了，如果佛教的終極目標是「究竟涅盤」；試問在釋迦牟尼圓寂之後，還有那位他親炙的弟子也「究竟涅盤」了？或者說從他圓寂之後到今天的二千五百多年之間，還有那位佛教高僧因為虔誠精進的修行佛教法門，然後像釋迦牟尼一樣證得「無上正等正覺」，因此超脫輪迴，究竟涅盤的？答案竟然是沒有！那麼如果連精通佛法的高僧都不能達到，何況是一般資質平庸，修行尋常的普羅大眾呢？再想想；在二千六百年前的印度那個生活環境，根本就是一個亂世，絕大多數人民是普遍貧困、幾近無知，平均壽命又很短；釋迦牟尼高唱的「無上正等正覺」、「超脫輪迴」、「究竟涅盤」這些教義對他們來說豈不是太過高遠而渺不可及的？反觀於印度教的眾多神祇，各有各的庇佑功能，抱著祈求庇佑平安，現世利益的願望實現，只需帶一點點微薄的祭品鮮花，就能在全印度各地大大小小的廟宇經由這樣一種具象的儀軌，至少求得心安或者得到一點希望；而且婆羅門僧侶一再強調的就是；每個人只要在自己所屬的階級中安分守己的盡責完成各自的任務，來世就能轉生到更高的階級種姓，享受更好的生活；如果虔誠祭祀更有可能昇入天界，也或者只要在像聖城「瓦拉納西」之類的地方去世、火化，把骨灰撒入恆河之中，就能直接昇天：：相較之下；印度教不是更容易讓大眾接受，有更具象的神祇可以實際膜拜，有更具體的儀式可用以強化信仰得到心靈寄託，有最簡單的方法祈求現世利益和平安的庇佑嗎？與其斷慾苦修來窮究那些高深的哲理，以追求那種虛無飄渺的「究竟涅盤」，還不如轉頭回去安分守己，虔誠祭祀，只求來世能轉生更高的種姓階級，比今生過得更好就於願已足了。所以，印度教始終都是被印度普羅大眾所最容易接受和信仰的，雖然「種姓制度」是這麼樣的不公平，但是「業報輪迴」的觀念早就深植人心，形成了牢不可破的傳統觀念。所以與其去追隨一個信眾本身對其教義不甚了了，目標又高遠到虛無飄渺，一般人又很難達到終極目標的改革派宗師；更缺少眾多

神祇的關愛和加持護佑。佛教這樣的教義和宣教方式，怎能獲得普羅大眾的認同呢？這原本就是佛教的特質，結果也成了不能在印度跟印度教分庭抗禮，更別說取而代之的真正原因。反觀後來佛教之所以能在中國開花結果，或者在韓國、日本、台灣也頗為興盛；那是早就偏離基本教義甚遠，更加世俗化、功利化的大乘佛教；與釋迦牟尼時代的原始佛教（本初佛教）早就相去甚遠，標榜作功德求福報，在比較富裕的地區，用奉獻金錢來祈求來世福報，這種方式當然更能被接受，因為在資本主義的價值觀長期薰陶下，花錢買到個人所需，滿足自己欲望（包括來世期望）是最直接最便捷最省事也最習以為常的方式。

（筆者註：本文曾收錄於「千古騙局　業報輪迴」乙書之中，本篇內容已重新修訂）。

毗濕奴神與犍陀羅風格的佛陀雕像

全世界佛教徒大約有三億，但是，多達十億以上的印度教徒卻認定釋迦牟尼是「毗濕奴」的第九個化身！

毗濕奴神與第九化身 佛陀

毗濕奴與佛陀

印度教「毗濕奴神」的本尊石雕造像，其背後都有眼鏡蛇護法神的背景，而且一定是單數。這是典型的特徵。

印度教「毗濕奴神」的第 9 化身「佛陀」石雕造像，背後同樣有單數眼鏡蛇的神，相同的造像特徵當然不是巧合，這是印度教最擅長的收編懷柔政策，用心歹毒，但是，效果卻極佳。

將「毗濕奴神」與第九化身的「佛陀」兩件造像從中間切開，各取一半合併後的比對，更能夠看出印度教的收編懷柔政策已經到了爐火純青的地步，絕非佛教能東施效顰模仿成功的。

附錄：熊十力與商羯羅對佛教「唯識論」的批判

『——從哲學史的角度觀察，熊氏的評佛成就可以和印度吠檀多不二論學派的大師商羯羅（Shankara）批評佛教「異端」之說，互相比較。自然，商氏在印度思想史上的地位，相當於朱熹在中國傳統中的地位，而他與熊氏所處的時代，也相差一千多年，因此用他來比較熊氏頗不合適。但如從其他方面去觀察，尤其是在批判佛教的成就這一點，商羯羅與熊十力倒是非常類似：他們都站在傳統的正統立場，都發展了正統思想，都批判了佛教的出世觀念，都受到佛教哲學的影響，都被極端保守人土指為「未披僧袍的和尚」或「以佛化儒」的思想家。他們所建立的新哲學都有得自佛學理論的東西；但最終的哲學立場卻都與佛家的不同。

商羯羅的著作很多，他的排佛論說，主要的見於『梵經論』一書。這本書不但批評了佛學及其他「異端邪說」，也創立了「世界如幻」的新理論。這種新正統論曾統治印度傳統一千多年之久，至今未滅。熊氏從他著『新唯識論』時起，直到他的『體用論』，一直都在充實他對佛教哲學的批評。因為熊氏在『體用論』中自言，那本書是根據新、舊『新唯識論』改作而成，現在『體用論』已經成書，『新論』兩本俱毀棄，無保存之必要」。本文根照熊氏自己所說，也以『體用論』中的論點，作為他排佛的立論根據。

商羯羅對佛教哲學的批評，共有四點：說一切有論、剎那生滅論、唯識論和一切皆空論。熊氏對佛學的批評和說明，集中於剎那生滅、大乘空宗，大乘有宗等三點，但沒有討論「說一切有部」的小乘佛學。這是商、熊兩家排佛論的第一點分歧。造成這一現象的原因是歷史環境，並非是哲學上的差別。因為在商氏活動的時代，「說一切有部」是印度小乘佛學最有影響的學派；但是到熊氏著書立說的時代，「說一切有部」早已成為歷史名詞，沒有討論的必要了。因為這一原因，中、印兩大家對佛教的批評，只能在剎那生滅，大乘有宗，大乘空宗三點上，加以比較。

（筆者評註：非常值得探討的是「商羯羅對佛教哲學的批評」：同樣是佛教，只是因為派別不同；竟然會各自為政的發展出兩套完全相反的觀點；那就是「說一切有部」和「一切皆空論」，其中「說一切有部」又稱「法有我無宗」，這個小乘的宗派根本就是一個完全違背「認識論」和「本體論」基本邏輯的謬論；簡而言之，「法」指的是宇宙天地間森羅萬象的事物和現象，原本是指客觀的存在，但是，如果不是經由主觀的認知（我見我知），這些事物和現象是否真的存在？由誰來認知和界定呢？當然是由「我」或者「我們人類」來認知和界定？如果「無我」，根本無法知道「宇宙天地間森羅萬象的事物和現象」是否真實存在，而且如果「無我」，一切都是不存在的，連「空談」都不存在。試問如果「無我」，那麼是誰提出「說一切有」和「法有我無」的？又是那些人附和這個教義的？真的很難想像佛教小乘的「說一切有部」那些敲破腦袋在苦思窮參的僧侶怎麼會連這麼簡單的邏輯思辨能力都沒有，純粹只是為了呼應釋迦牟尼「無我」的主張，所以勉強的創造一個根本不能成立的「法有我無宗」。同樣的「一切皆空論」也是錯的，如果「法我兩空」，什麼都不是真實存在，既沒有主體也沒有客體，那麼還有什麼好思辨和爭論的呢？其實又是釋迦牟尼「無我」主張遺留的觀念禍害，後世弟子不敢違背這個基本教義，在這個高壓的框框中不論如何思辨創發，結果還是錯誤的。那些名相之爭也是毫無實質意義的）。

一、批評「剎那生滅論說」（Ksanabhanga Vada）：佛家認為世界上的一切現象，都不是常有的；一切現象只能存在於一剎那之間，馬上滅去，轉變為新的現象。這種舊的和新的現象並不相同；新的生時，舊者已滅。事物的存在，只是一連串旋生即滅的連續過程，無法延持於兩剎那之間。用佛家的術語來說，這就叫作「諸行無常」。對這一現象的解說，就是佛家的緣起論（pratityasamutpada）。作為存在的分析，佛家把人的生滅過程，分為十二因緣，所以又稱這個「十二因緣」為「十二有支」—事物存在的十二個部分。

商氏認為：佛家剎那生滅的說法，無法成立。因為每種「有支」的生存，只有一剎那間，上支滅逝，才有下支出現，兩支不能共存。

如果兩支不能共存，兩者的關係又怎會建立呢？如果說兩支之間有關係的話，剎那生滅的理論就無法自圓其說，因為存在與轉變已是兩個剎那。

商氏進一步質問說：一個事物的生滅是同一事物的另一境界呢？還是另一不同的事物？如果是境界的話，那就只是名稱的分別，實質並沒有變化；如果說生是一個事物的開始，存在是事物的存在，滅逝是終結；那麼一來，事物的存在，已有生、存，滅三個剎那，這顯然不是佛家的說法。如果說新生的事物和已逝的事物全不相同，這就意味著新的和舊的事物完全不同，那麼從一個事物轉化到另一個事物將是不可能的—就像駿馬不能變成水牛一樣。如果說事物的生滅，只是知覺上的不同，那麼這種說法也說不通一因為如果生滅只是知覺與否的問題，就等於承認只有知覺生滅、卻與事物無關：事物還是永遠存在著的。如果佛家的十二因緣建立於前因與後果的關係：前因的存在只限於後果的形成。這一說法又陷於「因」與「果」同時存在的困難。

接受剎那生滅的理論，也會使以智慧破無明的佛教修道哲學，成為無的放矢，更不能解釋記憶或認識現象。記憶和認識現象，都需要有一個常存的「自我」（atman）作為連繫剎那生滅印象的主體，只有如此，記憶和認識才有可能。可是佛家「諸法無我」的理論，卻拒絕承認「自我」的存在。商氏嘲笑佛家剎那生滅的立論說；這些人如果不承認自己的存在，也不承認對方的存在；卻又一再堅持自己的論點，狺狺不休的反駁對方，這不是很無聊的事嗎？

（筆者評註：商羯羅對佛教「剎那生滅」的理論的批判非常精要，確實如其所言：一切事物在「剎那生滅」中舊滅新生；中間不可能沒有任何因果關係，如果確實沒有，兩者不相干，就沒有什麼可以放在一起討論的必要，如果新舊之間是相關的，那只是單純「變化或轉換」，沒有「生滅」的問題；如果是「我們主觀知覺」認為有「生滅」的不同，那麼豈不是落入自己設定的陷阱；不得不承認自己的知覺（我）是確實存在的，同時「我們主觀知覺」並不能改變客觀事實，也許只是「我們感覺」到以為事物是「剎那生滅」的，但是，事實上，只是單純型態的改變，並非「生滅」，那麼這又豈是真正客觀的「剎那生滅」？）。

商羯羅對大乘空宗的空理（Sunyata vada），理解的非常簡單。他認為佛家所說的「空」，就是一切空無所有。商氏認為，凡是經驗證實存在的東西，就應當加以肯定；不能證實其存在的，就應當加以否定。佛家把看得見、摸得著的種種事物，全不承認它們的存在，認為是空的，這只是一種虛無主義。這種哲學是錯誤的，沒有說服力，因而不值一駁。

（筆者評註：確實也是非常經典的批駁；既然一切皆空，什麼都不存在，那麼是誰在認知和界定「一切皆空」，又如何反駁「法我俱存」的事實；如果非要堅稱「一切皆空、法我兩無」，那麼這世界上既沒有萬物，沒有人類，沒有印度教，也沒有佛教，沒有釋迦牟尼，也沒有佛教徒；那樣還有什麼好談好辯好宣揚的呢？）。

大乘有宗的哲學就是唯識學說（vi jnana vada）。這種哲學認為客觀事物的存在是無法證明的，因為一件事物的根本形式只是原子狀態，眼睛無法看到。合成的事物都是藉因緣而生，雖有實幻。唯識論的學者認為，既然客觀事物的存在無法證明，那麼客觀的事物，只是主觀意識的外在放射。這一立論可以用兩種辨法說明：其一，客觀事物與主觀意識是一致的一如桌子的概念和桌子的實物是一致的；其二，主觀意識和客觀事物是在同一時間內被意識到的，這種推論的結果是客境是妄而不實；唯有主觀意識是真的。由於去過的習氣與妄念，世人才把客觀的假相，以假作真，產生出無數煩惱。

商羯羅批判唯識學派的理論是錯誤的。因為客觀事物的存在，是大家都可以用經驗證明，如果硬要說它們是不存在的，將無法使人信服。他又指出客觀事物和主觀意識的同時出現，並不意味著兩者真的就是一體。

如果說可知之物須要能知的心，才能被人們所認識，也並不是說客觀的世界，是心體的對外反映。唯識佛學者生活在世界中間，卻又拒絕承認世界的存在，實在是一種可笑的怪論，這種情形正如一位大吃大喝的人，在滿足口腹大欲的時候，卻高談闊論說他並沒吃任何東西一樣的可笑。

（筆者評註：商羯羅對於這點的批判非常幽默又一針見血，談笑間就擊潰了佛教最後的虛幻不穩的「唯識論」堡壘；其實「阿賴耶識」是一個掩耳盜鈴的權宜用詞，其本質和特徵及作用和現象，和「靈魂」是完全相同，毫無二致的；是為了順服釋迦牟尼「無我、不許有無」的乖謬主張，經過上千年的不斷修正，不斷的改頭換面之後的定論，「阿賴耶識」只是為了用來取代「我」和「靈魂」的一個單純的代名詞；只是換湯不換藥的名詞差別而已。也因為大乘佛教中的「世親、無著」創造了「阿賴耶識」一詞，取代了「靈魂」一詞，才使得佛教能夠因此延續至今，否則一個不談「我」和「靈魂」的宗教，卻又主張有「輪迴轉世」機制的宗教，完全不能解釋「輪迴主體困難、感果功能困難」兩大主題，同時也無法解釋「無我」，又是誰去認知這個宇宙萬物和輪迴轉世機制的實存？）。

著名的唯識學者陳那說：貌似外在的客境，實際上只是主觀意識的外在投射。商羯羅質問說：如果客境根本不存在的話，怎麼會有「貌似外在」的假相呢？客境的存在已被人們的觀感所證實，為什麼硬說它們只是主觀事物的外在放射呢？另一位唯識學者法稱有言：「無二之識，被誤分別為主、客二物」。因此，主觀之識是真，客觀似真實幻。商羯羅批評說：這種論調的錯誤在「似真」一點。正確的提法應當是「主觀意識變成客觀世界」。在商氏的哲學中，主觀的絕對的真實是「神我」。客觀世界只是「神我」的現象。

唯識論者又認為事物的多元現象，也是主觀意識的多元外射。商氏批評說，按照唯識理論的說法，主觀意識的各種現象，都是元始以來收藏在阿賴耶識中的印象。這些印象在心境變化的過程中，向外放射，造成幻有的多元世界。商羯羅批評說：如果客觀根本不存在的話，印象從何而生？印象本身不是實有，就須要附依於一種實存的東西作為基礎，才能產生變化。可是唯識論者根本不承認任何實有的基礎。就連阿賴耶識的本身，也是剎那變化，不能被當作實體。

熊十力氏的哲學生涯，本是以大乘有宗入手。他對唯識哲學的理解和批評，也遠較商羯羅要全面一些。他在『體用論』中對唯識哲學提出了五點批評：

（一）他認為唯識哲學的目的，本來要排斥婆羅門教的「梵我一體」實存論，但唯識學派所說的種子及阿賴耶，「亦與神我不異」。

（二）唯識哲學所言的「種子」和「因緣」等概念，原為破大自在天一派的神學，以「待眾緣生」反駁「無緣神變」，意義高遠。但是又提出了阿賴耶識為種子聚集之所，形成「前門謝絕天神，後門延進神我」的困局。

（三）本有種子和新薰種子之間的理論矛盾。

（四）八識種子與藏識（即阿賴耶識的結構），將宇宙劃分為潛，顯二重，與一元論不合，也不合於原有現象範疇分析。

（五）唯識哲學說阿賴耶裡面所藏的「種子」，是諸行之因，又認為「真如」是萬法的實體。這就形成「二重本體」的二元論，產生理論上的混亂。

（筆者評註：商羯羅與熊十力批判的真的是對症下藥、一劍穿心，先後給了佛教「唯識哲學」最致命的打擊；如果沒有客觀事實的記憶，「識」從何來？又如何投射，以現代的物件來比方：投影機或放影機一定要有來自有圖像的光碟片，才能投影或放影出圖片或影片到螢幕或布幕上，這些圖片或影片當然是事先攝錄自客觀影像的。如果沒有客觀景像，怎麼會有圖象光碟呢？）

從上面的討論中我們可以看出商羯羅和熊十力，在批評佛家哲學上有相同的地方，也有相異之點。他們都認為佛教中的剎那生滅論，空論和唯識理論等都無法自圓其說，所以都需要一種新的理論，來代替佛家的說法，從而對宇宙、人生和思想，重新加以檢討，這種新哲學的建立，就需要駁斥當時流行的佛教哲學，以新創的思想體系取而代之。

在批評佛家「剎那生滅」的理論時，商氏所採用的方法，重點在於邏輯性的問題。他以邏輯性的問題檢查了佛家哲學剎那生滅的理論根據，然後再指出佛家說法的內在矛盾。熊氏對「剎那生滅」的理論卻大為讚賞，認為這一見解實在是燭理入微，與『易經』中的陰陽消息宇宙變化之說，互相符合。在批評大乘空宗空理時，商氏簡單地認為空宗新論只是虛無主義，違反生活經驗，所以不值一駁。熊十力對空理則是有批評也有讚賞。他特別指出空宗哲學的重點在於「破相顯性」，空宗的理論方法是「遮詮之術」。熊十力說空宗哲學並非斷空泯滅之點，已為近數年研究中觀哲學的人士所證實。空宗理論方法只是「遮詮」的說法，和唐代華嚴佛學家宗密（780—841）等人的說法也是一致的。商氏在批評唯識哲學時，也是採用了邏輯性的方法，證明唯識學者物妄識真，一切唯識等立論，犯有邏輯性的矛盾，其中最大的困難，是拒絕承認有一個不變的實體，作為支持，連續起滅不定的識。熊氏對唯識哲學有更系統的研究，他看出唯識理論中不但有實體，而且那種實體是雙重的一種子和真如。所以熊氏對唯識哲學的批評，正巧和商氏所言相反，他所批評唯識論哲學的缺點，和商氏所指責的也完全不同。

這兩位中、印哲學家對佛學批評的態度，也很不同：商氏的斥佛態度是宗派性的；熊氏的態度是學術性的。商氏的目的是在打倒佛教，重新恢復婆羅門教，建立一元論的吠檀多哲學體系。要達到這一目的，一定要把其他流行而有影響力的學派，一律批倒不留餘地。因為這一要求，商羯羅在『梵經論』中，一再對佛教理論家作非學術性的指責。熊氏對佛學的態度是學術性的，比較客觀。熊氏公開而坦白地承認，他把佛學中的某些概念和方法，融會到他的體系之內：商羯羅卻自稱佛教哲理是一無可取。

商羯羅認為佛教哲學的最大缺點，是不承認有一實體的存在，因此既無法解釋現象世界的根源，也無法提出一套有效的修道論。他提出的新理論就是著名的「梵，我」是一非二的吠檀多哲學。按照這一理論，「梵天」是真，世事如幻。他和佛家所說的真實，又有不同：他認為在世間變化不靜的幻象後面，仍有梵天的實體是諸種變化的支柱。否則，變化既然不真自然不能產生其他變化，必要等待一種有自性的真體，作為變化的基礎。佛家剎那生滅的理論，絕不承認現象生滅之外，還存在著一種真實。在這一點上，商氏認為佛家的哲學，是說明主觀的意識向外投射，出現為「似乎是客觀事物的幻想」，而這種幻象不是實存的；吠檀多一元論認為「似乎是客觀事物」一語錯誤很大，因為一切不實的事物，不可能自己變為客觀幻象，在客觀幻象的後面，一定還隱藏著真實，商氏以此立論；主觀意識成為客體世界，這 一來，梵我一體，客觀與主觀一體，在這一點上，熊氏對佛教哲學的批評和修正，和商羯羅的看法相同。例如熊氏自言：「若據體用不二義，以覈定佛性、相。便應說法即是萬法自身。」這就說明現象世界與真實是一非二，佛教哲學的錯誤，是他們將性、相割裂為二。

（筆者評註：商羯羅所認為的「上梵」為真實，「下梵」是虛幻的，其實仍然是受到佛教「空宗」的思想影響；差別只是他不承認一切皆空，沒有任何實體存在，至少「上梵」是真實不虛的本體，世界森羅萬象的事物現象只是「上梵」的幻現；但是，筆者除了讚賞商羯羅個人短短一生的非凡成就以及駁倒佛教「唯識哲學」的精闢立論之外，其實並不完全贊同他主張的「吠檀多不二論」，因為他認為「真我阿特曼」是「小梵」，最後將會和終極的「大梵」合而為一的，也因此認定「小梵」和「大梵」其實是二而一的，並無分別，關於這點筆者完全不能同意，就如同一個多妻的父親，如果生下九十九個兒女雖然是由他所出，但是，絕對是九十九個不同的樣貌，九十九個不同的個性，沒有一個會和父親完全相同；因此，人的「真我阿特曼」即使是由終極的「大梵」產生，儘管帶有「大梵」的基本性質，但是，卻不表示這個「真我阿特曼」就是「大梵」的縮小版，終究還是有所不同，而這也才是人性最可貴的地方；因為這樣才能使得所有生命都有各自不同的特質，如果世界史一切事物和一切生命完全相同的，這個世界不是太單調無聊了，也就沒有什麼「幻現」

不「幻現」的變化；如果和印度所有哲學派別共同主張「世間一切只是梵屆幻現的遊戲而已」，那麼千變萬化才會更有趣，更多采多姿才對吧？否則只是一再重覆的複製自己，複製出億萬個複本又有什麼樂趣可言呢？）

熊氏與商羯羅不同的地方，在於對現象的估價：商氏認為現象世界是幻而不真，但是在幻象的後面卻有一個梵天作為實體。在這一點上吠檀多哲學和佛學立場有一半相同—現象世界是假非真；另一半相異—佛家認為假相之外，亦無真實，商氏認為假相是梵天所表露的幻相，在幻相的後面，似有梵天的實體。熊氏在這一點上，既不同於佛家，亦與吠檀多哲學相異，他認為宇宙間的一切事物，都是「真實流行」。他批評說：「佛家者流，求體而廢用。餘以是弗許也。」其實他的這一說法，也可以用到吠檀多不二論上面。

基於對真實一辭的涵意的理解不同，修道方法的差別更大。商氏儘管批判佛學，但是他對真理的追求，乃是在內心中求梵、我一致，這種尋求仍需要排棄世事，直達自心，才算捨幻入真。體驗真實的最好方法，仍然是寺院生活。因此之故，佛像與菩薩雖然都被取消；寺院與僧侶仍然被保留了下來。吠檀多一元論只是另一種僧侶主義的哲學，仍然是一種出世主義。

（筆者評註：人生在世，最重要的就是生存，生存中最重要的就是「生活」，究竟要如何生活才對？固然是見仁見智，隨人歡喜；但是，絕對不可能人人出世，排棄世事，只追求內心的捨幻入真，與梵合一，當然也不可能人人寂靜涅盤；何況釋迦牟尼既然主張「諸行無常」，那麼這種絕對理論當然是涵蓋一切的，「涅盤」是「常」或「無常」呢？當然也是在「無常」涵蓋的範圍之內。總不能說「諸行無常」，唯獨「涅盤」例外，是無間不變的「常」？釋迦牟尼經常犯的錯誤就是把一些現象或個人認知總是視為「絕對」，毫無通融的空間，把許多話先說死了，最後就變得自相矛盾，難以自圓其說；像絕對的「無我」和「輪迴轉世」就是自相矛盾的兩端，也因為釋迦牟尼在生前從來沒有解說清楚，才會弄得小乘大乘各家各派是各說各話，目的都是在找一個「我」的代名詞，最後終至完全分裂；而所有「我」的代名詞都一再被新派新論駁倒取代，最後連「阿賴耶識」又被所謂「假面佛教徒」的外道「商羯羅」徹底拆穿駁倒；不得不走上全面覆亡的命運。）

熊氏的體用相即哲學卻是入世的，他所追求的哲理不是遺世而獨立，而是要「明人道與群治，當體天行之健」。在熊氏的哲學中實體就是真、常，既是「萬化根源」又是無所不包，不明白這一點，就不足以論道了。在體用關係上，熊氏認為「體無差別，用乃萬殊」是一個方面；「即體即用，即用即體」是另外一個方面。因此之故，他認為作用雖然變化如幻，「距離幻相而覓實相」？從這一點上來看，熊氏的哲學立場還是儒家傳統的人文思想，和吠檀多學派的僧侶主義根本不同。

值得注意的是熊氏對佛教哲學的批判，只限於印度哲學，並沒有涉及中國佛教。……』

（以上以節錄方式引用自『從印度佛教到中國佛教』一書，冉雲華先生著，東大圖書公司出版）

印度教復興的最大功臣
大哲商羯羅

商羯羅被印度教徒視為「濕婆神」的化身

「唯心所造，唯識所現」的邏輯思辨

只要接觸過一點佛法的，對「唯心所造，唯識所現」這句話一定不陌生；指的是宇宙天地間的森羅萬象和萬事萬物都是由「心念」形成，由「識」顯現的！那麼針對每個人來說；是誰的「心」？又是誰的「識」？當然是由「我」的心所造，由「我」的識所顯現。否則，不是由「我」投射出去的，而是由「我」以外的張三、李四、王五、趙六---其他任何人投射出去而形成和顯現的，請問，與我何干？我又如何去認同？

所以，「無我」就變成失去基本條件和基本立場，「唯心、唯識」就根本站不住腳了。如果我們要承認「唯心所造，唯識所現」是對的！那麼就會變成「有我無法」了！所謂的「法」指的是一切現象，如果「無法」就是否定了一切客觀的存在。於是就變成世間一切都是幻象，都是由『我』內心投射出去的。

這樣就違背了釋迦牟尼「無我」、「不許有我」的立論。

但是，小乘的「說一切有部」卻是反其道的主張「法有我無」，所以又稱為「法有我無宗」，那這就更扯淡了；想想；宇宙萬事萬物都是確實存在的，只有「我」是不存在的。那麼是誰去認知這個客觀的宇宙存在？誰去證實宇宙萬事萬物是客觀存在的？又是誰與起這種無聊想法的？一塊石頭嗎？還是一根稻草呢？

再想想；宇宙的起源和人類的起源相差了多久？

據科學家最新的推論，宇宙已經存在約 150 億年了（根據「大霹靂」假說推斷的），姑且以此做標準；

人類的起源才多久？我們不能推算到「東非猿人露西」所生活的幾百萬年前，因為那時根本還沒有足夠的「自我認知」和「環境認知」能力。頂多只能推論在十萬年前，人類慢慢有了「自我認知」和「環境認知」能力，因為如果沒有這種能力，根本不用談論什麼「有法無法」、「有我無我」！

以人類 10 萬年和宇宙存在的 150 億年相比，怎能用人類主觀的偏見和管見去否定宇宙萬事萬物；認為那些全部是虛幻而根本不存在的？

而宇宙萬事萬物的客觀存在，又需要經由人類主觀並且足夠的「認知」能力，才能知曉感覺其存在。所以「無我」也是不可能的。

這樣的邏輯思辨就會推翻「宇宙萬事萬物都是『唯心所造，唯識所現』」的立論了。

因為宇宙萬事萬物是先於人類極早以前就已經存在了，不是原本空無一物，等人類出現之後，立即就用「心念」造就了一個完整、精巧運作的浩瀚宇宙時空，並且經由我們的「認知」使其呈現出來；這根本是顛倒因果，完全不符合事實的謬論。

正確的說法應該是：宇宙萬事萬物早就存在很久很久了，後來人類出現之後，等有了足夠的「自我認知」和「環境認知」能力，我們才意識到「自我」的存在和宇宙萬事萬物的存在，並且迄今還在努力探索「自我」和「宇宙自然」的關係，以及主觀和客觀間互動的關係。

否則，若是「宇宙萬事萬物都是『唯心所造，唯識所現』」，那麼，至少，我們根本不用去探索自然宇宙，因為既然都是我們所造，都是因我們想要看到而呈現，那麼還有什麼好探究的呢？我們不早就一清二楚，瞭若指掌了？

結果，近代科學的日新月異，我們對自然宇宙了解的越來越多，也越來越感覺到宇宙是比我們一向以為的更浩瀚更深不可測的。這不是也足以證明「宇宙萬事萬物並不是『唯心所造，唯識所現』」的？

不過，我並不全然反對「唯心所造」，但是，會有一個限制，或者說一個範圍；「唯心」是絕對不可能造就整個自然宇宙全部客觀存在的事物。

所以，我認為「法有我有」！兩者都是存在的，一個是主觀的存在，一個是客觀的存在。

更深一層而言：「主觀的存在」並不需要任何客觀的證明，只要你能認知和感知自我的存在，那就是確定的「存在」，而「宇宙萬物」的客觀存在與否，剛好相反，只有經由「主觀的認知、感知」才能確定其存在與否？在人類未曾推論及實證「黑洞」以前，「黑洞」存在與否跟人類何干？甚至連這個概念都沒有。再想想；二百年前的人們曾經意識到「網路」或者「3D螢幕」嗎？那麼這些東西的客觀存在與否，和二百年前的古人何干？

佛家也主張「三界唯心所造」，「萬法唯心所造」；

這是「唯心論」的根本主張；

所謂「萬法唯心所造」：意思就是宇宙之間的萬事萬物都是由我們心念投射出去才形成的，基於我們自以為是的認知以為，才呈現出來的；

那麼，假設「萬法唯心所造」為真；非常確定的；人類就必須是早於「宇宙之間的萬事萬物」而先行存在的，但是，證諸事實，這是一個完全違背事實的謬論。

而關於「唯識所現」，在1200年前的印度大哲「商羯羅」已經輕輕鬆鬆的給了佛教高僧致命的一擊；他的質問很簡單：「你們既然主張無我，那麼沒有主體，又沒有預先存在的經驗，那麼所謂的『識』由何產生？又如何能這樣憑空的產生森羅萬象？」

正是這麼一句話，輕鬆的駁倒所有佛教那些只會抱殘守缺，夸夸而談的高僧，也正是如此，一舉瓦解了佛教的「基本教義」，許多有識之士離開了佛教，重新投入印度教的懷抱。也促使佛教在印度式微衰亡的下場。

關於「唯心所造」，到底有什麼樣的極限和範圍？

我們來看看一個例子；譬如「中油」和「六輕」都是大家耳熟能詳的名詞；主要的工作是什麼？就是把進口的原油作輕油裂解工程，分離出各式各樣的油品，供不同的能源所需之用，產品有液體，氣體、固體，最常見的當然就是汽油、柴油和天然氣等等。

人類的科技日新月異，可以用物理、化學，甚至核能工程等等的方式來分解、合成產生新的物質；但是，這些都是在「有」的條件下才能進行，因此是不可能「無中生有，憑空產生」的。(註：釋迦牟尼本身也是主張「有中生有」，否定「無中生有」的，結果又產生和「憑空發生萬法唯心」立論的大矛盾)。

因此，「唯心所造」，也一樣有其條件，就是必須先有基本材料。

也因此，「靈界」是一個適合「靈」生存的空間，其中有許多精微的「靈界物質」，這些是基本材料，「唯心所造」指的是運用這些基本材料加以分解或合成，形成千變萬化的新物質型態，用以製造或架構靈界的具體物件；可以用「心念」來構造，但是，「靈」並不能憑空創造基本靈界物質。

就像石油產品目前已多達 2000 多種，但是，沒有原油，一切都是夢想空談而已，因為人類不能無中生有的變出原油。

還是一句老話：沒有人能夠知曉宇宙的全貌，也沒有人是宇宙的絕對真理。

2600 年前的認知，也只是 2600 年前時代背景產生的，有其對自然知識認知的不足，21 世紀的今天，人類依然不是全知的，依然有嚴重的不足，但是，至少是已經比 2600 年前知道得多出不知千百萬倍了，現代人就應該用現代的認知來看宇宙萬物，而不是抱殘守缺的用 2600 年前的觀念來衡量；否則，如果一定要「遵古」，不敢質疑，不願更正，那麼為什麼一定要斷代在 2600 年前呢？為什麼不是 3500 年前的「吠陀時代」，5000 年前的埃及時代，6000 年前的蘇美人時代，或者 100 萬年前的舊石器時代呢？

第一、　我是「實證靈魂學研究者」，除了廣泛的涉獵自古以來所有的「理論靈魂學」，我一直從事「靈魂學」的實證研究；我不只是個人有許多親身經歷和體驗，我手上也有許多「實際的證據」可以證明「靈魂」和「靈界」的存在。(我不是宗教家，我也不靠談神說鬼賺錢或欺世盜名，我沒有必要說謊)。

第二、　我同意「心能造物，識能現境」，但是，我反對「萬法唯心」和「一切唯心所造，唯識所現」，因為如果沒有客觀的存在，沒有「心所造」的事實，也沒有「識」可以憑藉的範本。就算釋迦牟尼，他能用「心」造出一顆籃球這麼大的無瑕真鑽嗎？他能用「識」顯現一座 24K 純金的喜馬拉雅山嗎？或者他當年為什麼不用「心」造一個 2 公尺厚，1000 公尺高的不銹鋼城牆；把「迦毗羅衛國」團團圍個密不透風，讓「琉璃王」的軍隊插翅也攻不進去呢？「說嘴」何其容易？事實勝過雄辯。

第三、所有生物和無生物、以及人、神、鬼、佛、菩薩都是自然形成的，並不能超出宇宙自然之外。所有客觀的事實，都需要經過「主觀的認知」，我們才能認知其存在，所以，對於人而言，根本沒有也無法確定任何所謂的「絕對客觀」，只有「主觀認知下的客觀存在」，簡而言之，我們能力不及，無法認知到的部份，我們根本無法知曉其是否存在。譬如一千年前的「冥王星」，500 年前的「黑洞」，100 年前的白矮星或中子星。

第四、「我」是宇宙自然中唯一的真實，沒有「無我」的問題，如果「無我」，一切存在都沒有意義（不是指我今晚死了，明天太陽就不會出來了）。

第五、「靈魂」不但有形，而且有體，死後的亡靈會繼續存活，差別只是沒有「肉體」而已。

第六、人要跟「靈」打交道不難，只要方法對，只要認知對。其實我們天天在跟「靈」擦身而過甚至平起平坐而不自知而已。

第七、不能局限在「科學只研究看得到的東西」這個限制下，人類早就在研究許許多多看不見的東西。「可見光」以外的世界何其遼闊？為什麼「靈魂」一定要被人類主觀界定只容許在「可見光」範圍以內呢？

第八、我沒有「天命」，我也完全不相信「天機不可洩漏」的說法，我是「無限知識論者」，就是宇宙自然中沒有不能研究，不能被知曉的事物；雖然，我知道的比滄海一粟還要更少，但是，我相信我只要繼續探索不輟，我就能多知道一點點，而且我從不吝惜和所有人分享我的心得。

第九、我仍然在努力之中，有許多新的發現和心得以及相關「實證」會寫在以後的書籍之中。目前還未最後整理，所以不打算斷簡殘篇的發表。

佛教由釋迦牟尼率先提出「諸行無常、諸法無常、一切皆苦、寧靜涅盤」的基本教義，因為他堅持「無我、不許有我」，後世的佛弟子沒有人敢說「有我」，但是，既然「無我」，誰在主張呢？誰在造業？誰去輪迴？誰去接受果報呢？於是從小乘到大乘，從「種子、假我、勝義補特迦羅、」等等，其實都在找一個「我」的代名詞，一直到了世親、無著提出了第八識「阿賴耶識」才終於定調；但是，「阿賴耶識」的所有特性、現象和作用，跟印度教主張的「真我阿特曼」根本沒有任何差別，只是名詞有異而已，這是百分之百掩耳盜鈴，自欺欺人的代名詞，其實怎麼掰；怎麼拗，依舊還是「我」（或者「靈魂」）。

而大乘佛教最後定調的「唯識論」所主張的「萬法唯心所造，唯識所現」觀點；其實和釋迦牟尼所主張的「諸行無常、諸法無常、一切皆苦、寧靜涅盤」根本是水火不容的兩個極端；試論如下：

以現代的世界而論；假設我們面對一班五十人的小學生，一人發一張空白的圖畫紙，要他們用彩色蠟筆畫一個主題「公園」，等下課交回給老師時，可以看看；儘管畫的內容各個不同；但是，肯定是美好歡樂的場景；樹木枝葉茂盛，繁花盛開，綠草如茵，也許還有小橋流水，一些遊樂設施，也許有蜜蜂蝴蝶，也許有小狗松鼠，也許有些男女老幼的人物，但是，不論在做任何活動，肯定都是歡樂的；悠閒的。

有可能全班五十人畫出來的「公園景象」全部都是枯樹落葉、殘花敗草，死鳥死貓，滿地垃圾，骯髒污穢不堪，而男女老幼全是衣衫藍縷，狀如難民餓殍，人人痛苦不堪，有如地獄餓鬼道嗎？

當然不會，因為「避苦趨樂」是所有生物的本能，如果沒有這種本能，所有生物將無法生存下去；人類是自然的產物，自然也不會例外；因此，假設「萬法唯心所造，唯識所現」為真，那麼人類怎麼會有志一同的「唯心」的創造出一個「一切皆苦」的世界呢？單就這點就可以看出「唯識論」所主張的「萬法唯心所造，唯識所現」觀點；和釋迦牟尼所主張的「一切皆苦」根本是完全矛盾的反調。

其實真正的錯誤不是「唯識論」；而是從釋迦牟尼「無我」的主張就已經徹底錯誤了。既然「無我」，那麼就沒有「你」也沒有「他」，當然也就沒有「我們」、「你們」、「他們」，既然統統不存在，還有什麼好爭論好主張的？又有什麼教義好堅持和傳佈的？都不存在了，要佛教幹嘛？要反對印度教幹嘛？從釋迦牟尼自稱得道成佛後的四十五年間，是誰喋喋不休的在傳道？又是那些東西在追隨他？誰背誦他的言論？誰集結他的言論成為經典？誰來傳佈他的教義？誰來信奉他的主張呢？

佛教的「唯識論」本身就是從根本錯誤中產生的謬論，是經不起質問和搖撼的，所以，才會被商羯羅輕易擊潰，而使得佛教的廟產被國家沒收，從此一蹶不振，不得不敗落擂台；黯然退出印度中土，偏居東印度一隅苟延殘喘，最後終於徹底覆亡。

筆者曾經在一次公開演講中用「一字破」來駁倒釋迦牟尼的「無我論」；筆者假設和歷代世界各國的大哲同聚一堂（超越時空），如果釋迦牟尼也在場；如果我站在講台上大聲問：「在場的有那一位是主張『無我』的？」，那麼釋迦牟尼應該會當仁不讓的站起來大聲回答：「我！」；於是問題和答案不就很明顯了。這一個字就破解了他一生所主張的「無我論」，還需要嘵嘵而辯嗎？

再提一點是有關釋迦牟尼誕生的神話；根據這個神話；釋迦牟尼是從母親「摩耶夫人」的右脅出生的，出生之後立即就能走路說話；他走了七步然後一手指天，一手指地說道「天上天下，唯我獨尊」！

這當然是後世一些不肖的佛弟子為了神化釋迦牟尼而蓄意編造的神話，假設之後到現今的佛教徒會相信這種神話，那就是非常愚昧可笑而且荒誕到根本違背釋迦牟尼基本教義的；因為如果「天上地上，唯我獨尊」，那麼這個「我」就必定是絕對真實不虛的；總不能又宣揚「無我」，又宣稱宇宙天地間是「唯我獨尊」的吧！遺憾的是不只一般佛教徒不能深入思辨，連一些有高學歷的大師級高僧也一樣不敢質疑這個神話；譬如聖嚴法師在描述釋迦牟尼的生平時，只刪除了他從母親右脅出生這個太過荒誕的神話以外，對於他一出生就能走路說話的怪事一樣照樣宣揚不誤，由此可見；不論是釋迦牟尼的教義或者有關他的神話，其實都是惑世的，從釋迦牟尼開始就是根本惑世，而後世的佛門弟子不但繼續宣揚他的惑世教義，還要編造與基本教義完全自相矛盾的神話來迷惑眾生。

「唯識」與「見識」

佛教主張「萬法唯心所造，唯識所現」，所謂的「法」指的是「現象」或實質「物件」；也包括我們的肉身。認為天地萬物都是「無自性」，沒有自主意志的，一切都是因緣聚合而產生，並且是我們的「識」所變現，因此是「虛幻不實」的。

雖然，佛教是從印度發展起來，從一開始就積極的想和印度教劃清界限，反對印度教的「真我阿特曼」；主張「無我」，反對「種姓制度」，主張「眾生平等」，反對「祭祀萬能」，但是，除此而外，佛教的因果業報、輪迴思想以及終極追求解脫人世的痛苦，對所有肉體生命的極端悲觀主義卻都是源自於印度教，有著無法切割的臍帶關係；

佛教的「有相皆妄」的絕對虛無主義和印度教的「下梵」是相同的，但是，印度教卻認為「真我阿特曼」（靈魂）是真實不虛的，而佛教則否定「靈魂」的存在，但是，這個「自我主體」究竟是什麼？釋迦牟尼在世時一直沒有說清楚講明白，導致後來的佛弟子眾說紛紜；莫衷一是，最後甚至導致各自立論定名又互相否定的千年鬧劇；一直沒有確定一個「靈魂」的代名詞；最後，到了「世親、無著」兩兄弟倡導「唯識論」，才將「阿賴耶識」定論為一個「自我的主體」。

但是，「唯識論」卻同樣犯了絕對主義的毛病；主張天地萬物和一切可見的現象都是「唯識所現」，而且認為「阿賴耶識」是一種普世的共識。這樣又同樣重蹈覆轍的落入了自相矛盾的泥沼。

所有反對佛教「唯識論」的印度歷代哲學家或者印度教的僧侶總是抓住這個小辮子來攻擊；其一，「識」是不可能無中生有，自行產生的，其二，「識」的經驗也不可能是所有人共同擁有的，譬如某甲的「經驗識」，一定不會和某乙的「經驗識」一模一樣的。

其實這點確實也是佛教「唯識論」者根本難以自圓其說的；

因為「識」確實不會憑空產生，未曾親身經歷的事物，不可能在「識」中自然產生；因此，也就不能說「萬法唯識所現」。

中國人常說的是「見識」，成語譬如「見識廣博」、「增長見識」、「沒有見識」；「見」和「識」經常是連結在一起的；因為「見識」兩個字是有因果關係的，我們的「識」必定是要先經過我們的「見」；

這個「見」直截了當是指「見聞」或者「觀察」，更廣泛的則還包括一切眼、耳、鼻、舌、身、意的感官經驗。

單以「視覺經驗」來說；我們人類的視覺經驗是從出生後就正式開始了，只要沒有受傷、生病或意外的失去視覺能力，終其一生，我們都是靠眼睛來觀察這個世界的；

一生的「視覺經驗」中，又可以分為正常所見、專注觀察所見、不經意的瞥見、視而不見以及透過人類的發明物所見（譬如望遠鏡、顯微鏡、萬花筒、哈哈鏡以至現今的X光片、核磁共振、電腦斷層、內視鏡等等）；不論是怎麼看見的，這些大部分會被我們主動有自覺的收藏在大腦視覺經驗的區塊中；而有一部份可能不是很有意義的「雜訊」也可能會被大腦篩選掉，但是，其實不是「不見」，也不是「遺忘」，只是主觀意識沒有特別注意，通常會被儲藏在潛意識中，也許終其一生都不會被喚醒，但是，如果經由催眠，往往能打開這個記憶庫，找出被我們主意識忽略掉的一些「視覺經驗細節」。

因此，在「識」的領域之中，「見」是非常重要的關鍵；從來不曾發生我們從來不曾見聞的事物或現象，會在「識」中自然產生的；譬如對於一個天生盲者，他從未見過「彩虹」，他如何「唯識所現」的來描繪彩虹呢？

釋迦牟尼時代的人能夠憑空想像現代的747噴射客機的外觀和內部設備嗎？那個時代的人能夠憑空臆想出我這篇文章不是用墨水寫在布或紙張上，而是在塑膠鍵盤上敲擊組合，再轉換為電子訊號儲存在電腦中的嗎？

所以，「見識、見識」，沒有「見」這個因，又如何能無中生有產生「識」呢？而且「識」可以說已經是經過主觀認知、思辨和篩選之後的「成果」，沒有「因」何來「果」呢？而且連釋迦牟尼都反對「無中生有」，主張「有中生有」；那麼為什麼後世佛弟子們偏偏會弄出一個無中生有的「唯識所現」的主張呢？

正確的來說；應該是先有所見，才有「識」，連佛教自身對「阿賴耶識」的解釋也是「藏」意；「阿賴耶識」又譯為阿梨耶識，或稱為如來藏、第八識、真如等，為佛陀大乘佛教第二、第三轉法輪的根本教義，意譯為「藏識」，取含藏之意。

如果不是先有所見，沒有任何客觀事物的先行存在，怎麼「藏識」呢？又有什麼「識」可以「藏」呢？因此，應該是「唯見而識」、「唯見始識」，更甚至是「見而不識」；譬如帶一個新型手機和一台最新型的「隨身聽」進入亞馬遜雨林未曾和外界接觸的原始部落，那些土著，能夠立即拿起手機，按幾個按鈕就和遠方的親友通話嗎？他們懂得把耳機塞進耳朵，然後轉動開關和按鈕，立即聽到音樂嗎？當然不可能，因為他們從未見過，所以不「識」。因而其他的事務也一樣；釋迦牟尼自稱已經知曉天地宇宙間一切事物的道理；但是，對於最接近我們的太陽和月亮已經描述得荒腔走板，甚至根本不知道地球是一個球體，一直認為是一塊大平板；連大小也錯得十萬八千里；他一生講道，有沒有講過「黑洞」的事呢？當然沒有！為什麼？因為他沒「見聞」過，所以又怎樣憑空「唯識所現」呢？

由此論斷；佛教所謂「萬法唯心所造，唯識所現」當然是根本錯誤的！

誰曰無我？

誰曰無我？言者何人？聽聞者又為何人？信者何人？不信者又為何人哉？

印度教主張「梵我」，認為人有一個「真我阿特曼（AAtman）」，雖然曾經出現過「梵我二元論」，但是，最終還是回歸於「梵我合一」，認為「梵就是我，我就是梵（Brahman）」。

釋迦牟尼卻反對有一個實存的「我」，主張「無我」，所以他在「三法印」中說：「諸行無常，諸法無我，寂靜涅盤」。意思是說：「各種事物和正在進行中的各種活動都是變幻不定不恆久的，在各種森羅萬象的現象中，並沒有一個『客觀的我』存在，人生最終極的目標就是達到如如不動，不生不滅的涅盤狀態」。

釋迦牟尼關於「諸行無常」的說法是比較正確的，宇宙的真理就是變易，所以當然是『無常』的，而「諸法無我」這句話的本身也是可以成立的，確實不可能有一個『客觀的我』存在；就好像我們不能自己解剖自己的大腦來作研究，不能幫一個『客觀的我』沐浴梳粧打扮，所以「在各種森羅萬象的現象中，並沒有一個『客觀的我』存在」，這樣的主張是對的，之所以沒有出錯，是因為因為他這句話沒有說完；因為所謂『客觀的我』是相對於『主觀的我』而成立的，是有條件才能成立的，也就是說：必須先決條件在有一個『主觀的我』存在時，我們才能說沒有『客觀的我』存在，因此完整的說法應該是『因諸法唯我，故諸法無我』。

曾經有古老的佛教派別甚至主張「有法無我」（「說一切有部」，被譏為「古典唯物論」），那是大錯特錯的謬論，因為不論各種森羅萬象的現象是否客觀的存有，只要沒有「我主觀」的認知，其他任何一絲一塵的存有是毫無意義也不得證明的。

引伸：如果我不是真實的存有，那麼這宇宙間再無其他任何一絲一塵的真實存有；

釋迦牟尼主張「無我」，當別人質疑「既然無我，那麼誰去承受業報呢？」，結果釋迦牟尼不得不拐彎抹角很困難的用了一大堆的說詞來自圓其說，結果卻很難令人滿意。

其實，同樣的，如果確實「無我」，那麼最後寂靜涅盤的又是何人或何物呢？那個當時的當下主張「無我」的又是何人、何物？那些聽聞「無我」之言的又是何人、何物？那些聽聞「無我」之言而深信不疑的是何人、何物？那些聽聞「無我」之言而根本不信的是何人、何物？那些聽聞「無我」之言而半信半疑的又是何人、何物呢？那些聽聞「無我」之言而當下立即提出質疑的又是何人、何物呢？

這是一個沒有立足點的「蛇環謬論」，是被自己的立論否定掉的謬誤之說。我們怎麼能讓『我』的身體站在群眾之中，用『我』的大腦思維，用『我』的嘴巴發聲說話，結果卻說出否定以上的那個「阿特曼」；說「無我」呢？

我們生而為人，當打從一開始認知到「我」的存在之時，這個「我」就是宇宙間的真實之一，甚至也可能是唯一的真實，古印度人把「宇宙的實相」稱之為「梵」，認為我們在「梵」之中，「梵」也在我們之中，梵我是一體的，都是真實的。

印度教從吠陀後期建立的輪迴觀念也是肇基於「我」的基礎上，因為人性的沉淪，使得原本純淨的「真我阿特曼」遭到蒙蔽，思想行為上的錯誤使人落入輪迴的苦境，經過再生而再世為人或淪為禽獸。那麼今生受苦或者輪迴再持續受苦，當然必須有一個實有的「我」來承受，所以當然是堅決主張「有我」的。

釋迦牟尼創立的佛教，其實也只是印度教中的一支，雖然被印度教六正道視為邪派三道之一（佛教、耆那教、順世派），與其認定是另一新興宗教，不如視之為改革派會更接近事實，因為，佛教中有太多內涵是來自印度教的，尤其是因果業報和輪迴轉世的觀念及教義。

但是，為了反對印度教不平等的種姓制度，釋迦牟尼主張「眾生平等」之外，又同時徹底推翻了宇宙的主宰「梵」和個體的「我」；後世許多人認為釋迦牟尼不但不承認宇宙間有所謂的創造神，甚至根本就是「無神論」；

這點又錯了，釋迦牟尼確實不承認宇宙間有所謂的創造神沒錯，但是，佛（覺者）、菩薩、阿羅漢等等結果仍然只是換了名稱，卻換湯不換藥的「神」，與其所由生的母體印度教多達三億三千萬尊神祇在本質上並無截然的不同。

而「無我」的主張更是矯枉過正的謬誤，如果這世間根本「無我」，說法的是誰？聽法的是誰？修法的又是誰？受輪迴果報的是誰？證得無上涅盤的又是誰？

如果這世間根本「無我」，「諸行」有常如何？無常又如何？「諸法」有我如何？無我又如何？「寂靜」如何？「涅盤」又如何？所謂「三法印」與『我』又何干？

若四聖諦為真，「無我」亦為真，「苦」者非我，集者非我，滅者非我，道者亦非我，與我又何干？我何須知曉「苦集滅道」一事？

若「無我」為真，造因者必非我，受報者亦非我，輪迴轉世與我何有哉？證得無上菩提與我何益？

佛家中觀唯識以後每每曰：「萬法唯心所造，唯識所現」；試問誰心所造？誰識所現？若人人皆「無我」，誰造誰現？又何來共業之說？

釋迦牟尼有生之年一再強調「無我」又強調「因果業報」，但是，一直到圓寂前都沒有把這矛盾的兩端調和妥當，惹得後世上座部（小乘）和大眾部（大乘）分裂，結果還是沒有說清楚，什麼「勝義補特迦羅」、「不失法」、「無表色」、「等無間緣」、「色心互持種子」、「細心說」、「龍樹中觀」、「大乘有宗」一直到「唯識論」，把原本的「六識」擴增到「八識」，多出了「末那識」和「阿賴耶識」，最後定調於「阿賴耶識」來取代「我」，因為釋迦牟尼不許「有我」（很奇怪的執著？），以上這些名詞其實互相攻擊，各不相讓，都是堅持自己才是真理，問題是統統沒有證據，結果一樣是「空想戲論」而已。

甚至就連「阿賴耶識」也沒有意義，試問「阿賴耶識」是人們共識，毫無差別的？或是「各別識」，我識、你識、他識各自不同？如果是共識，我、你、他如何分別？如果是「各別識」，那跟「我」何異？只是換湯不換藥的自欺欺人而已。釋迦牟尼生前留下的難題根本迄今無人能解。

小結：只要你能看到這篇短文，就證明你的實存，即便整個宇宙都是虛假不實的，請堅定的告訴自己：「至少『我』是唯一的真實！」

「主思者」

「主思者」是我創造的名詞，代表當下「主觀的我」，以界定「我」的特殊屬性，並和其他「我」字的使用及其他定義有所區別，不至混淆和誤解。

「主思者」是這世間唯一的真實，沒有其他任何事物或現象可以抗衡「主思者」的真實地位，如果要否定「主思者」的真實性，那麼這宇宙天地間沒有任何真實的存在，連宇宙天地本身也勢必不可能存在。所以，「主思者」是真實的，也是唯一的，甚至比造物者更真實而唯一。

佛陀說：「諸法無我」，意思是說在世間森羅萬象的各種現象中，沒有「客觀的我」存在；佛陀這樣的說法是對的，因為沒有任何方法可以從「主觀的我」中抽離出一個「客觀的我」來讓我們觀察到或意識到，因為「我」是純然主觀的存有，任何人都不可能從主觀的立場去觀察所謂的「客觀的我」，也不能說什麼「從客觀的立場來看我——」云云。打個比方：就好像全世界第一流的外科醫生也不可能為自己的脊椎開刀或者幫自己更換眼角膜一樣。

但是，如果沒有但書條件下說「無我」，那就錯誤了。因為我們可以說「無此、無彼、無他——」等等，但是站在主觀立場時，卻不能指著自己的鼻子說「無我」！如果這樣的說法能夠成立，那麼說「無我」的人或那個主體又是誰呢？

「諸法無我」和「無我」是兩回事，不可以等同和權宜使用。而基於「主思者」立論：「諸法唯我」卻是正確的。

佛陀說：「有相皆妄」以及佛家所說：「唯心所造，唯識所現」其實也是立足點不穩固的空中樓閣，這是一種非常吊詭的論證；

假設一個人認同「有相皆妄」的說法，那麼，他是怎麼知道「有相皆妄」的呢？顯然；若不是聽一位師父說的就是自己從經書上看來的。那麼，既然立論點的先決條件就是「有相皆妄」，那麼那位師父或者那本經書不也一樣是虛妄不實的？而出於虛妄不實處的說法又豈會是真實不虛的呢？

同樣的；如果要認定但凡森羅萬象中的一切現象和事物都是「唯識所現」，所以是虛幻不實的，這樣的觀點也同樣大謬不然的，因為「唯識所現」這個見解同樣不是出於師父教授就是讀自經書，師父和經書不也是「唯識所現」的嗎？不也同樣是虛幻不實的嗎？那麼這個論點又怎麼可能是真實不虛的呢？

而「唯心所造」也有同樣的問題存在，我把它稱為「蛇環效應」；就是說很像一條餓狠的蛇，無計可施之際只有拼命的吞噬自己的尾巴，一直吞嚥的最終結果就是自我毀滅，或者也可稱為「自我毀滅的閉鎖迴路」，不過用「蛇環效應」應該更簡單明瞭。

我們來設想一下所謂的「唯心所造」；如果是指毫無節制，天馬行空的「造」，那麼從有人類以來迄今，這個世界（或整個宇宙）肯定早就被不可計量的物件擠爆了，所有生物都早就因為窒息而滅絕了（應該連呼吸的空間都沒有），但是，事實上顯然沒有，也因此顯然有個不屬於「唯心所造」的客觀機制在有效控管，或者應該說至少這個「控管機制」肯定不是「唯心所造」的。

同樣打個比方；我們把範圍設定在「珠寶」內，假設「唯心所造」沒有控管機制的話，那麼除了現有的鑽石、紅藍寶石、祖母綠、黃寶石、貓眼石、亞歷山大石等等舉世公認的高貴寶石，應該還會有不可計數的各色各樣寶石出現才對；或者反證來說；今天我們在紐約舉行一個青年珠寶鑑定師交流會，參加者來自世界各地；他們從未謀面，而且所有珠寶鑑定知識都是來自各自不同的老師或者書本——當他們同聚一堂時，桌面上擺出了鑽石以及各種有色寶石，讓他們來鑑定真假、品種和等第，試問：為什麼可以得到大同小異的結果呢？為什麼不是雞同鴨講，大家完全沒有共識，甚至有很多人竟然沒有見過聽聞過「鑽石」或者「祖母綠」呢？為什麼大家的認知都是大同小異的呢？

所以「唯心所造」應該是同心共造出來的，不是一人一把號，各吹各的調（各人造各人的），同樣的，如果「唯識所現」為真，也必然有著一種客觀的「共識」；因為唯有這樣，這個世界才會有秩序，人與人之間才能溝通。否則純然主觀的「唯心論」或者「唯識論」都是站不住腳的謬論，都會發生「蛇環效應」的。

關於「卐」的意涵

我們經常會在各種地方看到「卐」這個圖樣，既是圖騰，也是一個單體的文字，在中文中稱為「萬」。但是，卻又幾乎大家直覺反應都是認為這是佛教的代表，或者認為這是佛教專屬的圖騰；

其實這樣的認知是二千年來積非成是的結果，因為「卐」的起源比佛教更早了千百年之久，甚至至少在印度教創立的初期，就已經在使用，說是佛教的符號或印度教的符號都不正確，應該說這是印度文化中，代表宇宙的一個符號，雖然一開始是有著宗教方面的詮釋，但是，卻不全然是神話傳說而已；

我們來看看屬於印度教早期的「卐」字，其實還要外加4個小圓點的；象徵宇宙從生成到毀滅的四個階段；

第一階段：宇宙初生，混沌未開，原始生命在這個階段後期才慢慢孕育。

第二階段：天地陰陽，白天黑夜截然分明了，各種生命開始欣欣向榮的蓬勃生長，但是，一切都是初始的單純自然，原始人類在後期開始登場了，但是和其他物種沒有太大的差別，以簡單的採集為生。

第三階段：人類開始懂得獵捕其他動物為食，也懂得製造工具，並且開始豢養各種動物來提供勞力或作為食物，人類變得聰明也越來越巧詐，人與人之間也開始有了巧取豪奪，貧富不均的鬥爭。

第四階段：人開始複製動物，開始複製人，逐漸扮演起造物者的角色，變得自大，要和天地神祇一較高下，因為掌握了極大的創造能力，越來越具有毀滅性反而慢慢失去了人性。於是宇宙開始崩解毀壞而終於徹底毀滅。

然後，不知過了多久，宇宙又一次重新生成，這是一再的循環。

所以，印度教相信宇宙是創造神「梵天」創造的（特別聲明宇宙中的萬事萬物其實都是在梵天一個包羅萬象的夢境中產生的），然後有假設神「毗濕奴」在維護這個宇宙的正常運作，最後當破壞神「濕婆」跳起「毀滅之舞」時，整個宇宙就會熊熊的燃燒起來，最後一切都將化為烏有。

佛教所說的「成住壞空」也是用文字簡單敘述這樣的演變過程。

所以，我們應當知道佛教使用的「卐」其實也是承襲自印度教，所以不是創造，當然更不是佛教專屬的，更不能用來代表佛教。

註：印度教的「卐」有四個點代表「萬有」，佛教刻意拿掉那四個點，代表「一切皆空」，如果我們把那四個點看作宇宙中億萬顆星體和生命，那麼刻意拿掉這些億萬顆星體和生命之後，宇宙還能成為宇宙嗎？宇宙還有存在的意義嗎？（註：由此就可以看出釋迦牟尼的偏執和乖張，不惜刻意抹殺事實來符合他自以為是的宇宙真理，結果卻是憑空捏造的謬誤。）

我們可以參考以下的網路資料，再參閱有「旋臂」星系的圖片，就會發現「卐」其實是很像「象形文」的。

印度教

在印度教中，創造之神梵天分別以左旋右旋的卍字符號（*Pravritti*與*Nivritti*）作為代表，卐（左旋）代表宇宙向外的演化與卍（右旋）代表向內的沈思。卍字也被視為指向四方，意指安穩通達。它首次被當作太陽符號，見於印度教太陽神蘇利耶。在印度教徒心中，卍字是最神聖的，最吉祥的符號，是印度教文化中常見的裝飾符號。差不多在整個印度大陸的廟宇、宗教雕塑、禮物與信件都見到它的蹤影。而印度教的格涅沙常常被描繪坐在卍字與蓮花之上。

卍字除了在廟宇、祭壇中被人崇拜外，也在印度教的婚禮、節日、典禮、房屋、門戶、衣服、珠寶，甚至食物中出現。

對於印度教來說，卍字一這個純粹幾何無音節相關的符號與「唵」一單一原始發音的符號都被認為是神聖的。而卍字是毗濕奴108個符號之一，代表生命賴以存活的陽光。

卍字隨著佛教傳入中國，根據『大方廣佛華嚴經』卷六五『入法界品』說：釋迦牟尼「胸標卍字，七處平滿。」因此卍被認為是吉祥，也是釋迦牟尼的三十二相之一。當時本來沒有適當的名稱。到了宋朝，法雲在『翻譯名義集』卷六中引用了唐代慧苑『新譯大方廣佛華嚴經音義』說：「案卍字本非是字，大周長壽二年（公元693年）主上權制此文，著于天樞，音之為萬，謂吉祥萬德之所集也。」他說明了卍字的讀音在唐代被確定為「萬」。

在古代西藏地區中，卍字被稱呼為「雍仲」，有永恆的象徵意義。到了今天常見於佛教藝術作品中。在日本，卍字被稱呼為まんじ（man ji），代表佛法、宇宙和諧、兩極的平衡。卍（右旋）代表愛與仁慈，卐（左旋）代表智慧與力量。

比較特別的是二次世界大戰時，納粹德國也是使用「卐」做為國徽，許多旗幟或者臂章上都可以看到這個「卐字」標記；這可不是巧合，而是因為希特勒自己的狂想，認為日耳曼民族是全人類中最優秀的民族，是「雅利安民族」的直系後代，因此他指派禁衛軍頭子「希姆萊」前往世界各地蒐證，意圖為日爾曼和「雅利安民族」之間找出明確的脈絡；結果甚至曾經前往西藏去做人種調查研究；而這個「卐」字也就變成了西方「印歐雅利安民族」和東方「印伊雅利安民族」共同的標誌，而至於「左旋」或者「右旋」，其實並沒有差別，因為在印度的古建築或者廟宇雕刻上，兩者是同時並存的，不是劃分的如此截然。

二戰納粹的標誌

佛教的標誌

佛陀的標誌

印度教的標誌

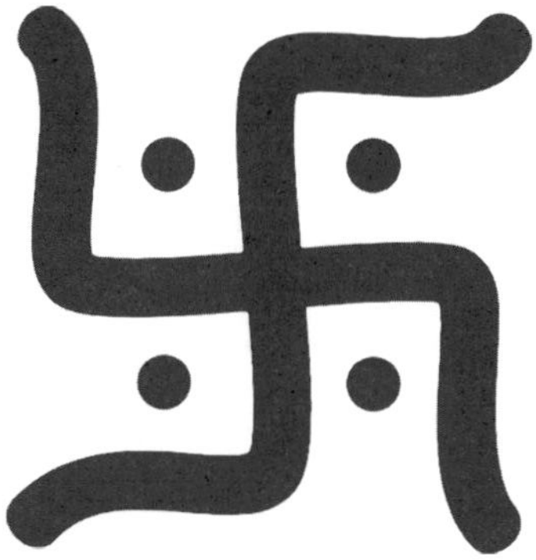

印度教的標誌

印度性力派的標誌

遠古陶器上的「萬」字標誌

佛教的「萬字」標誌是右旋逆時針，納粹是左旋順時針方向；其實左旋右旋在納粹以前並沒有差別----

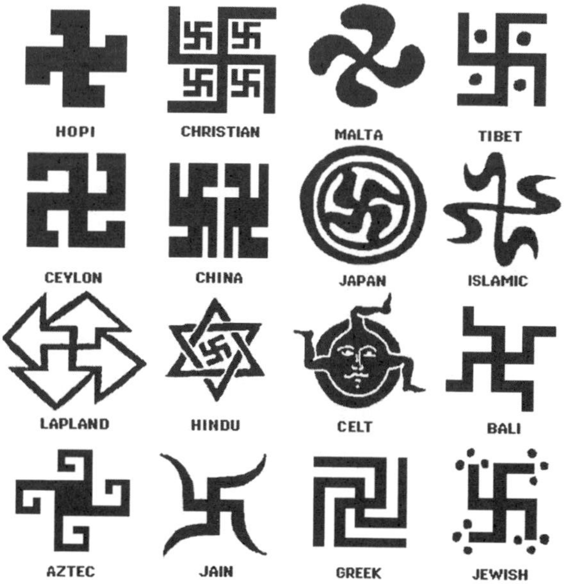

世界各國的「萬字」標誌

印度教徒的左旋「萬字」寶飾

印度教神廟也有許多是左旋的「萬字」

希特勒

希姆萊

納粹奧茲維許集中營

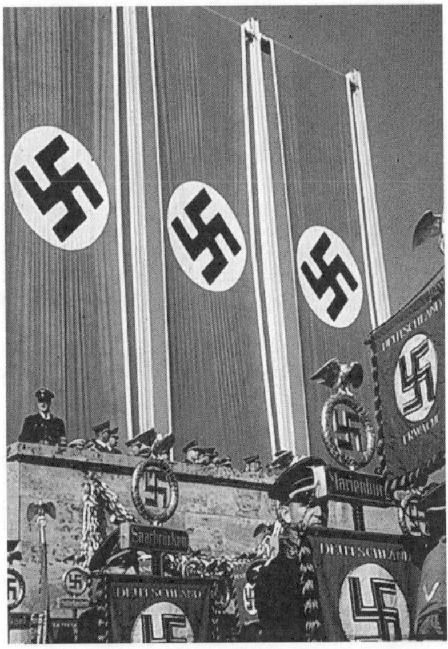

納粹黨衛軍，高舉的是左旋的「萬字」標誌黨旗

沒什麼好奇怪，納粹和佛陀同樣都是雅利安民族

逼良為娼的「蓮花生大士」

佛教在印度中土失勢，退居到東印度之後，與當地的「左道密教」緊密結合，然後又由東印度經由尼泊爾傳入西藏，其中最有名的傳教者當屬「蓮花生大士」。

依據「維基百科」中的資料簡述：蓮花生（*Padmasambhava*），或譯蓮華生大士。八世紀印度那爛陀寺僧人，後應寂護論師與藏王赤松德贊入藏創立僧團，後人尊稱為蓮師。其生平具有神奇的色彩，被稱為第二佛陀。所帶入的密法稱為前譯派，為今寧瑪派所信奉。首位將藏密傳入漢地的寧瑪派教傳三十二代祖師諾那呼圖克圖謂蓮花生大士是彌陀身、觀音口、釋迦心，合諸佛菩薩身口意之三密金剛應化身。

蓮花生，烏仗那國（即今之斯瓦特）人，相傳出生於蓮花之上。原為印度的僧人，與寂護大師同於那爛陀寺學習，以神通聞名。

按照其傳記，蓮花生應藏王赤松德贊與寂護邀請，約於750年由印度啟程前往西藏弘法，以神通調伏了苯教八部鬼神，創立了最早的藏地寺廟－桑耶寺。使藏民得以改宗正統佛教。並剃度巴．賽囊等七人出家。由於這七人是西藏歷史上最早出家為喇嘛的人，史稱預試七人。為了紀念西藏佛教的創立，與寂護、赤松德贊，合稱師君三尊。

相傳他居住在烏金剎土中。他曾經到不丹帕羅傳教。建虎穴寺。

「蓮花生」收伏西藏原始信仰苯教八部鬼神的方式，一是鬥法惡戰，二是美人計，他派出妖艷絕色美女，以赤裸裸的性愛來懾服那些魔王的暴戾之氣和殺戮之心；然後再將這些拜倒在裸女膝下的魔王逐一收編，最後就成了西藏密教的護法金剛，這也是西藏密教中許許多多金剛、明王雙身造像的由來；不論那些從魔王「棄暗投明、改邪歸正」變成護法金剛的名號如何？與其赤裸交媾的所謂「佛母、明妃」卻是同一位，那麼她又是何許人呢？

觀音菩薩！

沒錯！正是觀音菩薩的化身；但是，觀音菩薩在印度原本是百分之一百的男性造像，而且還蓄有翹翹的髯鬚，為什麼會變身為妖艷性感火辣的美女呢？

這個正是「蓮花生」幹的好事，他硬是把雄糾糾、氣昂昂的男性觀音剃鬚、去勢、隆乳、裝了人工陰道，然後逼良為娼的讓觀音菩薩成了歷史上最早的「第三性公關」，而且忍辱負重的去勾引那些嗜殺好戰的苯教魔王，然後全身赤裸的和那些三頭六臂，面目猙獰的魔王瘋狂的交媾，而且幾乎大都是立姿的，應該是魔王受不了美女的誘惑，猴急之下，直接站著就開始做愛——

佛教在東印度密教化之時，不但是脫胎換骨，完全背離了基本教義，甚至徹底的色情化，娼妓化，連教主釋迦牟尼都被出賣去表演「春宮圖畫」、「春宮雕像」，在被「蓮花生」傳入西藏時，更是逼良為娼，硬是讓觀音菩薩出賣皮肉色相，靠肉體欲樂去收伏那些難以馴服的魔王；然後也因此在西藏又更變本加厲的徹底「妖魔化」。

佛教在東印度密教化之後，已經完全質變成了地球上少見的「異教」，由尼泊爾傳入西藏後更是「怪異」到了極點；人類從有宗教雛型開始迄今，從來沒有出現這種以猙獰恐怖造像，立姿、坐姿互相擁抱交媾，而且連男女性的性器官都雕刻得纖毫畢露的神祇雕像，並且還受到西藏地區幾乎是全民崇拜的宗教。同時使用人骨製作法器，以人肉、內臟、精血來獻祭供奉鬼神；信徒一生泰半時間用來轉經輪，三步一拜，五步一跪的轉山，轉塔，像伏地挺身一樣的五體投地大禮拜，把僅有的一點點金錢悉數用來供養從來不事生產的喇嘛上師——

在東印度密教化之後的佛教，已經只是名存實亡，掛羊頭賣狗肉的「密化佛教」，可以非常肯定的說那根本已經不是佛教；而傳入西藏之時的當然不是佛教，在西藏發展至今的也當然更不是佛教，同樣可以非常肯定的說：只有「傳藏密教」和「藏傳密教」，沒有任何所謂的「傳藏佛教」和「藏傳佛教」！

一向慣吹大牛的蓮花生大士

「見即願滿」古籍

台北國際書展的「不丹：幸福的國度」主題國策畫有兩大焦點，揭露這個小國幸福秘方，焦點一是不丹的出版產業，規劃專區介紹不丹出版品，呈現其近 20 類別的各領域出版品，包括醫學、語言、建築、歷史、文化、環境等書籍。焦點二是介紹不丹的文化特色，如幸福國度不丹的皇家珍藏展與生活。最令人拭目以待是不丹的「皇家珍藏」展出，邀請到不丹「三大國寶」首度漂洋過海，來自不丹國家圖書館及檔案館（Royal Government of Bhutan National Library and Archives）典藏品，包括 12 世紀流傳至今、號稱佛教最重要的智慧經典《八千誦》（Eight Thousand Verses of Transcendental Wisdom）、蓮花生大士「見即願滿」古籍、17 世紀不丹國父夏宗法王親手簽署文稿，這些珍稀的不丹寶藏，反映不丹自西元八世紀蓮花生大士將佛法種子散播在此後，佛教哲理的深切影響，同時，也讓農曆初七開始的書展，洋溢新年祈福的意義。

（筆者評註：從「蓮花生大士」把密教化的佛教傳入不丹、西藏，就開始大吹其牛，不是「見即願滿」就是「諸願實現」，結果呢？西藏人民所有的願望有實現嗎？如果願望能一一實現又何必輕今生求來世？達賴喇嘛又何必出亡印度？）

龍藏經可保七世平安?.?.?

以泥金手寫、每冊重五十公斤的「巨」著，是何等模樣?.故宮曾經秀出「藏文龍藏經」，宣布將這部藏傳佛教經典，授權龍岡數位公司出版。這將是繼「四庫全書」與「四庫薈要」之後，故宮最大的出版計畫。此次彙集藏傳佛教經典的「藏文大藏經」地位崇高，是信徒頂禮、供養的對象，也是日常修行的依據。此次出版的「藏文龍藏經」康熙八年（西元一六九九年）於紫禁城製作完成，因是康熙皇帝降旨命人抄寫，故名為藏文「龍」藏經。

當時滿清入關未久，為了統治人口多滿族兩百倍的漢族，急需籠絡同是少數民族的蒙族與藏族，而這兩族都信奉藏傳佛教。康熙皇帝遂在祖母博爾濟吉特氏（即大玉兒）鼓勵下，下旨撥款、以泥金將年久破損的明代藏傳佛教經典「甘珠爾」，以藏文重新抄寫一遍，祈求佛恩廣布、國泰民安，並賜名「龍藏經」。

龍藏經收錄一千一百種藏傳佛教經典，分成一百零八函（冊），象徵治療眾生的一百零八種煩惱。而每一函平均有五百多頁，加上兩層書蓋，重達五十公斤。

故宮圖書文獻處研究員胡進杉表示，龍藏經這部經文內容抄寫在深藍色的厚棉紙上（稱為「磁青經葉」），是由藍色染料加上羊腦為黏著劑製造而成。書寫於深藍色的磁青紙上，並在側面畫上藏傳佛教八寶圖。書寫經文需黃金五千兩，如以一位精擅藏文書法的喇嘛每天抄寫四頁經文的速度來算，要抄完全部經書十萬頁，共需七十年的時間。根據現今拍賣行情，一頁龍藏經價格在一萬美元以上。

龍藏經藏於慈寧宮佛堂多年，逢特別節日，由宮中高級喇嘛開書誦唸，歷時三百年。對佛教徒來說，加持法力驚人。據說有緣親睹全套書的人，將可獲七世平安。

胡進杉透露，重印龍藏經的工程浩大。光是拍微縮片，便從德國引進最先進的攝影器材，花了五年才拍攝完成。故宮院長林曼麗表示，現代版龍藏經將以漢文和藏文同時呈現，印製套數為二百一十套，每套建議售價為新台幣一百二十萬元，預計三年後完成。

（筆者評註：如果龍藏經可保七世平安，清朝從道光開始就內憂外患不斷，同治帝和光緒帝都是壽不永年，清朝從康、雍、乾三朝以後，國勢就日漸衰弱，戰亂頻仍，一直到宣統退位亡國，朝廷和民間從未真正平安。再說「西藏」，又何嘗出現過七世的平安？信佛信到民不聊生，達賴出亡印度，連班禪繼任的靈童都會因為中共插手而鬧雙包，西藏平安嗎？這跟「信者恆信，不信者恆不信」毫無關係，時間和事實真相可以驗證「是否為真」和「是否可信」？不知道當時一共宰了多少頭羊，才有足夠的羊腦來用？佛菩薩見到這部經書不知道會不會「皆大歡喜」？不知道台灣的佛教徒，尤其是出家人喜不喜歡這部經書上的羊騷味？據說陳水扁總統卸任前看過這部經，結果現在在蹲苦牢，不知道要不要蹲七世？）

「見即願滿」八千頌

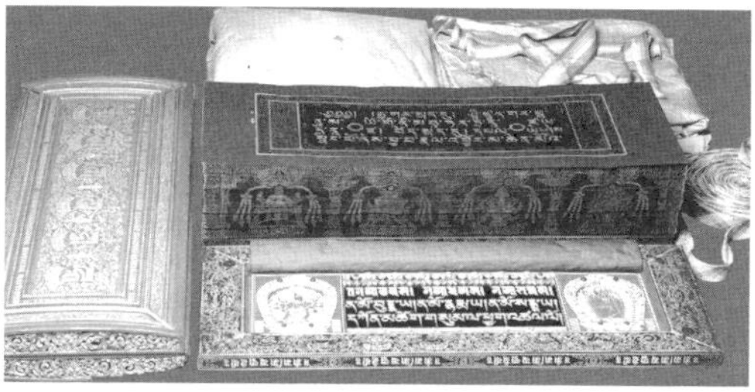

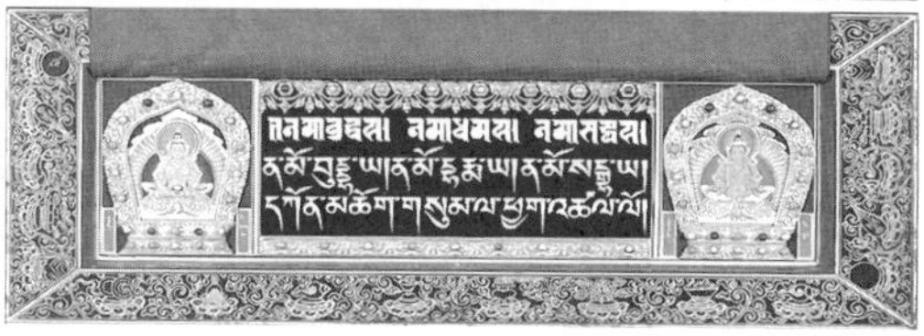

「龍藏經」

雙馬童

蓮花生大士

男相觀音

化身明妃的觀音

男相觀音

印密與藏密中的金剛和明王的神通騙局

在印度，佛教經過「密教化」之後，產生了一些「金剛」和「明王」，這種原本是妖魔鬼怪後來變成護法神的傢伙，嗣後也傳入了西藏；對於有雕像實物為證的刻畫描述中，譬如「勝樂金剛」是手提「梵天」的頭顱；「大威德金剛」腳下踩著印度教主神「濕婆神」的全家福；包括妻子「帕索瓦蒂」、兒子「甘尼許」和「賽健陀」以及「太陽神蘇利耶」、「月神蘇摩」等六大神祇。而「時輪金剛」腳下踩著的是被稱為「紅白二魔」的「濕婆神夫婦」，「降三世明王」腳下踩著的也是「濕婆神夫婦」。

這是非常可笑的謊言和騙局；其一，在印度本土，佛教是徹底覆亡的失敗者，就算是「講神話」吧！顯然釋迦牟尼和一千菩薩、羅漢都不曾打贏印度教的「三大主神」和一些女神，而且反而是被打得全軍覆沒，不得不流亡海外，有如喪家之犬；那麼怎麼可能把印度教的一些主要神祇當成俘虜踩在腳下呢？其二，如果印密與藏密中的金剛和明王，真的如此威猛和神通廣大，足以打得印度教主神也跪地求饒；那麼為什麼需要「大威德金剛」、「時輪金剛」、「降三世明王」各自踩著「濕婆神夫婦」呢？難道是「濕婆神夫婦」太滑溜，一個金剛踩不住，所以需要三個金剛、明王來踩？或者是金剛、明王也有輪值制度，必須輪班來踩？一個宗教編造神話謊言，居然可以編到三個金剛的神話『互撞』，而且還一直不修正，那也真的是欺世到了肆無忌憚的地步，應該是民智未開，嚴重缺乏獨立思辨能力，喇嘛上師怎麼說怎麼是，絕對不可以質疑。

更匪疑所思的是；在佛教顯宗，把這些印度教的大神都收編為各種天神，譬如「濕婆神」是「大自在天」，「賽健陀」成了佛教護法的「韋陀神」，但是，卻被藏密的「大威德金剛」踩在腳底，那又怎麼「自在」的起來？又如何能幫佛教「護法」？而且更胡扯的就是：在藏密中把「甘尼許」收編為「象頭財神」，那麼又要他當財神保佑藏民發財，又要把他踩在腳底下蹂躪，那不是打自己嘴巴的矛盾嗎？

再想想；如果連佛法無邊的「釋迦牟尼」，外加一些菩薩、阿羅漢都不是印度教三大主神的對手，在印度本土佛教終究被徹底消滅剷除，那麼那些印密與藏密中的金剛和明王又是那棵蔥呢？他們究竟是憑什麼把印度教的一干主神踩在腳底呢？

不又是那種「輸不起」的阿Q心態作祟；同樣是可笑可憐復可鄙。佛教的「惑世」罪行也就更加的昭然若揭了。

如果以印度教和佛教相比；印度教的教義從「吠陀信仰」進入「婆羅門教」時期有大幅修正以外，在商羯羅的「印度教復興運動」時並沒有改變太多教義，只是團結各教派形成了現今的三大派，可以說其教義是相承不斷的，反觀佛教，在釋迦牟尼圓寂之後，就一再分裂，尤其針對「無我」的爭論，居然會出現「唯物」的「說一切有部」（有法無我宗）和「唯心」的「龍樹空觀」這樣截然兩極，水火不容的教義流派；而在中國發展時又衍生更多的派別，到了日本的「淨土真宗」，更是可以娶妻生子，寺廟可以由子女繼承，吃肉、喝酒、嫖妓樣樣不忌；讓世人莫衷一是，很難想像也很難相信這些竟然都自稱是「正統佛教」，「惑世」的一詞也就非常確定了，一如「毗濕奴神」的第九化身說；這麼亂七八糟的教派，這麼多自相矛盾的教義，這麼多偷偷摸摸剽竊編派自印度教的神祇，極端的禁慾和極端的縱慾都同時熔於一爐，統稱為「佛教」，不是非常明顯是為了「惑世」而產生的嗎？

附錄：印度教的幾位相關神祇：

「**濕婆神**」（Siva）：毀滅神或者破壞神；雖然現今已經成為印度教最崇拜的主要大神，全印度信奉祂的信眾極可能多過信奉保護神「毗濕奴」的，而且在一些後期的傳說中，祂的神力奇大無比，連其他兩大主神「毗濕奴」和「梵天」都不得不甘拜下風，承認祂的領袖地位；但是，在「吠陀時期」，祂其實幾乎根本沒有什麼地位，也沒有什麼驚人的神蹟表現，也僅只是暴風神「樓陀羅」的一個別名；直到「梵書」時代，隨著時代和主要生活型態的改變，人們從原先遊牧生活進入農業定居時代，並且有了比較穩固的屋宇住宅，「雷電」不再像長年生活在曠野時期那麼令人畏懼和容易造成生命財產的損害，反而是來自「孟加拉灣」的熱帶氣旋（颱風）造成的狂風暴雨比較讓人害怕，所造成的生命財產往往難以估計，所以，如同巨大破壞有如毀天滅地的威力成為人們極度敬畏的對象，加上壟斷知識的婆羅門僧侶的主觀詮釋和權謀編造附會，於是「濕婆神」就成了毀滅之神，也取代了「因陀羅」的地位。

談到「濕婆神」、「樓陀羅」以及「迦梨女神」之間的關係；有另一種說法；因為「阿修羅」原本是天神的兄長，他們擁有無窮的法力和強大的軍隊。最初是他們掌握著宇宙的控制權，但是他們十分易怒又好鬥，所以常常藉故挑釁，與天神間掀起戰爭，搞得天界大亂，但是，天神當時的武力遠不如「阿修羅」，只好去求「濕婆神」出面解決；結果「濕婆神」就變化出他的「忿怒相」（就是「樓陀羅」原始本尊的兇惡模樣），他拔下一束出名的長髮當作鞭子，向「阿修羅」大本營的崇山峻嶺揮去，結果，立即山崩地裂，把所有「阿修羅」砸得死傷累累，剩下的也嚇得四散逃逸；但是，「濕婆神」的髮鞭也因此斷成兩截。髮鞭的前半段生出了他另一個兒子，另外半段則生出了「迦梨女神」。在這個神話中，不但是「迦梨女神」有了神的產生說法，而且把眾天神甚至「阿修羅」的本事及地位統統壓到了最低點，只有「濕婆神」是全宇宙神力第一的大神。不過，印度的諸神也不是全知全能的，譬如「濕婆神」竟然不知道「甘尼許」是自己的兒子，而砍下他的頭；而他自己也長年在喜馬拉雅山「打坐修行」（註：如果他是全知和萬能的，又何須再長年修行？）又對於麻醉品的成癮：「濕婆神」長年吸食大麻。（原來只不過是個小小的暴風雨神「樓陀羅」），反而是到了「梵書」時期的婆羅門教大興時，「濕婆神」才突然大顯神威，成了天地主宰呢？這大概不言自明的可以證實壟斷知識的婆羅門僧侶正是始作俑者，正是他們「閉門造神」一手操弄出來的結果。）

「**賽犍陀**」（Skanda）：戰神，又名「鳩摩羅」，是專門保護眾神的武將，除了打仗，他別無興趣，尤其對女性毫無興趣，一直保持童子身，並且也不准女性進入他的神廟；他是「濕婆神」和妻子雪山女神「帕爾瓦蒂」整整做愛一千年之久，最後在眾神焦急的拜託下，才產生出來的兒子。但是，出生後就被拋棄在「娑羅根達」森林之中，「眾友仙人」來到森林中苦修時，還是嬰兒的「賽犍陀」要求「眾友仙人」為他進行一個正式的聖禮祭典，「眾友仙人」非常驚訝，知道這個嬰兒肯定來歷不凡；但是，他立刻表明自己只是「剎帝利」種姓，不能踰越本分，去進行只有婆羅門祭司才能進行的任何祭祀。於是，「賽犍陀」就賜與「眾友仙人」特別的恩典；讓他提昇為「婆羅門」的種姓階級，這樣「眾友仙人」就可以幫「賽犍陀」舉行誕生聖禮。後來，「雪白仙人」送給他一種威力強大的武器；「賽犍陀」在「伽蘭遮山」試用這樣武器，結果劈裂了幾十座山峰，住在山凹中的「阿修羅」既震驚又氣憤，對他群起圍攻，卻慘遭敗北，死傷累累，這時，連「因陀羅」也為之大驚，連忙趕來，並且用他最厲害的金剛杵來阻止「賽犍陀」的胡鬧，但是，兩樣超級武器對打，使大地都為之震動，但是，金剛杵竟然意外的敗下陣來，連「因陀羅」都不得不俯首認輸，向「賽犍陀」求和。

時輪金剛有多大的本事？

時輪金剛踩的是濕婆神夫婦

印度教的三大主神之一 「濕婆神」

「濕婆神」的妻子忿怒尊「迦莉女神」

降三世明王有多大的能耐？

降三世明王腳下踩的也是濕婆神夫婦

「濕婆神」與妻子「迦莉女神」

勝樂金剛

梵天的頭顱

藏密中的「勝樂金剛」手提著梵天的頭顱

箭頭所指處是梵天的頭顱的放大特寫

濕婆神

九頭大威德金剛　腳底下踩著那些印度神？

迦莉女神

象神甘尼許

月神蘇摩

六面童子賽犍陀

太陽神蘇利耶

佛教「五大明王」之一的「降三世明王」造像，腳底下踩的是印度教最主要的神祇「濕婆神」和他的妻子「雪山女神」，其實明王在佛教神系中地位不高，宣揚並刻畫明王來把印度教主神踩在腳底，這是佛教非常一廂情願的阿Q思想作祟，更是自欺欺人的愚民伎倆，然而卻非常欠缺說服力。

中國和日本都受到佛教這種阿Q思想的矇騙，所以都一樣流行供奉各種明王像，其中當然也有「降三世明王」，卻從來不問明王憑什麼可以腳踩印度教的主神？

在佛教的「五大明王」之中，至少有二尊的身份是謬誤不明的，「大威德明王」的身份是混亂也同樣是出自阿Q思想。本頁是現代日本風格的木刻明王像，卻無人追根究底的去查明？

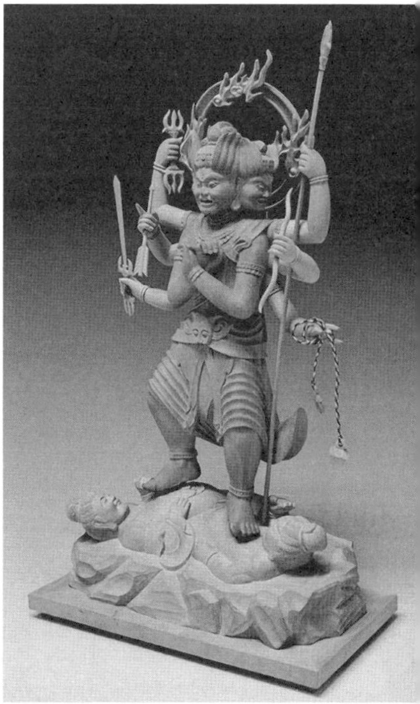

身份非常曖昧的大威德金剛？

大威德明王，就是大威德金剛，又稱「閻魔敵」，因為打敗了閻羅王

濕婆神和妻子帕爾巴蒂

卡修拉荷衆多神像中，仍然是
三位主神的雕像最多

毗濕奴神和妻子吉祥天女

梵天神和妻子薩拉瓦蒂

藏密梵天的神話

勝樂金剛像

手提大梵天王頭顱

西藏唐卡中的「大梵天王」像

笑話與謊話！

釋迦牟尼與護法神

大梵天王的特寫

西藏銅雕中的「大梵天王」像

藏密銅雕象頭財神

藏密銅雕象頭財神

藏密唐卡象頭財神

藏密九頭大威德金剛

藏密唐卡象頭財神

藏密唐卡象頭財神

藏密象神笑話

「九頭大威德金剛」腳下踩著印度教中的濕婆神、雪山女神、象神、賽犍陀、日神、月神。

藏密信徒既虔誠膜拜象神求財，又讓「大威德金剛」把他和父母兄弟一起踩在腳下，這不是神話，而是百分之百的笑話和謊話。

印度教三派間的傾軋

毗濕奴派：以毗濕奴為主尊

濕婆派：濕婆神居於中間主尊

性力派：杜爾嘉授受敬拜

毗濕奴派：接受濕婆與梵天的敬拜

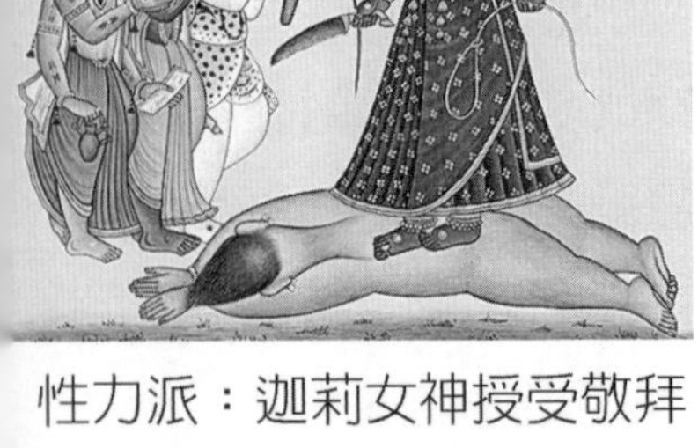

性力派：迦莉女神授受敬拜

印度宗教從吠陀時期進入「婆羅門教」之後，三大主神中，除了「梵天」乏人信奉外，濕婆神、毗濕奴神及性力派各擁眾多信徒，形成了三大主流教派，各擁其主神，互不相讓，而且不但長期攻訐傾軋，甚至形成大規模的血腥鬥爭，造成千年難解的宗教派別紛爭。直到西元八世紀，大哲商羯羅以過人的智慧和管理哲學一舉彌平爭執，融合成「新印度教」迄今。

濕婆派

毗濕奴派

性力派

梵天崇拜

印度教中唯有「梵天」沒有教派，全印度只有一間梵天的大型廟宇，其他都是配祀地位。

亞洲各國的梵天崇拜

亞洲各國只要是信奉印度教和佛教的國家，都有「梵天」（大梵天王）的信仰崇拜。

越南

泰國

日本

緬甸

印尼爪哇島的「普蘭巴冷」Prambanan印度廟，供奉了印度教三主神，中間是濕婆神，左邊是毗濕奴神，右邊是「梵天神」廟。

高棉

梵天崇拜

印尼

寮國

印度

西藏

中國

尼泊爾

斯里蘭卡

＊後來「濕婆神」為他舉行灌頂大典，封他為天界眾神軍的最高統帥，並且派他率領眾神去討伐「阿修羅」眾惡神，當兩軍對陣時，阿修羅王「多羅迦」率先出馬應戰，「因陀羅」的金剛杵根本無法傷及「多羅迦」分毫，最後精疲力竭的退下陣來，換上「毗濕奴」神上陣，結果他的神杵卻被「多羅迦」的三鋒利箭射成了三截，換上「雄賢」接手，雖然他的三叉戟砍傷了「多羅迦」，但是負傷的「多羅迦」竟然還能舉起一塊巨石，把「雄賢」的大腿砸得粉碎而失去知覺；最後還是由「賽犍陀」上陣，在「濕婆神」和雪山女神的助威之下，一劍劈開「多羅迦」的胸膛，才殺死這個兇猛的強敵，獲得最後勝利，也贏得天界眾神的崇敬和讚頌。

（註：在這個出自後期「婆羅門教」時代的神話故事中；很明確的可以看出幾個特點；1．吠陀時期的天地共主「因陀羅」已經失勢，連「濕婆神」的兒子都打不過了，更何況是「濕婆神」本尊呢？2．「婆羅門至上」的觀念已經確立，他們祭祀的專職權位是任何其他種姓都不能僭越的。3．「仙人」（人間的苦行僧）也有超越神祇的能力，不但可以幫神祇進行聖典，甚至還能給予神祇和阿修羅都無法抵擋的武器。4．在率軍與「阿修羅」眾惡神的大戰中，不只是「因陀羅」變得失去原本的戰力，甚至連「毗濕奴」神與「雄賢」也表現不佳，最後還是「賽犍陀」擊殺了對手，可以看得出這是蓄意把「濕婆神」的地位抬昇到宇宙最至高無上的權力高峰。）

＊「韋馱天」原本是印度教的神－－「賽犍陀」（Skanda）的別名，是「濕婆神」與妻子「帕爾瓦蒂」的兒子。本來是率領濕婆眾神擊敗惡魔的武神，後來卻成為侵襲兒童的疫癘之神，據說他能將生命與力賜予崇拜他的人們。後來被佛教採納收編後，就莫名其妙的變成佛法八大守護神的之一。此外，「賽犍陀」亦是盜賊的守護神，大概是「賽犍陀」以善跑著名，盜賊們希望自己能溜得快，因而以「賽犍陀」為其崇拜信仰的主神。除了上述之外，印度教的眾神被佛教自作主張收編的，還有吉祥天、閻魔、摩利支天、鬼子母神等。

「甘尼許」(Gannesa)：福德神或財神，象頭人身是「甘尼許」的特徵，造型相當怪異卻又十分討喜，代表文學、智慧還有財富，所以在印度及印尼、中南半島各地都有很多信徒祭拜他，但是，他幾乎是一個非常刻意被人為創造出來的神，因為他的出身和「象頭人身的由來」都一直是眾說紛紜的；

傳說他是「濕婆神」與「雪山女神」之子，但是，不是兩神經由性愛而生；應該算是「雪山女神」「獨力」創造出來的，因為「濕婆神」經常在喜馬拉雅山上苦修，長年不回家，「雪山女神」非常寂寞，於是就運用神力自己「創造」了一個娃娃「甘尼許」來逗樂解悶，當「甘尼許」到了少年時，已經相當聰慧又武功高強，有一天，「雪山女神」要洗澡，就叫「甘尼許」看守門戶，別讓任何人進來；「甘尼許」很聽話的守在門口，但是，碰巧「濕婆神」難得回家來探望妻子，父子完全不相識，「濕婆神」堅持要回自己的家，「甘尼許」說媽媽在洗澡，就是不讓他進去，「濕婆神」誤會老婆紅杏出牆，一時怒不可遏，於是父子發生了爭執，後來開始打鬥，畢竟「濕婆神」神力非凡，用他的三叉戟一刀斬下了「甘尼許」的頭顱，然後一腳就把那顆頭顱踢下了萬丈深淵；「雪山女神」洗完澡出來看見之後大為悲痛，告訴了「濕婆神」事情原委，並且哭鬧著要他負責讓「甘尼許」復活；「濕婆神」也很懊悔，只好答應了，但是，怎樣也找不回原來的頭顱，剛好瞧見有一頭小象，於是就把象頭砍下，帶回來裝在「甘尼許」的身體上；並且運用神力讓他復活；雖然不是原來的樣貌，但是，「象頭人身」也還是非常可愛討喜，所以「雪山女神」也就接受了他，一樣疼愛。後來在許多畫像和雕像上，只要是描述到「濕婆神」家庭的，一定會有兒童樣子的「甘尼許」出現形成和樂的畫面。

＊但是，在古老的「吠陀神話」中並沒有提到象頭神的存在，他的神話主要出現於兩部史詩與往世書之中，可見這當然不是「吠陀」傳統，也不是憑空冒出來，或者到了「往世書」時代，「雪山女神」才創造出來的。應該是出於婆羅門僧侶或者被尊稱為「仙人」的那些苦行僧後來想像出來

的。也因而關於象頭神之所以會長著一個大象的頭顱的原因，各種文獻上的說詞並不一致。除了前述最廣為人知的一種；還有另外兩種：

＊其一是說：「雪山女神」在有次在沐浴時，有一滴洗澡水落入恆河，卻被她的侍女——象頭女神「瑪梨尼」喝了。後來竟然就生了一個象頭人身；卻只有一根象牙的兒子，就是象頭神「甘尼許」。其二是說：象頭神生下來時本來是正常的嬰兒模樣。但「雪山女神」為兒子辦慶生喜宴時，邀請了天界諸神來饗宴，卻獨獨忘了邀請土星神「沙尼」，「沙尼」覺得自己很屈辱而忿忿不平，就從眼中噴出神火燒掉了嬰兒的頭。結果「梵天」為了安撫「雪山女神」，就叫她到森林中去，並許諾說她在森林中看到的第一隻個動物；牠的頭就能取代她愛子的頭。結果「雪山女神」最先看到的就是大象，所以兒子就長了一個象頭，變成了象頭人身的模樣。

＊由以上的各種說法；除了對於「甘尼許」擁有象頭人身的緣由各說各話，同時也證明這個神話是在比「吠陀時期」晚了很久才突然出現的，應該是在「濕婆神」逐漸取代「吠陀神話」中的眾神，變成「三相神」中的天地共主時，臨時附麗而刻意創造出來的，並和「雪山女神」組成了一個完整的神仙家庭。

＊跟象頭神「甘尼許」相關的神話還有一則；印度史詩時代最有名的兩篇史詩之一——「摩訶婆羅多」就是象頭神「甘尼許」專注的聆聽其作者「廣博仙人」口述，並且不眠不休地用神筆抄寫下來。但由於這篇史詩非常非常長，最後把神筆也寫壞了，臨時沒有其他筆可以使用，「甘尼許」就把自己的右牙折斷，沾上墨水，繼續抄寫下去，好不容易才把「摩訶婆羅多」完整的筆錄下來。也因此後世許多「甘尼許」的畫像或雕塑；他只有左牙而沒有右牙，或者右牙是少了半截的。

＊不過，這個神話其實也是漏洞百出的；因為「摩訶婆羅多」只能說是神話史詩；描述的是有名的「俱盧之戰」的故事；托言是「廣博仙人」口述；印度教所謂的仙人並不是神，只是得道的苦行僧，如果是由他口述，由另外一個人來筆錄，至少還說得過去，但是，「甘尼許」是神，有需要

這樣不眠不休的動筆來紀錄嗎？甚且沒有筆時竟然還要折斷自己的象牙來代筆？這樣未免也太不「神」了吧？更重要的是「摩訶婆羅多」實際的真相是一個宗教陰謀，是婆羅門僧侶為了強化階級意識而蓄意編造出來的；最重要的就是「黑天」勸說「阿周那」務必勇敢出征的「薄伽梵歌」篇章。

＊還有一個與「甘尼許」相關的神話；因為在一個眾神衰微的時期，是因為地上的人類因為虔誠參拜「蘇摩神」而在死後紛紛順利的進入「天神道」；結果使得「天神道」神口爆滿，而「地獄道」反而空空如也，眾神為此十分憂心，就推派「因陀羅神」為代表去懇求「濕婆神」幫忙，「濕婆神」就和妻子「雪山女神」商量，「雪山女神」立刻想到解決之道，就搓下自己身上的泥垢，捏塑了一個「象頭人身」的娃娃，施展神力使他變得鮮活而有了生命，將他派往人間，接受人間的香火祭拜，並且使得人們對於財富等物慾的願望都能有求必應，以此誘使人們追求物質享受，而不再虔誠祭祀和潛心修行，順利阻援他們升天永生的機會。這個神話故事是非常缺乏說服力的，想必是在「濕婆神誤殺兒子再為他換頭」的故事之後才另行編造的，而且也顯然在表明眾神是不希望人類能夠和祂們平起平坐，永生不死的。這點和「聖經創世紀」中神不准許亞當夏娃吃「生命樹」果實的警告和擔憂非常雷同的。

「迦莉女神」（Kali）與「杜爾迦」（Durga）：「迦莉女神」又稱為「時母」，「杜爾迦」又稱為「難近母」，她們都是為印度教的重要女神。傳統上她被認為是濕婆之妻「雪山女神」的兩個不同化身，為威力強大的降魔相。「迦莉女神」的形象在「往世書時代」才真正定型，「摩根德耶往世書」被認為是最早的描述了「迦莉女神」女神的文獻。

關於「迦莉女神」的神話，主要就是她與阿修羅「羅乞多毗闍」（血種）作戰的故事。這個故事最早出現於「摩根德耶往世書」。阿修羅諸魔大舉進攻天界，由於他們的首領得到了「梵天」的祝福，眾天神根本無法抵擋。天神們只好去懇求大神「濕婆」的幫助。濕婆此時正在修行，眾神不敢打擾他，幸而他的妻子「雪山女神」伸出了援手，她派出自己的化身「杜爾迦」和「迦莉女神」去與阿修羅作戰。兩女神輕易地打敗了許多阿修羅，但「羅乞多毗闍」卻很難對付。這個怪物每滴一滴血在地上，就會產生出一千個和他一樣厲害的化身，後患無窮。「杜爾迦」用弓箭把「羅乞多毗闍」射得遍體鱗傷，但卻只是惡化了形勢，因為從他傷口滴出的血產生出了無數的新惡魔。「杜爾迦」於是向「迦莉女神」求援，後者張開大口把「羅乞多毗闍」整個吞了下去，並把他的血液一滴不剩地喝掉。

「迦莉女神」消滅了這個惡魔後由於高興而跳起舞來，雙腳大力踐踏土地，令三界眾生都被震動得萬分恐懼難以生活。濕婆為減輕眾生的痛苦，就躺在「迦莉女神」的腳下任其踐踏。這就是「迦莉女神」總是被塑造成腳踩濕婆的原因。

對「迦莉女神」的崇拜在性力派中佔有重要地位。性力派是受到非雅利安的大神母崇拜影響的一個印度教強大派別，認為女神的性力為宇宙的本源。總的來說性力派實際上貶低了男神的作用，而強調他們配偶的功能。如「迦莉女神」即被認為代表「濕婆」的性力。現在最盛行「迦莉女神」崇拜的地區是印度東北部和孟加拉。在英國殖民統治時期，性力派信徒仍然有以人為祭品獻給「迦莉女神」與「雪山女神」等女神的本尊的現象。這種行為在英國殖民當局全力禁止下才逐漸消失。

「杜爾迦」最初是一個獨立的女神，和「雪山女神」並沒有關係。實際上，她可能是非雅利安起源的。已知最早崇拜「杜爾迦」的人群是不屬於雅利安人的一些落後部落，在西元前後的幾百年間「杜爾迦」才被接納進印度神系，並被附會成「雪山女神」的降魔相。接納這些地方性的前雅利安神祇的結果是印度宗教體系中出現了崇拜大神母的強大派別，即性力派。性力派認為，女神的「性力」才是宇宙的本源（梵）。這其實是印度哲學思想和原始的母神崇拜的結合。

在「杜爾迦」與各種惡魔的戰鬥中，最有名的是打敗怪物「摩醯濕」（Mahisha）的故事。「摩醯濕」是一個牛頭人身強大的阿修羅，誰也無法打敗它，它甚至入侵天界趕走了天帝「因陀羅」。

給予這個怪物如此神力的「梵天」本人也無力收服它。眾神被迫集合起來，而後從他們的力量中浮現出「杜爾迦」（但並不是由他們創造出來的）。「杜爾迦」用「吠陀的語言」告訴天神們她是宇宙精神梵的體現，只有她才能打敗「摩醯濕」。眾神紛紛送給她各種武器和法寶。經過一場天昏地暗的大戰，「杜爾迦」終於消滅了摩醯濕，因此得到一個稱號「殺摩醯濕者」。

＊既然「迦莉女神」與「杜爾迦」又是在「吠陀時代」之後才突然出現的，又是「濕婆神」的妻子的兩個化身；除了婆羅門教時代的人為編造附麗，其為「性力派」所崇拜的女神，有可能是東印度的幾個邦到現今孟加拉地區的原住民原始信仰；後來被統稱為「密教」，或者「莎克蒂派」，那些犧牲血祭甚至「殺人獻祭」的宗教傳統是一直延續不斷的，而婆羅門教無法消滅他們，也不願放任他們這種信仰活躍在印度的國度裡，唯一的辦法就只能設法安撫收編，當然一樣必須編造神話，把「時母」和「難近母」改稱為「迦莉女神」和「杜爾迦」，並且統統變身為「雪山女神」的兩個「降魔相」的化身，又是「濕婆神」的妻子，這樣，雙方就容易妥協了；就如同把東印度地區普遍信仰的三兄妹「娃娃神」（佳格那達、巴拉茹阿瑪、蘇巴鐸）和「黑天」混同為一神的作法如出一轍。

「蘇利耶」（Surya）：太陽神，他一出生就是個怪胎；沒有手腳，活像一顆肉球還能任意的四處滾動，也醜陋不堪，他的其他七位兄長看不下去，就決定聯手改造他，將他身上多餘的肉分別割除下來，用來另行創造了大象；但是「蘇利耶」卻因為這樣的改造失去了神性，變成了凡人（註：一說他也因此成了人類的始祖，但是，此說又和「摩奴」等神話發生了重疊的衝突？），不過，也因為眾神之力，最後他還是恢復了神祇的地位，並且成了「太陽神」；

＊「蘇利耶」總是坐在有七匹駿美神駒所拉動的馬車上，由特定的馭者駕駛，每天由東向西巡視整個天空，他和他的馬車四周散發著閃耀甚至刺眼的光芒，而黎明女神「烏莎斯」是他的親密愛

人與伴侶，經常在白天陪他一同周遊天際，而黑夜女神則在每天傍晚歡送他回去休息並接替他的巡行工作，他同時照耀天界和大地，眾神和人類都將他視為不可或缺的最好朋友。（註：「蘇利耶」的神性和乘坐馬車巡行天際的特徵和希臘神話中的太陽神「阿波羅」幾乎毫無二致，究竟是印度神話影響了希臘，還是希臘神話影響了印度，迄今尚無明確的定論）。

二千六百年前的那棵菩提樹

二千六百年前，在現今印度「菩提迦耶」的一棵菩提樹下，有一位鳩形鵠面的修行者，放棄了原本的忍饑苦修，接受一位牧羊女奉獻的「鹿乳糜」，然後盤腿而坐，入定了七天七夜，最後在一個有明亮晨星照耀的清晨，他終於睜開了眼睛，回復到正常狀態，緩緩地站起身子，走向原本與他一起同修的五位同伴間，宣稱自己已經「得道成佛」，並且完全徹悟了宇宙天地間全部的道理。

這個人就是「喬達摩．悉達多」，也就是後來被尊稱為「釋迦牟尼」的佛教教主！

他確實如他自己所言；已經徹悟宇宙的終極真理了嗎？

當然沒有，諸多證據證明他的認知是錯誤的，或者依舊是因循於舊時落伍觀念的；並沒有完全跳脫印度教的基本教義以及印度六派主流哲學「悲觀主義」的窠臼。

事實真相是什麼？

不用揣測，或者蓄意栽贓污蔑；因為從所有有關他在菩提樹下自稱證悟得道的經過敘述中，我們就能清楚的看出明確的端倪；

當時的「喬達摩．悉達多」，因為長期處於極度饑餓狀態（在各種佛教的經典或傳說中，都口徑一致的描述他在長期忍饑苦修期間僅僅日食一米一麻；甚至還有他餓到前胸貼後背的誇張雕像，可謂不成人形，但是，這世界上有誰能長期一天只吃一粒米或一粒芝麻而能存活的？為了彰顯他堅苦卓絕的苦修精神和過人的意志力，後世那些狗腿歌德派的佛弟子未免也太胡謅了，這是神話式的誇大其詞），因此，釋迦牟尼長期處於饑餓或許是實，而只食用了一碗「鹿乳糜」（鹿奶調和的稀飯）之後又開始長達七天七夜的入定苦思窮參，身體狀態應該還是處於極度營養不良，非常衰弱的，這種生理狀態必然也會影響心理狀態，甚至會產生嚴重幻覺的。

當然有人會反駁說：世界上自古就有許多營養不良的難民、饑民，為什麼獨獨只有「喬達摩・悉達多」可以徹悟呢？

答案也很簡單，因為幾乎所有難民和饑民，沒有誰還有心思一直在苦思窮參宇宙和生命的問題，或者也曾怨天尤人，想要知道自己的命運為什麼這麼悲慘？但是，都只是一個一閃而過的小小念頭而已，而不像「喬達摩・悉達多」一樣苦思窮參下去；因此所有難民和饑民因為極度饑餓和營養不良引發的幻覺；不是和宇宙生命的大哉問有關，而只是局限在個人的際遇或者對食物的幻覺而已。

因而，我們有非常充分的理由可以懷疑「喬達摩・悉達多」的所謂「徹悟宇宙終極真理」非常有可能只是嚴重營養不良和極度饑餓時期引發的個人幻覺而已。近代營養學也證明過度饑餓確實會引發幻覺的，尤其是極度缺乏肝醣類、維他命B群時，更容易引發幻覺。

然後，他當然是在「自我感覺良好」的狀態下，這樣的向原本的五位同修伙伴宣佈，並且不許他們再直呼他的本名；這種無人加冕，自封為王；敢於宣稱自己已經「徹悟宇宙終極真理」的，從古至今也就絕無僅有的只出了「釋迦牟尼」這唯一的一人而已，真的是前無古人，後無來者。即使直到科技如此發達的今天，我們不但不敢如此妄自尊大，反而因為對於宇宙太空的更深入了解，越感覺到人類的渺小，越發覺得人類所知曉的範疇和整個宇宙相比，根本比滄海一粟還要更少，也就更沒有人敢宣稱自己已經「徹悟宇宙終極真理」了。

應該可以說；越是時代久遠的古人，越是自認知道的比較多，但是，事實上他們比起現代人，其實真正能夠知曉的少得太多太多，就像「莊子・秋水篇」（請參見附錄）中所說的河伯一樣，不見滄海不知天下之大，而總是自以為自己知道的已經夠多，甚至已經全部知曉了。同時事實證明，釋迦牟尼終其一生的活動範圍大約都在印度東北部極小的一隅，因為受限於當時交通工具和道路的不便，他不但沒有走遍全印度，甚至從來沒有見過大海，見過最大的水大概也只有恆河的其中一段；而這段大約是在現今「瓦拉納西」的附近，這段的恆河，河面並不寬，搭小船不用十分鐘就能抵達對岸，所以釋迦牟尼的眼界，別說與「北海若」相比，連河伯都不如。

而「莊子．秋水篇」正也回答了許多人的反駁；個人單純的想像是無法和事實真相相較或等同的，就如同「河伯」沒有親眼見識「北海」之大以前，他是如何的躊躇滿志，而當他見到了大海之後又是如何的自慚形穢？使他發覺單純個人的想像是絕對不足以知曉更廣大的世界的。釋迦牟尼的「思而不學」、「思而不察」，當然不可能知曉全印度、全世界、全宇宙！

所以當我們去回顧二千六百年前的歷史背景，以及「釋迦牟尼」自稱得道成佛的過程；我們可以非常肯定的認定他單純只是自我感覺良好，非常妄自尊大的以為自己已經完全「徹悟宇宙終極真理」了；然而，那當然不是事實，如果不是蓄意吹牛誇大，那麼就是嚴重營養不良產生的幻覺所致。

附錄「莊子．秋水篇白話譯文」：『秋天裡山洪按照時令洶湧而至，眾多大川的水流匯入黃河，河面寬闊波濤洶湧，兩岸和水中沙洲之間連牛馬都不能分辨。於是河神欣然自喜，認為天下一切美好的東西全都聚集在自己這裡。河神順著水流向東而去，來到北海邊，面朝東邊一望，看不見大海的盡頭。於是河神方才改變先前洋洋自得的面孔，面對著海神仰首慨歎道：「俗語有這樣的說法，『聽到了上百條道理，便認為天下再沒有誰能比得上自己』的，說的就是我這樣的人了。而且我還曾聽說過孔丘懂得的東西太少、伯夷的高義不值得看重的話語，開始我不敢相信；如今我親眼看到了你是這樣的浩淼博大、無邊無際，我要不是因為來到你的門前，真可就危險了，我必定會永遠受到修養極高的人的恥笑。」海神說：「井裡的青蛙，不可能跟它們談論大海，是因為受到生活空間的限制；夏天的蟲子，不可能跟它們談論冰凍，是因為受到生活時間的限制；鄉曲之士，不可能跟他們談論大道，是因為教養的束縛。如今你從河岸邊出來，看到了大海，方才知道自己的鄙陋，你將可以參與談論大道了。天下的水面，沒有什麼比海更

大的，千萬條河川流歸大海，不知道什麼時候才會停歇而大海卻從不會滿溢；海底的尾閭洩漏海水，不知道什麼時候才會停止而海水卻從不曾減少；無論春天還是秋天不見有變化，無論水澇還是乾旱不會有知覺。這說明大海遠遠超過了江河的水流，不能夠用數量來計算。可是我從不曾因此而自滿，自認為從天地那裡承受到形體並且從陰和陽那裡稟承到元氣，我存在於天地之間，就好像一小塊石子、一小塊木屑存在於大山之中。我正以為自身的存在實在渺小，又哪裡會自以為滿足而自負呢？想一想，四海存在於天地之間，不就像小小的石間孔隙存在於大澤之中嗎？再想一想，中原大地存在於四海之內，不就像細碎和米粒存在於大糧倉裡嗎？號稱事物的數字叫做萬，人類只是萬物中的一種；人們聚集於九州，糧食在這裡生長，舟車在這裡通行，而每個人只是眾多人群中的一員；一個人他比起萬物，不就像是毫毛之末存在於整個馬體嗎？五帝所續連的，三王所爭奪的，仁人所憂患的，賢才所操勞的，全在於這毫末般的天下呢！伯夷辭讓它而博取名聲，孔丘談論它而顯示淵博，這大概就是他們的自滿與自傲；不就像你先前在河水暴漲時的洋洋自得嗎？』

修佛成佛的投資報酬率

多年前台灣因為迎「佛骨舍利」而使崇信佛教的盛況達到頂點；從佛教的始祖釋迦牟尼出生到圓寂，迄今已經有將近二千六百年的歷史，佛教始興於印度，卻大盛在亞洲地區，特別是在中國，近年來，在台灣地區更是「盛況空前」，各種宗派百家爭鳴，各地的佛教寺廟紛紛爭奇鬥艷，比高比大，在一般民間，也無不是家家彌勒佛，戶戶觀世音，尤其是在最近幾年，先後由國外和中國大陸迎回「佛牙舍利」和「佛骨舍利」之後，一時信佛禮佛甚至剃度出家為僧尼的熱潮達到了全民沸騰的地步。

從釋迦牟尼佛祖自己的開示，以至二千六百年以來，人們信奉佛教，虔誠修行的終極目的只有一個，那就是「成佛」，但是，成果如何呢？

0！

既然修佛的目的是「成佛」，先不論「放下屠刀，立地成佛」的頓悟觀，或者「成佛需要累世的因緣和修為」的漸悟論，即便「成佛」不是一蹴而就的，那麼二千六百年可不是短時間吧？試問在佛教自身的記載中，除了釋迦牟尼佛祖本人以外，還有誰是被公認「成佛」了？

這個問題連想都不必想，人人都知道答案，答案就是：沒有！

是的！二千六百年，不論修行的如何精進虔誠，硬是沒有任何人「成佛」！

想想這二千六百年來，有多少佛教的善男信女，或者又有多少剃度出家為僧尼的，只怕可以用數億人來計算吧？這些人幾乎都是窮一生之心力，唸破幾萬部經卷，終生茹素，甚至嚴守戒律，日日磕頭如搗蒜的敬拜佛祖菩薩，結果居然統統沒有「成佛」。還真的是令人匪疑所思到了極點？？？

看來，要不是釋迦牟尼是個有史以來最大的騙子，不然，就是在他自己圓寂之後，因為佛教的分裂，造成各種不同的流派，所有自以為是，自以為正統，自以為是「成佛」不二法門的那些教派，什麼律宗、淨土宗、禪宗、華嚴宗、真言宗……等等等等的經典，修行方法全部都是錯誤的，不然怎麼可能二千六百年來，再沒有第二位的「佛」出現呢？

這可不是能隨便亂說，一桿子打翻一船人的，根據佛門自己的說法，在釋迦牟尼證道成佛前，另外有六位佛，包括大家耳熟能詳的藥師佛、燃燈古佛和彌勒佛等等，但是從釋迦牟尼圓寂，證得涅槃之後，二千六百年來真的再沒有任何人成佛！

且不說後世其他所有的佛門弟子，出家僧尼或者一般的善男信女，就連釋迦牟尼在世之時，最親近他的十大弟子，以及他證道成佛之後積極度化的父母妻兒和兄弟親族，同樣沒有一個能像他一樣證道成佛……

我們來看看佛經上的記載：釋迦牟尼的十大弟子：『

一、舍利佛：智慧第一。生於中印度婆羅門族，和鄰村之目犍蓮，同為外道六師之一，下有百弟子，至如來明道後，經馬勝比丘之介紹而歸佛。後尊為教團之上首，對如來佛之教化輔助功勞甚大。

二、目犍蓮：神通第一。在法華經稱大目犍蓮，阿彌陀經稱摩訶目犍蓮，為外道師出身，後來歸佛。

三、迦旃延：論義第一。生於南印度婆羅門族，為阿私陀仙人之甥，或稱弟子，阿私陀仙人曾為佛觀相而名出。初迦旃延名日那羅陀，博通諸學，佛成道後，乃入教團而成一方之長老。

四、阿那律：天眼第一。為迦毘羅城之釋種，並為如來佛之表弟，在出家修道之初，曾貪睡眠，而被佛呵責，自後乃立不眠之誓，遂至雙目失明，然卻得大證悟，肉眼雖盲，天眼卻通了。

五、阿難陀：多聞第一。為斛飯王之子，提婆達多之弟，斛飯王是毘迦羅城主師子賴王之第三子，淨飯王之弟，亦即如來佛之叔父也。提婆達多者亦為斛飯王之子。

六、富樓那：說法第一。出家後曾證阿羅漢果。

七、須菩提：解空第一。譯作善現，又名空生，為金剛經中之中心佛弟子。

八、優婆離：持律第一。在釋尊教團中，為戌陀羅族出家之第一人。

九、羅喉羅：密行第一。就是釋迦牟尼的親生兒子，佛明道後歸鄉度化時乃出家，遂成阿羅漢果。

十、摩訶迦葉：頭陀第一。出於婆羅門族，名畢波羅，因父母曾禱於畢彼羅樹神而生，故名。佛明道後之第三年始歸佛，年齡此佛長，佛滅後，曾率眾弟子成第一結集，並為心法之承續人。』

除了最親近釋迦牟尼；並且最直接受教於釋迦牟尼本尊的這十大弟子，還有在釋迦牟尼證道成佛之後回來度化的；包括親生父親淨飯王、姨母婆闍婆提等等——————

結果呢？

最多，也只是證得「阿羅漢」的果位，距離證道成佛還遠的很呢？

即使從釋迦牟尼圓寂涅槃之後，屈指可數的證得比較高級菩薩果位的，也只有觀世音菩薩和地藏王菩薩而已。

想想；如果連釋迦牟尼在世時親自教誨度化的弟子或親族，都不能像他一樣證道成佛，那麼到了後世這二千六百年以來，佛法已經分裂成幾十種宗派，而各宗派的領袖的修為都是來自經典，並非由釋迦牟尼本身的口授心傳，那就更是相去不啻十萬八千里了，那麼，其他那些誤以為只要早晚誦經，把一本本佛經背的滾瓜爛熟，或者以為只要乖乖吃素，又或者誤以為大量奉獻財帛，行善布施，甚至大建佛寺就可以「證道成佛」的，那豈不更是緣木求魚，癡人說夢？

且不說別的，就拿一個中國佛教史甚至中國文化史上最有名的出家人來說吧；

「西遊記」大概是中國人甚至外國人都熟悉的神話故事吧？裡面的三藏法師，或者俗稱的唐三藏，更是家喻戶曉的吧？

三藏法師，就是「玄奘」啦，在中國歷史上確實有這個人，出生在一千四百年前的唐朝時，他也確實千里迢迢，前後花了十三年的時間，隻身經過最荒涼的沙漠，經由現在的新疆、中亞細亞的阿富汗等國，備嚐艱辛的前往西天，就是現在的印度去取經，帶回了六百五十多部大小乘的經典，回到中國後，又窮了畢生之力將這些原本是梵文的經典翻譯成為中文，總計有一千三百多卷，在中國人或者中國僧人中，迄今無人可出其右——————

玄奘夠虔誠了吧？對於佛教的宣揚或者功績夠大了吧？

結果呢？三藏法師還是三藏法師，他成佛了嗎？

答案當然是沒有！

如果連他都沒有能夠成佛，那麼從他之後到今天的一千多年裡，還有誰比他更有資格成佛呢？

或者說說近代大家耳熟能詳的吧，像虛雲、像弘一，像慈航，像廣欽等等，他們這些一向被尊稱為「高僧」的，又有誰證道成佛了？

答案還是沒有！

所以這樣的「終生投資報酬率」是0！

看來還真的是令人洩氣的！

但是，如果再提兩件事，恐怕就更要令人洩氣了；

其一，「目犍蓮」在釋迦牟尼佛祖十大弟子中，是號稱神通第一的，可見其神通之廣大，結果既不能用神通救亡母出餓鬼道，最後自己也死於非命，據記載，目犍蓮在釋迦牟尼圓寂前，因為四處傳佈佛教，結果有一次在一處山腳下傳道時，被一群反對者從山上堆落的巨石塊活活砸死，而且死狀非常淒慘。

其二，南北朝時代的梁武帝是中國歷史上最虔信佛教的帝王，不但定訂佛教為國教，廣造佛寺，大肆剃度僧尼出家，訂立出家人不得殺生肉食的戒律，自己還曾四度捨去皇位打算出家為僧，雖然被達摩祖師評為「毫無功德」，但是，以他向佛的虔誠，至少也會有些福報吧？結果呢？在降將侯景叛亂之中，以八十六歲的高齡居然被圍困在「台城」，終於活活被餓死！

咦？修佛居然修成這樣，修到這麼虔誠精進的人，竟然還會死於非命，別說「證道成佛」，連現今一大堆僧尼四處吹噓的「福報」都渺不可得，看來，還是當個凡夫俗子比較好吧？不然窮其一生的去吃齋唸佛，甚至捨棄男女情愛，家人親情，其結果所謂的「證道成佛」只是一塊畫在空中的大餅，用一生去投資，所得如此，這樣的投資報酬率豈不是太離譜了。

如果還有一大堆從來不事生產，只會在那裡信口雌黃，裹人信教布施的僧僧尼尼，開口「成佛」，閉口「福報」的，千萬別再磕頭如搗蒜啦，任由人家牽著鼻子走，不妨問問：

目犍連是怎麼死的？

梁武帝最後又是怎麼死的？

三藏法師為什麼沒有成佛？

二千六百年來有誰成佛了？為什麼沒有？

如果沒有！那信佛修佛為的是什麼？

出家又為了什麼？難道是為了當社會的寄生蟲，不事生產，只會滿口神佛菩薩，功德無量的在那裡騙吃騙喝，自欺欺人嗎？

如果一個出家人，不論是高僧、法師、禪師、還是一般的僧尼、小沙彌，不能圓滿的來回答交代以上幾個問題，那麼必定是百分之百的寄生蟲，也就是中國儒家所說的「蠹賊」。

如果一個年輕人打算「看破紅塵，化小愛為大愛」的去剃度出家當和尚尼姑，要是不能弄清楚這幾個問題，甚至從來沒有想過這幾個問題，那麼出家之後，也只是讓這個社會多出一隻胡里胡塗的寄生蟲而已。

如果把這樣的問題當成人類思想上的問題，而不是單一宗教的問題；想想，請大家先撇開自己的信仰或原本固定的思考模式，很客觀，很平心靜氣的來思索一下這個問題；佛教迄今已經有二千六百多年的歷史，在東漢明帝時，傳入中國也已經有一千八百多年的歷史，在這一千八百多年中，有多少中國人信奉佛教，成了虔誠的善男信女？又有多少人發願剃度出家當了和尚尼姑？在中國這塊多災多難的土地上，有多少人因為信奉佛教而發心奉獻財力、物力和人力，去大造佛寺？整體而言，又花費了多少社會成本用在建造寺廟，供養那些不事生產的僧尼？鐵定是無法數計的天文數字。

請問；除了消災祈福，做功德求福報之外，在佛教一向標榜的終極目標「證道成佛」方面，究竟成果如何呢？

答案是0！

那麼，中國人花了一千八百多年的歲月，花費了這麼龐大的財力、物力和人力去大造佛寺，供養僧尼，唸了這麼多的經文，燒了這麼多的香，敲破這麼多的木魚，坐破這麼多的蒲團，居然連一位「佛」都沒有「培養」出來，其結果竟然如此，這樣的奉獻豈不是太冤枉了？這樣整個中國一千八百多年來的總體投資報酬率豈不是低到太匪疑所思了，而這一千八百多年來，寄生在佛寺的和尚尼姑，不只是本身不事生產，只會飯來張口，錢來伸手的還要大肆消耗更多的社會資源，而除了把自身寄居的寺廟建的更富麗堂皇，高大巍峨，對中國整個社會還有什麼具體的貢獻呢？

不要說至少還有「教化勸善」的功能，如果果真如此，現今的社會風氣是比以前更好或者更糟呢？

看看南北朝梁武帝的時代，佛教大興，是一個空前顛峰的時代，結果呢？因為僧尼的驕奢，寺廟的廣建，最後居然弄到國困民窮，戰亂四起，十室九空，哀鴻遍野，最後終於亡國，有什麼「教化勸善」的功能可言呢？

或者無需去翻千百年前的老帳，就拿台灣光復後這六、七十年來說吧？佛教已經大興到了幾近第二次巔峰時代，但是，在台灣除了出家人越來越多，寺廟越建越大，社會風氣有因此而越來越好嗎？人心有越來越趨善嗎？這個答案不必我來回答，只要大家能捫心自問，就知道了？

那麼一個既不能「證道成佛」，又不能對改善社會風氣，世道人心有所助益的宗教，還有需要投注這麼多的財力、物力和人力，浪費這麼多原本就有限而寶貴的社會成本去供養嗎？

佛教至少造成印度「釋迦族」的徹底滅族，梁朝的滅亡，西藏前身的吐蕃亡國……為什麼？因為太多的財力、人力、物力和國力被投注在這樣一個根本錯誤的宗教上了。

仔細看看；「佛教」是自古以來舉世宗教中，供養神職人員（僧尼）最多的一種宗教，相對的其中根本不事生產，只會大肆消耗社會資源的生物更是多到令人頭皮發麻的地步；而且事實上也根本不需要這麼龐大的人數來運作什麼。

希望台灣以至整個亞洲的社會大眾不要再這麼狂熱，能夠冷靜一點的來思索和審視這樣的社會現象，因為在這塊有限的土地上，我們已經浪費過多的社會成本在此一方面，這種無厘頭似的狂熱再持續下去，必然要嚴重動搖國計民生了。

釋迦牟尼從初轉法輪開始，他教授的成佛之道就是「觀念法」而已，並沒有任何「祕咒」、瑜珈姿勢或者獨門的經典；

其實他的法門單純只是在講述一些觀念，只要能夠聽得懂，對他的中心思想心領神會就可以證悟；所以，很簡單的，甚至只在轉念之間而已；也所以，他自己之前苦行不能得道的路程雖然也算是一種「築基工作」，甚至是一種反證「苦行不能真正得道」，所以他同時也摒棄放縱的「順世逸樂」，選取中道而行。

他度五比丘花了多久時間？

只是講述幾個他自己徹悟的關鍵而已；

也因此，依照這樣的模式，二千六百年來，出家眾有多少？

應該至少有幾百萬人成佛才對吧？

就像一個游泳訓練班，開張了十年，報名繳費學游泳的上萬人，結果竟然沒有一個學會游泳，這不是很難想像的嗎？

你一定會說：胡說八道，天下那有這種事？

那麼，二千六百年來，這麼多人虔誠信仰佛教，甚至出家苦修，結果竟然再沒有一個人成佛！

不也一樣：胡說八道，天下那有這種事？

教不會游泳，只有二個可能：

一、教練本身是旱鴨子，他自己也不會游泳；

二、他自己會游泳，但是，不會教別人怎麼游泳。

一些有關佛教的問題

佛教是不是印度教？

當然是！想要反證「不是印度教」非常困難。

不管是大乘如何看不起小乘，認為他們只是「自了漢」，只能渡自己，不能渡人，也沒有普度眾生的胸懷；大乘如何非難「西藏密宗」不是佛教，或者「西藏密宗」如何為殺生吃肉和男女雙修法辯護，說釋迦牟尼當初也沒有禁止吃肉，而禁斷男女性行為是違反繁衍後代需求的，並認為大乘佛教根本不懂？而南傳佛教（主要以東南亞各國及斯里蘭卡為主）認為北傳佛教在中國是畸形發展，很多經典是後人偽造的，根本不是釋迦牟尼當年所講述的內容——現在以「南傳佛教」為主軸，認為自身是當年「上座部」（即小乘）以「原始佛教」為名，自許為佛教正統派，大肆批判北傳的「大乘佛教」——

註：由古印度向南方傳播到斯里蘭卡、東南亞以及中國雲南等地以上座部佛教為主的流傳，被稱為「南傳佛教」，其經典多為巴利語所寫。現在流行於斯里蘭卡、緬甸、泰國、柬埔寨、寮國等地。北傳佛教主要由北方經絲綢之路向中亞、中國、朝鮮半島以及日本等國傳播，其經典多為梵文、各種中亞文字和中文。

其實對於外人來看；這些都是「茶壺裡」的風暴；只是「佛教」自己內部的事，總而言之，統而言之都叫做「佛教」！

不過，事實上，爭正統是一個宗教所有教派都必然會爭的，有些激進宗教的各派別間甚至可能導致兵戎相見，互相仇殺，這是自古皆然，於今不變的。

只是，針對「佛教」，不論任何派別，大家有志一同的部份也有；就是拼命想切斷和印度教（甚至是印度）的臍帶關係；大乘同意佛教是由印度傳入中國的，但是，認為佛教許多主流宗派是在中國真正開花結果的，很多教義是由中國的僧侶自行頓悟出來的，譬如禪宗、淨土宗、天台宗、律宗、法相宗、華嚴宗等；因此，是將釋迦牟尼佛法更深更細的演繹並發揚光大，但是，已經屬於中國的佛教，也是最成功的佛教，所以，當然是佛教的正統，卻不是只鑽研苦誦原本梵文佛經而已。所以當然不是印度佛教，更不是印度教。

而「南傳佛教」是不肯接受「小乘」之稱的，只是認為在釋迦牟尼圓寂之後，弟子第一次集結就發生「上座部」和「大眾派」分裂，大約一百年之後因為對於戒律可否變通的爭議，開始了正式的大分裂；而「上座部」因為堅持「戒律不可變通」，所以也以此自許為正統佛教，並因以通俗的「巴利文佛經」南傳至斯里蘭卡及東南亞，其中部份「上座部」自認是其思想和組織基本保持釋迦牟尼在世時的原始面貌，所以自稱是「原始佛教」。但是，他們也一樣不承認自己是屬於印度教的分支。

雖然，真正的佛教經典是在釋迦牟尼圓寂之後四百年才集結寫成，後來把許多印度教的著名神祇；譬如「因陀羅」、「耶摩」都收編貶值為初級的護法神；而印度教也把釋迦牟尼收編為「毗濕奴神」的第九個化身，卻不承認佛教的存在。

同樣的；又是另一個「茶壺裡的風暴」，至少那只是東方宗教甚至印度教的家務事，和「猶太教」、「希臘古多神教」、亞伯拉罕系統（基督教、伊斯蘭教）的西方宗教是完全沒有關係的；大部分的西方人也分不清楚佛教和印度教的差別，更不知道兩者間的關係？

事實上，許多大乘、小乘、西藏密宗以崇信釋迦牟尼為主的信徒，自己也搞不清楚所謂的「佛教」和「印度教」有什麼關係？或者誤以為「佛教」和「印度教」是完全無關的獨立創建的宗教；也極可能只勉強知道釋迦牟尼是印度一個太子，得道成佛當了佛祖，根本不知道自己唸的「釋迦牟尼」佛號只是印度話中一個尊稱，不是姓名，自己相信的「因果業報」、「輪迴轉世」甚至「涅盤」都是源自「印度教」，不是釋迦牟尼發明的？？？

或者也可以想想：

1．釋迦牟尼是那一國人？答：印度人。
2．佛教是在那裡開始的？答：印度。
3．最早的佛經是何種文字？答：印度文。
4．釋迦牟尼有沒有出過國？答：沒有。
5．釋迦牟尼有沒有到過中國？答：沒有。
6．釋迦牟尼有沒有留學國外；受過其他文化洗禮？答：沒有。
7．釋迦牟尼從小接受的教育是那一國的？答：印度。
8．釋迦牟尼從小接受的宗教思想是那一種？答：印度教。
9．釋迦牟尼在三十五歲以前皈依和信奉的是何種宗教？答：印度教。
10．釋迦牟尼自稱得道之後，一直用何種語言傳教？答：印度語。
11．釋迦牟尼所主張的佛法教義；是全新自創的或者是改良自印度教？答：改良自印度教。
12．釋迦牟尼講述的「因果業報」、「輪迴轉世」、「解脫」、「涅盤」是來自何處？答：印度教。

那麼，如果把「因果業報」、「輪迴轉世」、「解脫」、「涅盤」的主張從佛教的基本中完全抽除之後，佛教的教義還有那些？

所以；佛教究竟是不是印度教？

頂多，只是印度教中的一個改革派，屬於一個分支，而且在印度本土是一個徹底失敗的改革派而已。

佛教一直爭論不休的其中兩個重點；

1．「無我」和「輪迴轉世」的矛盾。

2・「有中有」和「無中有」之爭：「中有」就是「中陰身」。

迄今二千五百年還沒搞清。

我說過了：「涅盤」是釋迦牟尼承繼於印度教的觀念，不是他發明的，所以追究印度教的原意：「涅盤」是指度脫生死，滅盡煩惱，不生不滅之境（沒有任何但書）。

所以，要談涅盤，或者主張「涅盤」就是終極解脫之道。

「涅盤」就不再有煩惱和痛苦，當然不再受業報輪迴機制的掌控。

「有餘涅盤」和「勝義補特迦羅」、「假我報身」一樣，都是說法自我矛盾時的『圓謊權宜』名詞，未必自欺，肯定是欺人之說。

這就好像吹噓「絕對包治百病」的靈丹，然後不靈時，百般牽托之詞。

註：我們生存的宇宙是一個「動態平衡」的空間，根本沒有「恆靜」的餘地，『涅盤』主張的本身就是錯誤。試想：有誰能在「尼加拉大瀑布」湍急的水流中間建造一幢沒有支撐點卻能保持「恆靜」不被水流沖走的獨居小屋；然後在其中冥想入定呢？

佛教是解脫道，終極目的是脫生死離輪迴。眾生的生死輪迴主因雖是源於「無明」，但始終與染著五欲的「快樂」相關。為了有效的對治五欲及觀察它的可惡性，「不淨觀」是極為實用的方法。但當時有許多的佛弟子修成不淨觀後，卻產生對身軀的厭棄，於是乎演變成大約有六十位比丘自殺及令他殺（請別人殺死自己）的事件。為了避免悲劇重演，於是在阿難尊者的請教下，釋尊便宣說了另一甘法露法門—安那般那念。從此安般念法便如是的發展起來。

修行到自殺，通常最常發生在一些「邪教」之中，認為自己已經「得道」，只要放棄肉身就能立即成神，或者上天堂。

「不淨觀」用來克制色慾有效，但是，對於一般人來說；色慾是傳宗接代的本能，若是男歡女愛，兩相情願，不傷害到他人，何必矯枉過正，違反自然？

印度教和佛教都是「解脫道」，問題是到底想要解脫什麼呢？涅盤就是根本究竟嗎？

佛陀生前就自稱他已證得「涅盤」，問題是他仍然要遭逢「九難」（就是累世的因果業報和冤親債主來索債），如果證得「涅盤」還是不能有效的消除累世因果業報，「涅盤」又如何呢？其實「涅盤」也不是佛教發明的，一樣源自印度教，但是，「涅盤」原始意涵是脫離輪迴果報之謂，通常是指死後的殊勝境界，顯然釋迦牟尼的認知和原意是大相逕庭的。

修行任何法門，千萬不要違背常理和違反自然，尤其是如果需要傷害自己身心，或者違背己意（譬如被師父要求雙修），那樣就嚴重悖離了修行的初衷。

「無中生有」與「有中生有」

（中央社台北 12 日電）神學是沒有必要的。全球知名物理學家霍金（Stephen Hawking）繼發表新書主張宇宙非上帝創造之後，又在電視上如是說。

霍金在 10 日播出的「賴利金現場」（Larry KingLive）中說：「上帝可能存在，但是科學可以解釋宇宙不需要一個創世者。」

68 歲的霍金在新書「大計畫」（The Grand Design，暫譯）中說，因為有地心引力，宇宙本身就可以從無到有。霍金主張，「自發性創造」是為何宇宙和人類存在的原因。------

以上新聞也就是說霍金認為宇宙是無中生有的。

中國人常說的「無中生有」一詞來自於『道德經』四十章，原文為：「天下萬物生於有，有生於無」！

但是釋迦牟尼曾駁斥了古印度「外道」所持的邪因邪果、無因有果、有因無果、無因無果等說法。深信因果是佛教徒的基本信念。佛教認為，一切事物均從因緣而生，有因必有果。因又稱因緣，果又稱果報。因和果輾轉相生，謂之因果報應。佛教的因果說通於過去、現在和未來，謂之「三世因果」。所以釋迦牟尼是絕不容許「無中生有」的。

那麼，宇宙以至天地萬物究竟是「無中生有」的還是有因有果「有中生有」的？

我個人的智慧有限，不足以知曉怎樣才能「無中生有」，但是，我反對「霍金」的「奇點說」，不過，我也無法同意釋迦牟尼「有中生有」的說法；

如果一定要「有」才能「生有」，那麼「第一有」又是怎麼來的呢？可以肯定的是；我不知道「第一有」是怎麼來的？但是，釋迦牟尼智慧再高，也不會知道「第一有」是怎麼來的？

其實，人類真的很渺小，我們統統不足以知道宇宙天地究竟是怎麼來的，所以，直接坦承自己不知道比較好，因為「無中生有」很難想像？「有中生有」又出現「第一有怎麼來的？」矛盾。

如果非要二選一不可，我還是選「無中生有」，因為至少還有很大的想像空間，不會馬上就產生矛盾而難以自圓其說！

關於欲望

「欲望」是中性的，原本沒有好壞、善惡之分，是宗教將之強行界定成惡的。

「欲望」是生物的本能，或者，為了避免幾千年來被宗教強行灌輸積非成是的觀念影響，我們把它代換一個近似名詞-「需要」吧！

「需要」是所有生物的本能，因為基於成長、能量消耗和繁衍的生物本能，所有生物只要存活，就需要適時的補充養分，在適當的時期也需要繁衍後代。

以人類而言，純生理方面的「需要」是食物和配偶，這種生物的本能是根植在最基本的 DNA 之中，可以說是人類生命的根本，尤其是食物的需要，只要不能滿足最基本的生理需要，人類就會衰弱到死亡，所以這種「需要」不是外在的，不是像塵土或污水沾染在皮膚上，只要洗個澡就能潔淨。「需要」是根植在我們每個細胞中的，只要二、三天不進食，每個細胞都會饑渴，尋求食物來供應（甚至不可以說成「滿足」）身體基本「需要」是必要的，豈有什麼好壞、善惡之分？

基於基因繁衍延續的生物本能，性慾只是一種自然的「手段」，性交只是一種方式，快感只是一種糖衣，而真正的目的卻是「傳宗接代」。

但是，幾乎所有的宗教無不把「欲望」視為一種『惡』，不只是滿足慾望的行為被視為「惡行」，單單欲望本身這個意念也被視為「惡意」，都是務必減少到最低甚至是完全斷絕的，而「食欲」和「性欲」最大的差別在於人可以禁絕「性欲」不會死亡，但是，禁絕「食欲」必死無疑，所以，宗教再有威權也只能要求禁斷「性欲」，不能要求禁斷「食欲」，所以，許多宗教都禁斷神職人員的「性行為」，但是，像天主教並不禁止任何食物或菸酒，而佛教原本是乞食的，乞得什麼吃什麼，只求果腹，不可挑食的；但是中國的佛教從梁武帝主張素食之後，不只是偏執的挑食，現在的僧尼對於素食的要求越來越是窮奢極侈的比在家人還要講究。

如果主張「解脫輪迴」的印度教系統而言；要求寡欲和禁欲其實是有其政治陰謀的；因為婆羅門僧侶和剎帝利貴族寡佔了全國絕大部分的利益，本身是極盡富貴奢華之能事，而原本就人稠地貧的印度，佔人口數最多的平民能維持小康的已經是少數，而普遍的貧窮人口高達九成以上，所以「種姓制度」不只是宗教的劃分，也是政治陰謀的最強勢最不人道的區隔；於是在政教勾結之下，經由最高婆羅門階層以宗教謊言來大肆宣導寡欲和禁欲是和「種姓制度」相輔相成的最大騙局。

如果釋迦牟尼是真正的覺者，他不可能不知道這個騙局，否則他也不會為了積極反對「種姓制度」而倡導眾生平等說了。可是，難以想像的是為什麼他也一樣主張寡欲和禁欲？？？

前面說了；「欲望」是生物本能的一種「需要」，所以，除非根本不想活了，也不打算傳宗接代，就此滅絕，否則為什麼要「禁欲」？

其實，說斷欲、禁欲都是錯的，因為「欲望」是根植在我們細胞中的，不會斷，也不能禁的，所謂的禁斷，只是在人為刻意阻止因為「欲望」驅使的行為這個部份罷了，譬如和異性的性行為，或者因為貪口腹之慾的暴飲暴食行為，但是，能夠禁斷的也只在行為，連「欲念」都不可能禁斷，更別說根植在細胞中的本能「欲望」了。

所以「禁欲」開始於宗教騙局，最後失敗於意圖用來對抗生物的生存和繁衍本能。

其實，印度是一個很矛盾的地區，如果談論主題在「欲望」方面，印度就是全世界最極端的，有極端禁欲的宗教派別，也有鼓勵縱慾的「順世派」，甚至還有鼓吹「性力」的坦特羅派（佛教後期吸收此派主張墜落為密乘，傳入西藏再摻雜了苯教妖魔而成了密教），其實，在非常態的「禁欲」和「縱欲」的兩個極端經驗中，都會有「非常」的體悟，但是，也正因為都是非自然的行為，所以，這些體悟只是一種「反證」，應該說只是一時的手段，而不是目的。

再說；釋迦牟尼所說人生八苦之中，除了自然的痛苦；譬如生老病死，其他的卻恰好是「欲望」不能滿足的痛苦；譬如「求不得」，除了名望、地位等象徵性的部份，財富甚至食物的匱乏也同樣是「求不得」的痛苦，而「愛別離」當然也有性欲不能滿足的痛苦。

所以，「欲望」本身沒有好壞，滿足基本欲望是所有生物的本能，欲望雖然可能被外境引發（譬如美食、美色），但是，欲望終究是根植在我們細胞之中最基本的成份，沒有欲望就沒有生命（至少沒有肉體生命），那麼，不論想要達到何種目的，禁欲斷欲都不是解決之道，甚至是根本錯誤的主張。

欲望的滿足肯定是快樂的，這是普世皆然的，連生物都一致的感覺（主張禁欲是快樂的，那是非自然的，而且那不是快樂，頂多只是平靜），所以，假設，有欲望時，在不違法不失德（法律和道德都是在規範人們的私欲不得過度擴張影響他人欲望權益的）的情況下，為什麼一定要去禁斷呢？

為了求涅盤而違逆自然的去禁斷欲望，本身不也一樣是一種偏執的『欲望』？

PS：在基督教系統中，把人的原罪歸咎給欲望，那種被魔鬼引誘的欲望；其實這種「原罪說」一樣也是錯誤的，因為在舊約創世紀篇章中；神告訴亞當可以吃伊甸園中所有的果子，（除了知識樹和生命樹以外），可見，亞當原本就是有食欲的，然後夏娃是因為受到蛇的引誘而去採食知識樹上的果子，表示她內在原本「被創造」就是有欲望的，然後亞當夏娃後來當然有性行為，顯然他們也是有性欲的。假設人是神創造的，欲望當然也是原本就設定的「程式」，而且是燒錄在硬體中的，不是附加的外掛程式，是不能刪除的，除非把硬體完全消滅，只有屍體是沒有食欲和性欲的。所以「欲望」當然不是原罪！

火的來處

在「雜阿含經」第335經中說到：「------眼生時無有來處，滅時無有去處------」，今人有用「火」來作比喻解說「生時無有來處」經句道：「猶如鑽火，因手鑽燧（取火的用具），得有火生，但火不從手生，亦不從燧鑽生，而也不能離開手、燧鑽而得生。試問，可否說火從手來，從燧或從鑽來？在火未現起前，手、燧及鑽的動作中，那一處有火的存在呢？不但六根的生起無有來處，是因緣生，即其他事物亦莫不如此------」

此說乍看起來確實頭頭是道，其實卻是大謬不然；火（或火焰）只是一種現象，本質是高溫的能量使然，有時高溫的能量並沒有煙或火焰的外觀現象，譬如燒到攝氏三、四百度的鋼鐵，並沒有火紅的外觀，但是，如果用紙張去觸碰，紙張立即會被高溫引燃。或者我們用放大鏡聚集太陽光，可以達到燃燒紙張、布料、木材的溫度而起火，但是，也同樣只是高溫的能量而已！

同樣的，以燧鑽木取火，火固然不在手、燧或鑽的動作上，但是，卻是因為這些工具和手的持續轉動形成高溫的能量而引燃木柴產生「火」，所以，當然不是火從手來，從燧或從鑽來；在火未現起前，手、燧及鑽的動作中，確實沒有一處有火的存在，因為「火」是來自高溫的能量。

宇宙是變動無常的，能量是變動的原動力，可說宇宙中無處不存在各種能量，也包括許許多多高溫的能量，因此，高溫的能量才是「火」的本質，也是本然存在的，未必需要木、燧、手及鑽的動作等因緣才會產生「火」，這個論述很明顯是引喻失義的。

所以，「生時無有來處」豈不是落入「無因而生」的斷見？「滅時無有去處」豈不是落入「有因無果」的斷見？釋迦牟尼的說法豈不是和自己一貫的主張（否定無因論，強調有因必有果）自相矛盾？

也因為宇宙中處處充滿各式各樣的能量，所以「擁有自主意識的智性能量」的存在也就不足為奇，而有其必然性了。也所以此點和釋迦牟尼反對「靈魂」的主張也是大相逕庭的。

註：「擁有自主意識的智性能量」是我早先個人對於「靈魂」的定義。

關於「寂滅為樂」

既然釋迦牟尼主張「諸行無常，是生滅法，生滅滅已，寂滅為樂。」

這一句和金剛經中，佛說：「一切有為法，皆如夢幻泡影，如露亦如電，應作如是觀。」有大致相同的意思；

首先要了解：所謂的「寂滅」不是專指死亡或死後的狀態，「死亡」也不等同於「寂滅」，其實「寂滅」本身就是一種狀態，是達到「涅盤」境界的其中一種狀態，特別是心理狀態。

佛家認為「一切唯心所造」，或者「萬法唯心所造」，這個『法』是指「現象」，也就是說但凡這世界上一切你所能看到、感覺到甚至意識到的現象都是由「心」所造就的，是一種「識」的流轉，而既然是一種「現象」，那就是電光石火一瞬間的變化而已，不是恆常或恆久不變的；

我們可以用個形容；假設我們準備一盆肥皂水，放在桌上不去動它，這盆肥皂水是平靜無波也看不出有什麼特別的；

但是，如果我們用一根吸管插入肥皂水的底部並且開始吹氣；很快就可以看到肥皂水上面浮現許許多多連在一起的大小泡泡，而且這些泡泡的表面還會出現五彩繽紛，流轉不停的眩麗「游色」，而這就是佛陀在金剛經中說的「泡影」，雖然五顏六色、鮮艷奪目而且不停變化令人目不暇給，假設我們用相機來連拍；即使每張照片中那些泡泡的色彩形狀都不一樣，但是，「現象」也只是「現象」，這些泡泡再美麗再如何繽紛，終究還是很快就會破滅消失的。

所以，「法」（現象）是無常的，是有「形成」有「消失」的一種現象，我們不應該被這種不永恆、不常駐、只是電光石火瞬間變化的表面「現象」所眩惑，人間有八苦（生老病死、愛別離、怨憎會、求不得、五陰熾烈苦）還有108種大大小小各式各樣的煩惱，人間原本就是苦多樂少的「娑婆世界」（煩惱無盡的世界），而這些人間的苦和一丁點的樂，其實都是瞬間「識流變化」的現象而已，是我們心念所造就的，並不是恆常的狀態。

所以「寂滅」是指要能攝服自己「識流轉變」有如泡泡的表面出現的那種五彩繽紛，流轉不停的眩麗「游色」，一切榮華富貴、功名利祿，愛恨情仇，一切貧富貴賤的身份，一切外表的假象，包括那具臭皮囊的身軀，那個有名有姓的「我」其實都是無常的現象而已，是不可以依戀和誤以為是永恆不變的；

當一個人能夠深切的了解這點並且因此看破這點，斬斷這些「無常現象」引發的慾念，就是「寂滅」，對現象和慾念的「寂滅」。

而唯有「寂滅」才能真正內觀照見五蘊皆空，那個真正永恆不變的「本我」，只有在這個回歸到所謂「不動真如」（阿摩羅識）的狀態，不再徒勞無功的往肥皂水中吹氣，不再任由「心」去胡亂製造更自我眩惑其中的五彩泡泡，歸回到「如如不動」的本初狀態；才能「不生不滅、不垢不淨、不增不減……」的究竟涅盤其實追根究底，就是所謂的「絕對世界」，只有絕對才能永恆不變，才能是「極樂」，而沒有相對的「苦」，也才是終極的究竟。

所以只有對人間的種種「相對的現象」（瞬間的假象）完全「寂滅」，不再迷戀動心，才能得著真正終極永恆的「快樂」。

以上是佛家的主張，但是，筆者有不同的看法；

因為，至少我們生而為人有三不知：絕對、永恆、無限。

因為我們是生存在「相對」的世界，只有「有限」的生命，所以無法理解和說明「永恆」（雖然我們常常在使用這個名詞）。

所以，或者只可以想像卻無法證明。

但是，「寂滅為樂」倒也不是全然謬誤或一無是處，如果用在特定的事物或者某些觀念，「寂滅」確實可以帶來奇妙的「快樂」或者「自在」；譬如所謂的「無官一身輕」或者「一日無事便神仙」，因為對某些慾望的「寂滅」，所以得到另外一種快樂。

不過，佛教最糟的問題就是；它是一種「死」的宗教，標榜死亡、歌頌死亡，對死後世界佈滿太多虛幻憧憬的宗教，是一個輕今生求來世的宗教，這也是為什麼近代有些僧侶開始推動「人間佛教」的原由，因為「聚焦死亡，輕生重死」是佛教最大的弊端。

而「寂滅為樂」也不能無限上綱，在想像和意識的領域裡可以盡情想像，真的可以感受到「寂滅為樂」的境界，但是，不能生吞活剝的套在凡世間一切事物上，否則「活著幹嘛？死死卡睏活」，還有這種觀點也是把生命建立在「必然」的平台上才會發展出來的，那麼那些滅絕的無數恐龍有多少當下正在「寂滅為樂」呢？

（註：但是如果有僧尼或自稱修佛之人把「寂滅」等同於「死亡」，那層次就不用談了。）

我佛慈悲嗎？

自古以來，從小說或電影中，甚至日常生活中最常聽到的出自佛教出家人或佛教徒口中說出的一句話就是「我佛慈悲！」

但是，釋迦牟尼真的非常慈悲嗎？

當他傳授弟子「不淨觀」之後，造成六十位比丘自殺或請他人殺死自己，他出定知道以後，有沒有十分懊悔，為自己誤導造成的這麼大慘劇而痛心疾首？悔恨不已？

沒有！他根本是若無其事，只是改教「安般念」數息法。

他眼睜睜看著自己的祖國和族人被琉璃王屠滅時，有沒有傷痛欲絕？

沒有，只是輕描淡寫的說是「前世殺魚」的惡業才形成今世的惡果業報。

他曾經主張「殺婆羅門和闡提」沒有罪業；「闡提」就是不相信佛教的人，想想，現今全世界有三億多佛教徒，其他超過六十七億人都是不信佛教的，釋迦牟尼的意思是這六十七億人因為不信佛教就該殺？就是死不足惜的嗎？

（原文：『大般涅槃經卷第十六梵行品第八之二：釋迦牟尼說：「善男子。菩薩摩訶薩以願因緣示受畜生。是名下殺。以下殺因緣墮於地獄畜生餓鬼具受下苦。何以故。是諸畜生有微善根。是故殺者具受罪報是名下殺。中殺者從凡夫人至阿那含是名為中。以是業因墮於地獄畜生餓鬼。具受中苦是名中殺。上殺者。父母乃至阿羅漢辟支佛畢定菩薩。是名為上。以是業因緣故墮于阿鼻大地獄中。具受上苦。是名上殺。善男子。若有能殺一闡提者。則不墮此三種殺中。善男子。彼諸婆羅門等一切皆是一闡提也。譬如掘地刈草斫樹。斬截死屍罵詈鞭撻無有罪報。殺一闡提亦複如是無有罪報。何以故。諸婆羅門乃至無有信等五根。是故雖殺不墮地獄。』」）

釋迦牟尼一生主張「眾生平等」，他卻極端的歧視女性，甚至原本拒絕女性剃度為比丘尼的；而且認為女性是不潔的「五漏之身」，不適合修行佛法；這樣叫做「眾生平等」嗎？這樣是他一再宣稱的「眾生皆有佛性」嗎？連同為人類中的女性都不能得到平等待遇，何況是其他生物？

釋迦牟尼為什麼會有這麼大的歧見謬論？

答案很簡單；因為他一生都是在宣揚一種「熱切擁抱死亡」的觀念法，非常主觀的認定世間一切皆苦，萬法皆空，生命是沒有價值的，人生是毫無意義的，人生在世最重要的就是捨棄一切，以不生不滅，如如不動的「寂靜涅盤」為最終極的生命依歸。因此他一生完全沒有任何實質作為，也不事生產謀生，只是以乞食為生，終日只是在那裡夸夸而談如何「擁抱死亡」的謬論；所以，一個徹底否定生命價值和人生意義的人，當然對於他人的死亡是無動於衷的；甚至會鼓勵弟子和信徒殺婆羅門和不接受他教義的非佛教徒。

此外，他曾經宣揚「出佛身血的將墜無間地獄」！那麼，出人身血、出狗身血、殺婆羅門與不信佛教者、這些加上他自己要不要墜無間地獄呢（他誤傳「不淨觀」而致使六十比丘自殺）？顯然釋迦牟尼認為自己是擁有豁免特權的，他可以傷害任何人或「誤殺」任何人；以及慫恿信徒殺人而無罪，但是，任何人只要讓他流血就會下無間地獄。由此我們就可以清清楚楚的看出釋迦牟尼是一個愛己過人的極端自私者，他根本不認為「眾生平等」的。

釋迦牟尼慈悲嗎？

不！剛好相反！對於生命和他人的死亡，他是異常冷血的！

這樣的人，終生宣揚極端悲觀主義，反生命的邪說謬論；我們不論是從主觀的基本生命認知或者客觀的普世共識來評斷；也就足以證明釋迦牟尼百分之一百確實是來「惑世」的，而且其教義流傳至今仍然持續不斷的在「惑亂眾生」！

釋迦牟尼真的是徹悟知曉宇宙天地全部真理嗎？

釋迦牟尼在菩提樹下打坐入定七天七之，然後在「鹿野苑」向昔日同修的五位同伴宣稱自己已經「證得無上正等正覺」，已經徹悟宇宙天地所有的真理而「成佛」；所以後世不論是否佛教徒都尊稱他為「佛陀」或者「佛祖」或「世尊」；但是，他真的是徹悟知曉宇宙天地全部真理嗎？

當然不是，因為人類在宇宙中渺小到根本不值得一提；除了井底蛙，沒有任何人、神、鬼敢宣稱自己已經知曉宇宙的全部終極真理，自古以來，唯有「釋迦牟尼」這樣宣稱過，但是，經過二千六百年的時光，人類對宇宙自然有了更多更深刻的瞭解，我們可以很輕易的就看出他當年這樣宣稱，要不是個人妄想過度，就是胡扯吹牛；以下有相關的評論，提供比對參考。

本文節選自「陳義憲牧師」網路文章「我為什麼不是佛教徒」一文：

我們回頭來看佛經。一般人大多有一個錯誤的觀念。以為佛經浩瀚，博大精深。更有人認為佛學是中國文化的精粹，五體投地般地佩服。佛經是浩瀚沒錯。大藏經有一百冊，每冊大約有九百多頁。每頁大約有一千五百字。佛經是文言文，並有艱深難明之佛學名詞，翻譯之地名，人名(許多字是字典找不到的)，再加上印度歷史地理文物背景，更是無從下手。真實的情形的確是這樣。不但一般的佛教徒不讀佛經，就是和尚，法師們也不讀佛經。筆者發現，這其中還有一個秘密。就是，佛經不但不是博大精深，中國文化的精粹。而是，怪力亂神，反科學，反歷史，反常識，反人性的一個神話。佛祖釋伽摩尼不但不像孔子般的偉大，更不是『世尊』(Bhagavat，至上神)。而是一個沒有常識的大妄語者。以下列舉幾個例子證明。其實，隨便翻開佛經的任何一頁，都可以找到它反真理，反人性，反歷史，彼此矛盾，互相衝突的證據。因著篇幅的關係不能一一例具。

佛學的自然觀

魚有多大？海水為什麼鹹？

『海水何故鹹。一味有三事。一者海中有大魚。身長四千里者。八千里者。萬千里者。萬二千里者。萬六千里者。二萬四千里者。二萬八千里者。三萬二千里者。皆清淨溺海中。故海水鹹。二者雲起覆諸海放大雨。其雲上至阿迦尼砋天。放大雨如車軸。洗蕩須彌稱諸天宮阿答和天。阿比波天。首皮斤天。惟呵缽天。梵迦夷天。下至四王天。其咸水悉流入大海故。海水鹹一味。複次昔得仙道人能咒。咒海水鹹一味。故海水鹹一味。是為三事。』

佛經中的大魚(三萬二千里)可以比佛經中的太陽(五十一由旬，二千四十裏)大十幾倍。海水為什麼鹹？因為大魚便溺海中，以及須彌山的污水排下海中之故。空氣阻力能允許雨滴如車軸一般大嗎？此外，佛經須彌山的觀念，根本就是胡言亂語。是在宇宙中，太陽系，地球上所找不到的地方。大千世界的觀念，根本是一個荒謬的宇宙論。

佛學的女人觀

『阿難。若女人不得于此正法律中至信舍家無家學道者。正法當住千年。今失五百歲。餘有五百年。阿難當知。女人不得行五事。若女人作如來無所著等正覺。及轉輪王。天帝釋。魔王。大梵天者終無是處。當知男子得行五事。若男子作如來無所著等正覺。及轉輪王。天帝釋。魔王。大梵天者。必有是處。』

佛經非常的歧視女人。釋迦摩尼主要的思想如下：

一．女人有臭穢不淨，惡口等九惡法。女人有三障十惡。

二．女人不能上西天，要經變性手續(女轉男身)。

女人若好好"受持讀誦如法修行"可以變性。

三．女人不能做人間轉輪法王。女人不能做忉利天的帝釋天主。女人不能做魔王。女人不能做初禪天的大梵天王。女人不能成佛（『作如來無所著等正覺』）。

四．女人使佛教的正法期減少了五百年。本來佛教可以有一千年的正(不偏不雜)法期。但是因著女人減少了五百年。

佛學的宇宙觀——反科學

『大海水深三百三十六萬里。天下有日月也。從須彌山東出。圍繞須彌山西入。其宮殿正四方，其光明照周匝。是故圓。以天金水精淨作城郭。廣長各二千三十裏。高下亦等。城中有金欏宮殿。名。高六百四十裏。亦六百四十裏。有日天子坐。日天子壽五百。月城郭以天銀天琉璃造作之。月大城郭廣長各千九百六十裏。高下亦等。城中有月天子。月天子壽。以天上五百歲。有圓觀浴池。中生青黃白紅蓮花。種種飛鳥。相合而鳴。若有佈施沙門道人死即生天子所。』

海水深不是三百三十六萬里，而是只有幾英里。日月也不是『從須彌山東出。圍繞須彌山西入』。太陽不是正四方而是圓的。太陽沒有城郭。廣長不是二千三十裏。『高下亦等』。沒有高六百四十裏的金欏宮殿。

沒有日天子，『壽五百』。月上也沒有『城郭以天銀天琉璃造作之』，『大城郭廣長各千九百六十裏。高下亦等。城中有月天子。月天子壽。以天上五百歲。有圓觀浴池。中生青黃白紅蓮花。種種飛鳥。相合而鳴。若有佈施沙門道人死即生天子所。』

最初的世界；生命怎麼來的，那時沒有因也沒有果，第一因如何來？只能請到次因。地球為共業所成，只有人能造業（人道以下只受報，天道以上只享福），地球從何而來？

佛之三十二相八十種好

『一者足安平。足下平滿蹈地安穩。二者足下相輪。千輻成就光光相照。三者手足網縵如鵝王。。十者平立垂手過膝。。十六胸有萬字。十七身長倍人。。十九身長廣等。。二十二口四十齒。二十三方整齊平。。三十眼如牛王。。三十二相頂有肉髻。』

『足安平。足下平滿蹈地安穩』是臺灣俗話所說的『鴨母腳蹄』，沒有彈性，不能當兵。『手足網縵，如鵝王』，手足有蹼，可以當游泳健將。『平立垂手過膝。。身長倍人。。身長廣等』，身高，身寬各十一，二尺或丈六，與大象一樣。『頂有肉髻』，頭上有一大肉球。真是不可想像。

『獨尊之表軀體丈六。相有三十二。處國當為飛行皇帝。捨國為道行作沙門者。必得為佛。摩納。。熟視佛身相好不見兩相。一廣長舌。二陰馬藏。其意有疑。佛知摩納心有疑望。即以神足現陰馬藏。出廣長舌以自覆面。左右舐耳縮舌入口。』

佛的兩相，廣長舌與陰馬藏（像馬一樣，佛生殖器藏於體內，不現於外）。佛知摩納心有疑望，特地表演給他看。佛的廣長舌可以覆蓋整個面部。真是可怕。飛行皇帝或轉輪法王的描述與記載也是極其荒謬與非歷史性。

（筆者評註：由佛教「大藏經」可以明確的看出「釋迦牟尼」的自然知識是嚴重不足的，以一個現今的小學生也知道大海有多深；海水的鹽份是怎麼來的；知道太陽和月球上沒有生命的跡象，更沒有所謂的「神」或「人」以及任何建築物。也知道「蚊子」是「卵生」不是「濕生」。

釋迦牟尼的自然知識顯然還是保持在二千六百千萬那種神話揣測式的認知，大都是道聽途說而來，這樣怎能宣稱自己「已經知曉宇宙全部的真理」呢？）

實事求是看佛教對亞洲的影響

佛教將近二千六百年前發源於印度次大陸，然後經由不同的途徑；分別向北傳入西域、中國、韓國、日本、阿富汗等國，另一支向南傳入斯里蘭卡、中南半島各國至中國雲南，最後一支由東印度一帶混雜了當地原住民密教色彩後再傳入現今西藏地區；迄今超過二千年以來；對於亞洲大部分地區的人民信仰產生了重大的影響，對於哲學思潮、歷史文化、美術建築、以至信徒甚至非信徒的人生觀、生命觀、價值觀都有著革命性的影響。然而，佛教卻因為各種原因，於西元十世紀左右，衰敗消散於印度本土，迄今無法在原始誕生地起死回生，反而在這二千多年的歷史長河中，於鄰近的亞洲各國開花結果，發揚光大，究竟佛教對於這些先後接受佛法薰陶的地區，從人民、民族到國家產生了什麼樣的影響結果？

佛教能在消散於印度本土之後，卻為大多數鄰近亞洲各國所接受，除了歷史背景、環境因素，佛教本身必然有符合當時當地人民想要尋求的理想，但是，佛教那種消極、悲觀、虛無、輕今生求來世的特質卻也同時給這些地區的人民和帶來了不良的影響；

本文不從形而上的哲理爭辯入手；直接以結果論實際的來縱觀歷史殷鑑；筆者身為中國人，從小生長在一個受到佛教「因果業報」、「輪迴轉世」觀念普遍影響的中國社會，最關切的自然是自己的國家；因此必然較多著墨於此間；

在中國，東漢以前原本是屬於萬物有靈論的多神信仰，並沒有任何成型的主流宗教，但是，在東漢末年，由「個人人為」假托「道家老子」為主神，將原本單純的大思想家神格化，訂定各種祭祀儀軌並融入當時流行的「方術」形成了本土「道教」，成為中原地區東漢末年戰亂連年、動盪不安的時代中一個人們心靈上的寄託，給了人們一個對快樂又長生不老神仙世界的憧憬和嚮往。

但是，也大約在同時，發源自印度的佛教也經由西域傳入了中國，而從東漢到魏晉南北朝，道教和佛教在中國並沒有發生任何激烈鬥爭或衝擊，而是互相融合，而且，道教從佛教汲取的養分相對的更多；主要是因為「道教」當時剛萌芽，甚至沒有成型的具體教義或實質經典，對於死後世界的教義和描述遠不如佛教豐富，而佛教是一個已經在印度發展了七、八百年的成型宗教，當時已經有許多的經典，因此，在當時中國的政治、社會環境和民心的需求上，佛教的教義遠比道教更容易被接受（佛教傳入的業報說、地獄說、輪迴說，甚至各種的佛經、戒律、儀式與神祇，在在都影響了道教的思想與修煉方法）。加上南北朝時代許多君王本身不是漢人，對於漢文化系統中的道教信仰接受度遠不及對於由西域流傳而來的佛教，而君王的政治影響，禮敬西域來的佛教僧侶，廣建佛寺，宏揚佛法的積極作為，當然也使得臣民更傾向信仰佛教。

佛教認為人生是苦（無常是苦、眾生皆苦、一切皆苦），而道教並不認為人生純苦無樂，但是，卻因為基於人人都害怕死亡，因此主張只要修煉達到長生不老就能脫離對死亡的恐懼。而道教和佛教和的最主要的區別就是對待生和死的態度。道教主張人應該順應自然的生活，並且經由修煉就能長生不老。佛教追求的目標是「涅槃」，才能脫離生死輪迴。佛教認為，人生是苦，生死皆是苦，所有眾生如果不能開悟就永遠陷在生死輪迴中，只有修行達到「涅槃」，才能脫離生死輪迴。

中國文化中原本並沒有「地獄」、「輪迴」、「業報」等等的觀念，所以沒有「前世」的糾葛，也沒有「來世」的期待，更沒有任何死後「地獄酷刑」或者「轉世為畜生、餓鬼」的懲罰；雖然也有『生為傜役，死為休息』的觀念，或者一般民間普遍「視死如歸」（俗稱：回老家）以及「祖靈崇拜」的久遠觀念，但是，顯然，死亡的本身或許是悲哀可怕令人感到無奈的，但是，對於死後的世界和遭遇卻是美好多於恐懼的。此外，在中國原本是有「魂魄」觀念的，譬如屈原辭中的「招魂」和「大招」，說明人們期望「魂歸故里」得到最終歸宿的心理，另一方面，從戰國至秦漢時期盛行在墓葬時埋下「買地券」的習俗，又可看出人們對於死後為鬼歸於「九泉之下」的地府，而其中「萬年以後再相見」的詞句，又說明幽冥異路，生者和死者不願意再有任何瓜葛的心態。以上這些可以看出中國人基本上對於死後的世界和遭遇是曖昧不明的，也是不太願意深入去追究的，但是，肯定沒有「罪業」的觀念，也完全沒有任何重新投胎人間或者「死後清算生前罪過施以酷刑」這種顯然不合理的觀念。

但是，佛教傳入中國以後，為什麼這些明明就十分不合理的一些因果業報、死後清算與地獄酷刑的教義反而逐漸取代了中國傳統觀念？

其中最重要的因素應該和佛教非常強勢的教義，成型的經典，君王的支持宣揚有關，而且，在東漢末年、經歷三國、魏晉南北朝的數百年亂世，人民長年生活在顛沛流離，艱苦貧困、朝不保夕的驚恐環境中，而中國先秦以前諸子百家所訴求的那種忠恕、法治、仁愛、公平等等的理想世界從未實現，相對的是弱肉強食，勝王敗寇的爭奪以及巧取豪奪，奸謀巧詐當道，因此，善惡分際的模糊，人們對於善惡有報，公理昭然的實質需求和內在期待，從佛教的「因果業報」論中得到了一種心理假象的抒解，而中國民眾原本普遍善良守法的民族性，相較於中國傳統不可知的死後世界觀；佛教的「六道輪迴」觀顯然是更吸引人，更容易被接受而相信的，因為絕大多數善良平民並不害怕地獄、餓鬼、畜生等惡道惡報的，反而期待的是「天道」的美好以及至少可以在來世投胎在更好的生活環境中；而且，道教必須經由終生艱苦的修煉才能成仙，這不是人人都能達成的，而且是有一定方法的，一般民眾並未擁有這樣的專業知識來修習；但是，佛教的要求相對簡單得多；正是後世人人朗朗上口的「諸善奉行，諸惡莫作」而已；同時所謂的「善有善報，惡有惡報，不是不報，時候未到」這種觀點不但可以用來警惕一般人的日常言行，又可用來「詛咒」各種惡人惡行或者社會中無法立即獲得公理正義對待的事件，至少取得心理上的一種平衡慰藉，而所謂的「前世業報」說也給了一般受苦大眾為自己的不幸遭遇找到一個看似有理的詮釋，也因此順服於環境際遇並安分的「認命」。

佛教在中國迄今已經留傳了二千年，佛教僧尼容或追求的果真是「寂靜涅盤」，但是，眾多的普羅大眾並不具備那種修行的資質條件，因此，「因果業報」和「輪迴轉世」就變成了越來越堅固的死後觀；而本土的道教非但不反對抨擊這種與中國傳統死後觀並不符合的異國異教觀點，反而因為自身死後觀的相對真空貧乏，所以幾乎是無比歡迎的全盤接受，完全拷貝抄襲進道教的教義中來，道教後來一樣有「因果業報」、「輪迴轉世」和「閻王審判」、「地獄酷刑」的教義，但是，除了沒有納入「涅盤說」，並且將一些相關的佛教神祇轉換成中國名稱；或者將中國歷代著名公正廉明的官吏巧妙的指派為地獄各殿閻王，以符合一般民間普羅大眾的心理需求；所以，在死後的世界觀；佛教和道教不但沒有爭議，反而相似的有如孿生兄弟；也因此「相輔相成」的深入影響中國將近二千年；後世的中國普羅大眾即使不虔誠信佛信道，但是，佛道融合出來的普遍民俗信仰，那種「前世業報」、「輪迴轉世」觀念卻是根深蒂固的，連一般自稱完全沒有宗教信仰的人，從小耳濡目染之餘，「上輩子」、「下輩子」這些話語卻自然而然的會脫口而出；因而對於「因果業報」仍是抱持「寧可信其有」的心態。而「淨土宗」阿彌陀佛的信仰，尤其是對於「極樂世界」的嚮往心態更是無遠弗屆，廣大流行，甚至遠傳韓國、日本，並在日本形成「淨土真宗」。

同樣的，佛教消極的、溫和的、慈悲的淑世態度也造成面對外敵入侵時，一種十分無力的不抵抗主義；梁朝因此滅亡，唐朝在佛教大興之後，武功廢馳，安史之亂後旋即衰敗滅亡，宋朝重文抑武和理學興起，宗教勢力較弱，衰亡與佛教關係較少外，接著的元朝是崇信西藏喇嘛教的，國祚不長，明朝的佛教和道教同時受到政府極多的經濟挹注和刻意曲護，多次引發儒學之士的抨擊，也引發民間普遍反對和不滿，因此一些民間宗教煽動的各種叛亂如野火燎原，最後因張獻忠、李自成作亂引來清兵入關而亡國；清朝同樣崇信西藏喇嘛教，中葉以後，國勢衰微，無力抗拒列強入侵，清朝末葉幾乎險遭瓜分……

佛教流傳地區的歷史殷鑑：

編號	人物或國族	影響	備註
1	釋迦牟尼	本人死亡，釋迦族滅族，迦毗羅衛國亡國。	雖因病死亡，卻是因為化緣乞食之佛教戒律；誤食不潔食物所致。
2	摩訶目犍連	外出傳佛法時，遭印度教徒推落巨石砸死。	本身擅長的神通和佛法皆無法預警和自救。
3	梁武帝	因侯景叛亂，本人活活餓死，國家滅亡。	起因於迷信過深，僧富民貧，民不聊生，引發動亂。
4	西藏	唐朝以來淪為中國之藩屬，現為中國之特別行政區，宗教領袖達賴喇嘛流亡印度。	僧富民貧，禮佛膜拜，供養喇嘛，輕今生求來世，輕視生產開發和研究，導致普遍貧窮落後。
5	越南	先為中國藩屬，後淪為法國殖民地，再經越戰，戰禍綿延百年，迄今尚未回復生機。	國困民貧，生活落後。

6	柬埔寨	淪為法國殖民地，又經赤棉恐怖統治，波布政權屠殺人口近半。國困民貧，生活落後。為亞洲最貧窮國家之一。
7	緬甸	淪為英國殖民地，目前軍政府集權統治，動亂難平。國困民貧軍頭富，生活落後。
8	寮國	淪為法國殖民地，現為社會主義國家。國困民貧，生活落後。為中南半島最低度開發國家。
9	泰國	中南半島唯一未淪為殖民地的國家，但是，多次遭受英法兩國壓迫，二次大戰又被迫成為日本盟友，90%人口信奉佛教。雖然近年來發展迅速，但仍為中低收入國家，為亞洲賣春、毒品主要交易國，輸出外勞。

10	斯里蘭卡	遭葡萄牙、荷蘭及英國統治，獨立後內戰持續。	內亂頻仍，貧窮落後。
11	韓國	先後淪為中國及日本藩屬，目前南北韓對峙。	北韓為共產國家。戰火隨時可能爆發。
12	日本	從戰國時代一直內戰頻仍，二戰戰敗，險遭亡國。	日本同時也信奉本土的「神道教」。
13	尼泊爾	曾淪為英國保護國，現為毛派執政。	國困民貧，生活落後。
14	不丹	先淪為英國保護國，現為印度保護國。	國困民貧，生活落後。
15	錫金	屢遭尼泊爾侵犯，後被英國殖民，現為印度一邦。	亡國，人民貧困，生活落後。

歷史的事實是不容否認和抹殺的，從廿一世紀的今天回顧過往二千年的世界史，比對於東方和西方，比較於亞洲和歐美各個國家或地區的命運及發展，很明顯的可以發現西方文明是後來居上的，而且不但在物質文明上一直領先東方，歐美各國在軍事武力上一向也是勝過亞洲各國的，從大航海時代開啟了殖民主義，先後侵略了美洲、非洲和亞洲，而原本執各種偉大發明牛耳的中國，反而固步自封，裹足不前，和其他亞洲國家一樣的淪為俎上之肉，只有任人宰割的份，幾乎被列強瓜分而差點亡國。而鄰近的日本在明治維新之後積極西化，同樣也變成殖民主義的掠食者，在明治維新後的將近百年歲月中，不停侵略鄰近各國，這種作為當然不是佛教的教誨，而是實質的揚棄消極悲觀的佛教思維；回到本身「神道教」信仰妄自尊大形成的軍國主義中；為侵略他國找到大和民族優越論的藉口。

今天，殖民主義退出了亞洲各地，各國也早已獨立多年，但是，不只是未能休養生息，回復正常生機，使普遍善良的人民獲得和平和幸福，卻紛紛爆發長期內戰，大多數地區迄今未曾平息；而同樣也是國困民貧，難以享有和西方國家同等的生活條件，那麼如果就神話來假設性試問：是東亞各國普遍信仰的佛陀、菩薩不如西方的上帝、耶穌嗎？

而真正實事求是來論；信奉佛教的東亞地區各國在消極、悲觀、不侵略卻也不抵抗的觀念影響下，不正是因為這樣而失去生存競爭力，不只是備受欺凌，就算獨立後一樣是千年如一日的消極、悲觀，甚至迄今大多數地區還是普遍貧窮落後，甚至民不聊生的。

事實正是如此，將近二千年來，東亞地區的無數信眾奉獻了多少的金錢、人力和精神到這個宗教裡去；而這個宗教最後給這個地區信眾的回報是什麼？一般人最基本的要求只是安定和幸福，佛教真正給予過這些嗎？佛教能夠給予這些嗎？相對於信眾的長久鉅額奉獻，佛教所能回報的可以相比嗎？

再想想；當歐洲殖民主義國家入侵亞洲時，這些亞洲國家為何如此輕易的被征服佔領？當日本發動太平洋戰爭時，中國被佔領了過半領土，中南半島完全淪陷，為何這些國家這麼輕易就亡國？這些不正好都是信奉佛教的國家嗎？不正好都是消極悲觀造成長久國力積弱的遠因；再加上不積極抵抗的近因嗎？再看看國際上最近一次的大規模血腥屠殺歷史─柬埔寨的「波布政權」屠殺自己國人超過三百萬將近總人口過半；為什麼柬埔寨人民這麼輕易的屈服而願意束手就擒、引頸就戮呢？不正是「認命」、「前世業果成熟」的佛教因緣論使然嗎？

同樣實事求是的來回顧；當釋迦牟尼的祖國「迦毗羅衛國」被琉璃王攻破，釋迦族被屠滅殆盡之時，在當時深具影響力的釋迦牟尼做了些什麼？

沒有！只是消極的坐在大樹下象徵性的阻擋了三次，最後用一個「前世殺魚」的因果故事輕描淡寫的帶過；

如果對於自己的國家和種族的滅亡都能冷漠如此的人，我們能期望他對亞洲其他國家遇到危急存亡之秋時，能夠發揮什麼樣的助力呢？事實上也果真不曾發生任何助力，所以，「迦毗羅衛國」亡國，釋迦族被屠滅；梁武帝活活餓死，梁朝滅亡，東亞各國除了中國、日本、泰國不曾實質亡國以外；其他信奉佛教的國家都曾多次亡國，難道這不是一個曾經使自身也使得其他國家因而亡國滅種的宗教嗎？

任何人對於任何事；就算能夠口若懸河，辯才無礙的說到天花亂墜，嘴角冒泡，並不能改變事實於分毫，看看事實真相吧？任何宗教領袖能把教義上窮碧落下黃泉的宣揚到極至，對於國家和該國人民，甚至普世的人類究竟是益是害，為什麼不衡諸於歷史的殷鑑呢？那些活生生的鐵證又豈容任何人否認和抹殺？

（註：本篇文章原載於筆者所著「千古騙局　業報輪迴」乙書，因主題內容與本書關係至為密切，因此再次引用，並重新逐國蒐證；配合多頁圖片作為實際佐證）

BHUTAN
Thimphu
Dhaka
Chongqing
Guiyang
Kunming
Nanning
Mandalay
BURMA
Hanoi
Haiphong
LAOS
Vientiane
Rangoon
Hue
泰國
VIETNAM
CAMBODIA
ANDAMAN
ISLANDS
(INDIA)
Andaman
Sea
Phnom
Penh
Ho Chi Minh
City
Gulf of
Thailand
NICOBAR
ISLANDS
(INDIA)
MALAYSIA
Kuala Lumpur
Medan
Singapore

泰國

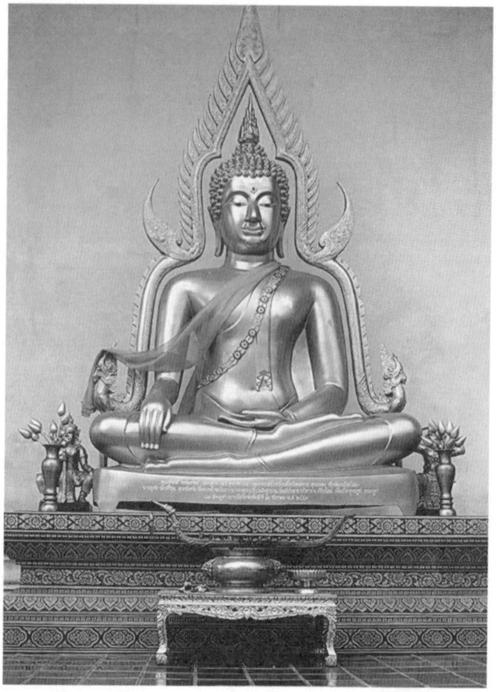

泰國是南傳上座部佛教最興盛的國家，佛教不但是國教，而且也是全世界唯一把出家當成男子國民義務，而且嚴禁女子出家為尼；但是，這個東南亞狀況最好的國家，人民生活狀況與世界其他國家普遍比較起來，仍然是相去極遠。

難得露臉的「玉佛」

曼谷「金佛寺」中有尊全世界最大的金佛

「大城廢墟」中的佛像遺跡

泰國的廟宇以金碧輝煌，色彩斑斕著稱，尤其在首都曼谷諸多大型廟宇更是香火鼎盛

距離曼谷不遠的「大城廢墟」，只剩一些斑剝傾頽的高棉式佛塔和斷垣殘壁

大洪水肆虐數月，佛陀佛像一樣自身難保

泰國國寶的玉佛倍受尊崇，然而一樣無力護國息災。

廢墟中被樹幹吞沒的佛頭

2011年泰國大洪水中的佛像

（寫實的新聞照片）

自身難保，佛陀也只能閉目

（寫實的新聞照片）

大城廢墟見證了神佛也會被遺棄

2011年泰國大洪水，曼谷近郊的「大城」是淹水最嚴重的地區，許多古寺和佛像都泡在水中。

轉載自真實國際新聞中的災情照片，可以充分證明宗教在自然中一樣脆弱！

2011 年泰國大洪水，大城府數百間寺廟及佛像淹沒在水中，佛陀一樣落難

新聞和傳播科技的日新月異，足以戳破許多宗教迷信和自圓其說的謊言。

泥菩薩過河，自身難保，還能期望保佑人民嗎？

這張引用自新聞的照片正是經典之作，不論佛陀是在涅盤還是在睡覺，對於大洪水造成的災害，無能為力也漠不關心，人還是自求多福才是正道。

Gulyan
Kunming
Hanoi
Haipl
緬甸
LAOS
Vientiane
Rang
THAILAND
Bangkok
CAMBODIA
Phnom
Penh
Andaman
Sea
Gulf of
Thailand

緬甸

佛教傳入緬甸已經超過二千多年以上，卻一直是紛爭不斷，民生凋敝

緬甸中部的古城「蒲甘」號稱「萬塔之城」，卻也見證了宗教同樣是有機體，一樣會盛極必衰的變成歷史遺跡。

緬甸也有四面佛，但是近年來的「袈裟革命」證明「有求必應」只是宗教謊話而已！

袈裟革命

佛教的教義和釋迦牟尼的教化如果能解決人世間的問題，出家的和尚何須走上街頭，冒著生命危險搞實質革命？

自由鬥士翁山蘇姬

軍政府領導人丹瑞

緬甸軍政府的貪腐和私人的豪奢行徑舉世皆知！

丹瑞小女兒婚禮極盡奢華

一個經過二千多年佛陀教義洗禮的佛教古國，整體評估；所謂「貪嗔癡」三毒的習氣和行為絲毫未曾改變，反而越演越烈。衆生更是嚴重不平等，從近年來的「袈裟革命」更加突顯佛陀教化徹底失敗。佛教對人間事毫無實質助益。

越南

法國殖民時期的越南

越南佛寺有著中國南方建築風格

法國高壓統治下被奴役的越南人民

越共打贏了奠邊府之役，驅逐了法國人

趕走了法國人，又來了美國人，信奉佛教的越南人民一再被強權宰割

奠邊府之役中的越共部隊

長年在戰火中求生的越南人

越南和尚前往南沙群島建廟，越南僧尼特別喜愛干預政治，因而助長了國家的動亂

多起越南高僧自焚事件，間接引發了越戰

美國的介入使得戰火全面擴大，受波及的越南人民更加衆多

上圖為美軍審訊逮捕的越共

右圖為遭美軍轟炸後的西貢

越南信奉佛教將近二千年，一直是人為刀俎、為魚肉的備受強權侵略和奴役。

歷經數百年戰火的蹂躪，神佛菩薩何嘗庇佑保護過越南的人民？

右圖為越戰時期最經典的新聞照片

無神論的越共女兵

無視人民苦難的佛陀

胡志明與軍事天才武元甲

越共正規軍

胡志明小徑上的越共正規軍

Mandalay
Hanoi
BURMA
LAOS
Haiphong
Vientiane
Hue
THAILAND
Bangkok
高棉
Andaman
Sea
Gulf of
Thailand
City

高棉

Donation for Buddha

近代殺人魔王一波布

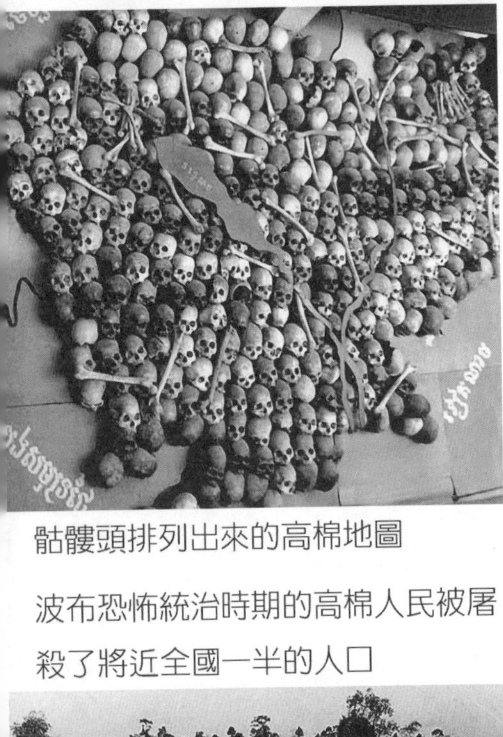

骷髏頭排列出來的高棉地圖

波布恐怖統治時期的高棉人民被屠殺了將近全國一半的人口

金邊的赤柬罪行紀念塔，裡面堆滿了無辜犧牲者的遺骨

高棉人民迄今仍然深受地雷的恐怖危害之中

高棉境內的地雷再過三十年也無法完全消除乾淨

滿手血腥的波布

高棉人民信奉佛教一樣也將近二千年，為什麼佛陀或者菩薩對於這些虔誠信徒長久的苦難一向不聞不問

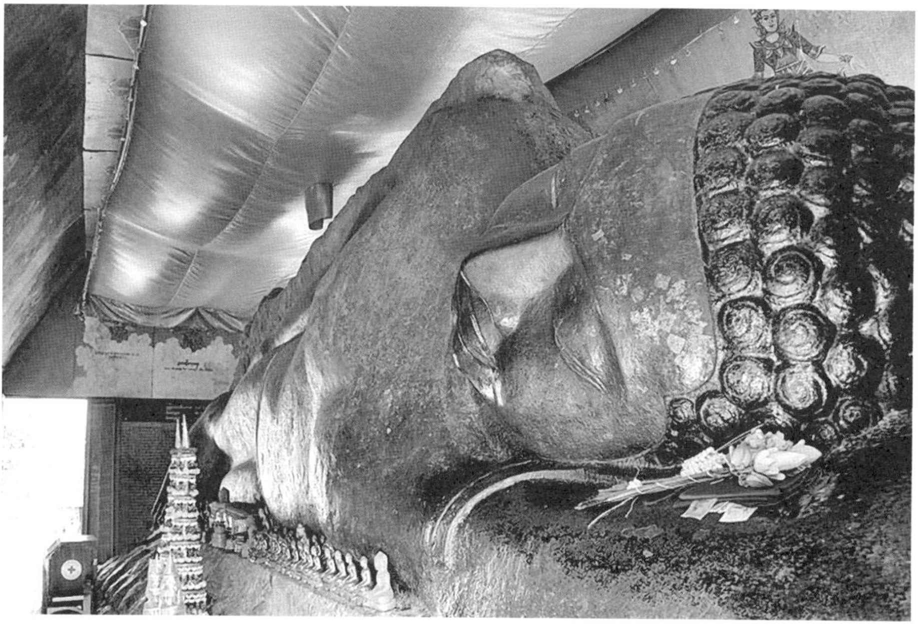

寮國

寮國是中南半島中最低度開發的貧困落後國家

街道上戰爭的雕像以戰爭為主題；明白訴說了這個國家的苦難

殘酷殺生的刀槍和大慈大悲的佛陀菩薩，在一個國家中長久並存，毋寧怪哉？

許許多多的佛菩薩，人民的苦難不但沒有減少，反而更加貧苦和落後

佛陀是如此的安祥自在，而
供奉他的眾生卻要面對炸彈

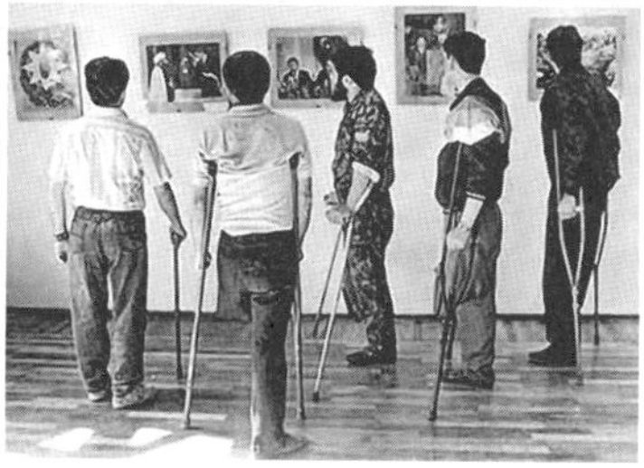

戰爭的傷痕是靠人為處理還是祈求於「臥佛」？

日本

太平洋戰爭的元兇

裕仁天皇

首相東條英機

裕仁天皇於各不同年代的戎裝照及閱兵儀式，證明他對發動太平洋戰爭要負完全的責任，一樣要背負亞洲劊子手的罪名

釋迦牟尼從印度來到日本一千四百多年，其教化與法力對日本的影響和改變遠不如從天而降的二顆原子彈。

廣島原子彈爆炸

長崎原子彈爆炸

宮城地震、海嘯及福島核災　損失慘重　觸目驚心

宣揚虔信佛教齋僧辦水陸法會可以護國息災，那是自欺欺人的騙局與愚昧迷信

引用自網路新聞的二張圖片，在自然災害來臨時，佛像只會比人類更無助，更無能

Sea
Gulf of Thailand
City
Bandar Seri Begawan
BRUNEI
Celebes Sea
MALAYSIA
Kuala Lumpur
MALAYSIA
Singapore
SINGAPORE
印
尼
Makassar
INDONESIA
Jakarta
Java Sea
Surabaya
Bandung
Java

印尼

「婆羅浮圖」建於西元八百年，兩百年後，梅拉比活火山爆發，被火山灰完全掩埋；十七世紀初才被英國人發現，聯合國文教組織，耗資兩千五百萬美金，費時十年修整，一九八三年完工。證明佛教曾在印尼興盛過，但是，在大自然之中，再偉大的宗教建築一樣無力對抗，筆者曾經親自造訪，證明這已是失去靈氣的死寂之城。

假設不是被考古學家發現與挖掘重建，婆羅浮圖將永遠在地底難見天日，足以證明佛法無邊只是一種宗教宣揚的說詞，佛陀也一樣無能為力。

婆羅浮圖的四面有許多的浮雕，三層代表天、地、人三界，除了佛教故事，還有人間的衆生相，精雕細鏤的成果花了多少民脂民膏？宗教卻不敵自然力的摧毀！

斯里蘭卡

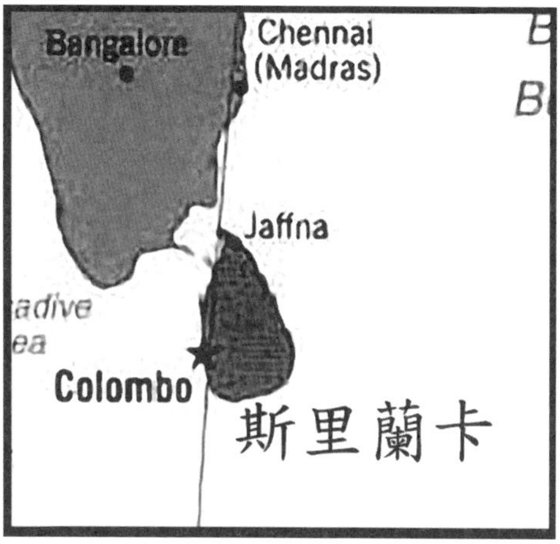

佛教傳入斯里蘭卡的時間相當久遠，但是，卻不同於現今顯密，而自成一種格局。

雖然斯里蘭卡有將近百分之八十的人口信奉佛教，但是，最近一次內戰卻延續長達三十年，政府軍與泰米爾叛軍雙方殺得烽火連年，哀鴻遍野，國際間幾次調停都不能終止戰火，使得國家動盪，人民顛沛流離；朝不保夕

三年前因為叛軍首領被擊斃，使得政府宣布內戰結束，但是，事實上仍有許多軍事和社會民生問題難以解決，至於佛陀一向也只是袖手旁觀而已。

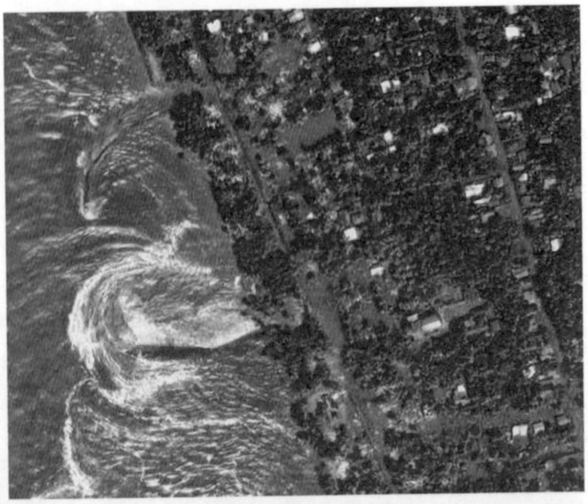

南亞大海嘯中，斯里蘭卡有三萬多人喪生，肇因於雖然早已收到警訊，政府卻完全不在意，未能預先防範，而佛陀當然還是不能息災拯溺。

涅盤還是睡大覺，後果都一樣

寺廟被海嘯沖垮，佛陀一樣落難垃圾堆

這張引用自網路的新聞圖片，落難佛陀雕像也有人祭拜，證明佛教的洗腦功能一流，一個正常人腦袋也會被洗得空空如也。

自身難保，落難在海灘的佛陀雕像，前面還有罹難者的遺骸，證明佛教吹噓的「護國息災」只是謊言！

China
Nordkorea
北韓
Pjöngjang
Ostr
(Japanisc
Seoul
南韓
Südkorea
elbes Meer

南北韓

© Jan Egil Kirkebø

佛教從中國經由韓國傳入日本，之後日本的留學僧又陸陸續續從唐朝直接取得各種經典及佛像返回日本傳布，因此韓國的佛教是介於兩者之間的

北韓的佛寺與韓戰

南北韓對峙超過六十年，仍處於戰爭狀態，宗教只是樣板而已。

佛陀不能保護自己的祖國，將亡國滅族慘禍推托給因果業報，看看韓戰和現今南北韓的緊張對峙，佛教能「護國」嗎？

西藏

宗教是西藏人民的命脈
卻也是貧窮落後的主因

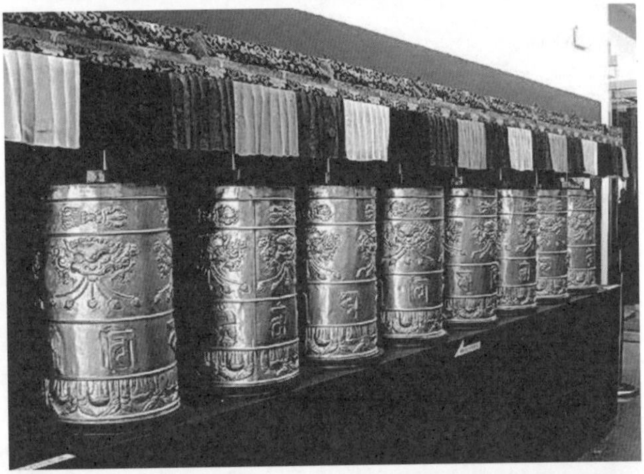

千百年如一日的轉經輪轉山，宗教並不能使諸願實現

關心來世多過關心今生

關心神佛多過關心自己

阿富汗

阿富汗古代是絲路必經的重鎮，也是信奉佛教的大國，有許多佛教的文物，後來被伊斯蘭政權統治，多遭破壞

巴米揚大佛已有1600年歷史，玄奘大師在1300年前前往印度取經時曾經路過目睹，並且記載於大唐西域記一書之中。

2001年巴米揚大佛像遭到塔里班組織以戰車及炸藥炸毀，歷史古蹟遭到徹底毀壞，此種蠻橫無知的行為受到全世界的譴責。

巴米揚大佛被人為摧毀，也證明了世間並無永遠興盛不衰的宗教，更證明了佛陀的自身尚且難保，又如何能保佑庇護世人？

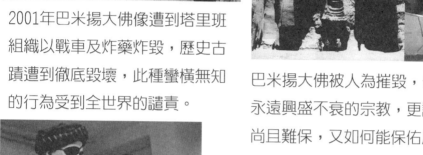

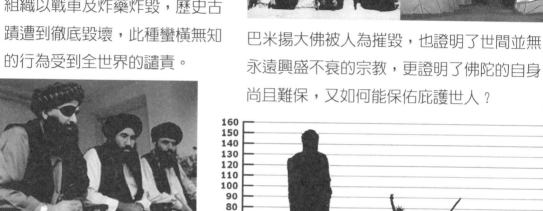

尼泊爾

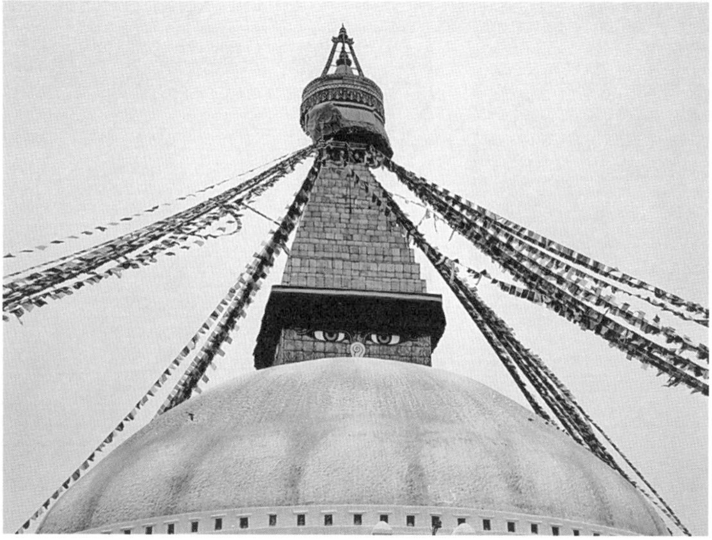

加德滿都的大佛塔，是佛教徒與藏密信徒的聖地

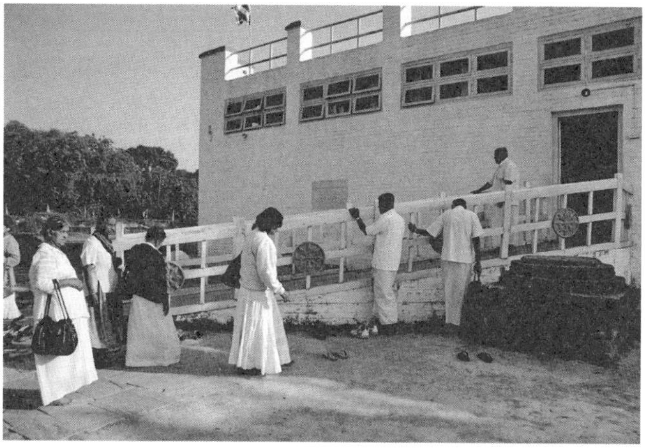

在倫毗尼，信徒爭相目睹佛陀出生時的腳印

尼泊爾是釋迦牟尼的祖國和誕生地的所在，有許多是他圓寂數百年之後阿育王時期興建的紀念遺址，但是，關於他是從母親右脅出生以及出生時就會說話走路的神話，現今還在傳誦。而出生時留下的腳印則是尼泊爾政府鬧出的最大笑話。

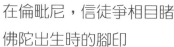

釋迦牟尼接受牧羊女敬獻的鹿乳糜

釋迦牟尼出生的神話

釋迦牟尼圓寂涅盤的圖像

智者對釋迦牟尼日後成就的預言

釋迦牟尼一生畫像

鹿野苑寺廟中的壁畫

鹿野苑的斯里蘭卡寺廟

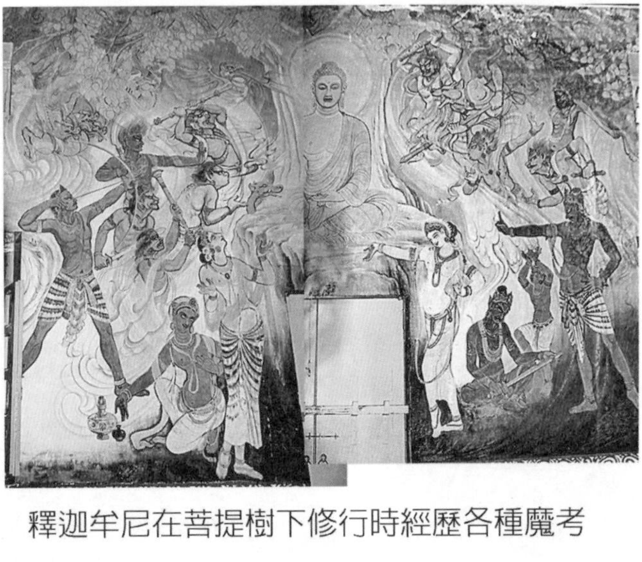

釋迦牟尼在菩提樹下修行時經歷各種魔考

附錄：
尼泊爾大佛塔的神話和笑話

在全世界所有宗教中，佛教是最擅長吹大牛的，尤其是「藏密」（有人稱為「藏傳佛教」），其實那根本不是佛教，除了神佛菩薩的名號和印度佛教相同以外，其他沒有一丁點內容是相同的）吹牛的功力更是舉世罕見，足以讓人歎為觀止。無論你是不是佛教徒，不要馬上跳起來指責我「污蔑佛教」，或者詛咒我會下拔舌地獄，無間地獄。因為第一，我又不害怕！第二，我說的是實話，而且我有實際的證據。

先看看我 2011 年 2 月在尼泊爾拍攝的照片：

再看看尼泊爾當地人民的實際現況；許多人不知道；尼泊爾其實比印度更貧窮，也沒有什麼遠景發展計劃，印度至少還有電腦科技，足以躋身為「金磚四國」，尼泊爾除了宗教信仰，看不到想要振作的跡象。大部分的時間都是用來「繞塔祈福」和「作伏地挺身」練身體……

「藏密」中的「蓮花生大士」更是「吹牛大王」；

看看他對於「大佛塔」的種種描述：再比對一下尼泊爾人民貧困潦倒，民不聊生的苦況，這是擺在眼前的事實；

2001 年 6 月 2 日早晨，喜馬拉雅山南麓的小山國尼泊爾傳出一條震驚世界的消息：王儲「迪彭德拉」（1971—2001）竟然親手開槍打死了國王、王后、王儲、王子、公主等 12 名皇室成員，然後開槍自殺。

有「大佛塔」會比較好？還是更糟？

看看「蓮花生大士」吹噓的大牛皮：

蓮華生大士說：如果有任何眾生以清淨心在大塔前頂禮、繞行、崇拜，……詳細內容請參閱此一聯結：

http://www.buddhanet.com.tw/zfrop/tibet/ggab-103.htm

想知道我為什麼不怕「下地獄」嗎？

因為「蓮花生大士」說過：『誰朝謁、注視大塔，誰死後陰魂〔Spirit〕在中有〔Bardo〕飄蕩時，餓鬼、畜生、地獄三惡道之門便會關閉。』

我在「加德滿都」拍攝兩座大佛塔的照片，當然非「注視」不可，而且是用眼睛用鏡頭「注視」了好幾個小時；所以，就算我想去餓鬼、畜生、地獄三惡道觀光旅遊，也會吃閉門羹的！

本頁圖片攝於大佛塔方圓500公尺以內

結語

名人、偉人與智者

人類從口述的史前史開始，就出現過許多的名人、偉人與智者。所謂的「江山代有豪傑出，各領風騷數十年」。

全世界各民族的神話或口述的歷史中，以及後來有文字記載的歷史之中，出現過許許多多的名人，所謂的「名人」只是單純指在神話或各種歷史上留名的人，不見得都是好人、英雄或者偉人；

在中國的歷史中，像「蚩尤」、「象」、「鯀」、「桀」、「紂」、「呂不韋」、「王莽」、「黃巢」、「安祿山」、「劉瑾」、「秦檜」、「魏忠賢」、「張獻忠、李自成」、「吳三桂、洪承疇」、「敖拜」、「洪秀全、楊秀清」、「慈禧太后、李蓮英」、「汪精衛」等等，在歷史的評價上都是負面的，但是，卻不能否認他們一樣也是歷史留名的，甚至即使被認定是遺臭萬年的也一樣。通常都是「江山代有名人出，各誤蒼生數十年」！

而所謂的英雄，通常都和戰爭有關，像「周武王」、「專諸、荊軻」、「蒙恬」、「項羽、劉邦、衛青、霍去病」、「呂布、關羽、趙雲、張飛、曹操」、「唐太宗、薛仁貴、郭子儀」、「岳飛、韓世忠、文天祥」、「成吉思汗、忽比略」、「朱元璋、戚繼光、鄭和、史可法」、「努爾哈赤、皇太極，多爾袞」、「鄭成功、曾國藩、劉永福」等等，不論是開國君主或者抵禦外侮的名將，不論歷史上的評價如何，稱為「英雄」並無不當，但是，卻不能稱為「偉人」！

在中國歷史中或者特別是近代史中，經常會有吹捧過度，歌功頌德而產生的偉人，但是在政治立場敵對的陣營中又互相貶損的人物；譬如「蔣介石、毛澤東」，雙方各自被狗腿奉承之輩的奉為一代偉人，但是，在筆者的評比中，中國近代史中唯一可以被尊為「偉人」的只有「國父孫中山先生」。因為他是真正推翻數千年帝王專制，一手推動民主共和的大人物。

當然，這些也不是筆者一人就能定論的，但是，如果我們更精準的來定義「偉人」這個尊稱時，第一要務，必定是要對全人類或者大多數人民有貢獻，真正能實質造福人群的；因此，偉人一定是名人，但是，名人、英雄卻未必是偉人；因而，像中國春秋時代的孔子、孟子推廣全民教育和樂觀進取的儒家思想，老子、莊子的自然主義。秦朝的水利專家「李冰父子」興建都江堰，一舉解決水患並灌溉，開發了千頃良田，有益於民生。造紙的蔡倫、發明印刷術的無名氏和活版印刷的畢昇，推展了知識的廣泛傳布。發明電燈的愛迪生、蒸汽機的瓦特、蒸汽火車的史蒂芬遜、發明飛機的萊特兄弟等等都是方便了全世界人類的生活。發明盤尼西寧；活人無數的弗萊明，發明X光的倫琴、發現鐳的居禮夫人、發現微生物的雷文霍克、現代臨床醫學之父奧斯勒醫師等等。能夠像這些人一樣對人類的生活有所改變或發明，為人類帶來真正福祉的才堪稱為偉人。

而西方歷史中的名人，或許被歌頌為「英雄」的，譬如「亞歷山大大帝」、「凱撒大帝」、「漢尼拔」、「蘇萊曼大帝」、「獅心王查理」、「拿破崙」等等，稱為「英雄」應該是恰當的，但是，卻稱不上「偉人」，因為「一將功成萬骨枯」，殺戮多於護生，破壞多於建設。

其次，我們再來談談「智者」，如果我們將之定義為「聰明絕頂」的，那麼，無論善惡和歷史評價的是褒是貶；譬如中國的「曹操、王莽、洪秀全」，西方的「拿破崙、希特勒、史達林」，當然都不是常人，更不是笨蛋，能夠號召一大群追隨者為其效命，肯定都有過人的智慧，都是成就非凡的，但是，對人類的福祉是功是過，那是再明顯不過的，「聰明絕頂」或者「智慧」如果是為了滿足自己的野心，或者以征服弱者為快事，一生殺人如麻、視人命如草芥，搞得烽火連年，生靈塗炭，那麼這種「智慧」對人類是有百害而無一益的，是名人，是英雄，卻絕對不是偉人，甚至是人類歷史中的罪魁禍首，從全人類的共同福祉來評價，根本只是敗類。

再看看三國時代的諸葛亮；不論是正史或者「三國演義」的小說中，對諸葛亮的評價都很好，總是把他形容為一個足智多謀的良相忠臣，但是，諸葛亮明明知道關羽在華容道一定會放走曹操，為何還是派他去處理這件大事？最後縱虎歸山，終究把江山讓給了曹魏？如果他真的是神機妙算，為什麼要搬石頭砸自己的腳？諸葛亮顯然也不高明，當然有人會推說正因為諸葛亮知道天命定數，曹操命不該絕于華容道關羽之手。如果果真如此；一切都是定數，漢朝氣數既然已盡，天下終歸曹魏，諸葛亮何苦幫著劉備和扶不起的阿斗去對抗天命定數？結果弄得連天戰火，生靈塗炭，哀鴻遍野？掀起這樣只為了爭權奪利的內戰，害死了多少無辜的平民百姓？顯然他根本不知道天命？他或許真的是「聰明絕頂」的謀士，當然是個「智者」無疑，但是，他的智慧是造福了蒼生社稷，還是徒然給當時整個中國的大環境平添出更多更廣泛的苦難？

同樣的，在人類思想史方面來評價；許多歷史名人，譬如蘇格拉底、柏拉圖、亞里斯多德、羅素、孔子、孟子、老子、莊子、耶穌、釋迦牟尼等等，同樣的，這些都是「智者」毫無疑問；但是，以生存和生活為標的來評介時；「樂觀進取」是正向的不二法門，沒有任何折扣可打，也毋庸置疑，如果推廣的是「厭棄現世生活，擁抱死亡」的極端悲觀主義，對全人類而言，是福是禍，同樣也就沒有什麼好美化粉飾的；重點人物的「釋迦牟尼」主張「三界火宅、有相皆妄」，不但徹底否定了現實的物質世界，也否定一切肉體生命的基本價值，堅決相信這些具象實質的自然宇宙和所有肉體生命都是虛幻不實的，是不可執著相信，也毫無任何價值的，是必須根本厭棄的，他更認為人類最終極的生命目的就是「寂靜涅盤」；那麼釋迦牟尼是「智者」又如何呢？極端的否定自我；否定個人肉體生命的存在價值和努力成果，否定全人類生存的意義以至物質文明與精神文明的偉大成就，這樣的「智慧」絕對是負面而有害的，對人類是毫無任何福祉和正面建樹可言。

從這點來看；釋迦牟尼的認知和主張以及他終其一生口若懸河在宣揚的佛教基本教義，百分之百是「惑眾」的。如果單純是他個人的人生觀和生命價值觀，不論如何極度悲觀，那是他個人的好惡和自由，人人都可以尊重他一己的選擇，但是，如果具體化的變成一種思想體系以至一種宗教教義時，拼命的推廣至北印度、全印度、亞洲各國以至全世界時，那是純粹違反人類生命價值觀和生存意圖的「妖言」；自己不想活可以自我了斷，但是，誘使別人也放棄今生的現世生命意義，傳布所謂「解脫、涅盤」思想，那是戕害全人類的罪惡思想。以佛教盛行的泛亞洲地區，與後起之秀的歐美各國相較，從來就是貧困、消極的，而終究在殖民主義興起之後立即相繼淪為人為刀俎，我為魚肉的殖民地，備受欺凌和壓榨，反觀歐洲強權，當然沒有任何一國曾經淪為殖民地的，孰以致之？孰令致之？非常確定的，佛教是難辭其咎的，釋迦牟尼當然是陷亞洲人民於苦難的始作俑者，而且肯定是證據確鑿，也無法粉飾開脫的！本書是一本評論、研究，並一一舉出圖文實證的書，本著實事求是的精神，盡力的旁徵博引，善意的告知事實真相，同時也嚴正的駁斥宗教本位主義的神話謊言，讓真正有識之士在閱讀思辨之後，能更加熱愛生命，珍惜正視人生價值，樂觀的迎向人類「新理性時代」。

「釋迦牟尼」當然是智者，他對生命的某些「負面觀點」在哲學思想方面容或也有存在參照的價值，但是，整體而言；他一生主張和宣揚的觀點以及後世佛教的基本教義卻是功難抵過的。所以，從全人類生存的福祉標準來論，他當然根本不是所謂的「大智慧者」。

佛教從釋迦牟尼開始，其宣揚的教義足以讓諸多弟子厭世自殺或被殺，也讓自己的祖國和宗族「亡國滅種」，傳到中國，讓「梁朝」滅亡，傳到「吐蕃」，讓「吐蕃」滅亡，傳到亞洲各國，讓亞洲大多數國家經歷多次滅亡，「釋迦牟尼」是極端悲觀主義的「惑世者」，「佛教」是足以導致「亡國滅種」的宗教！從古至今；有誰敢站出來否認這些歷史鐵證呢？

其實，有關人類生命真諦和本質方面的認知；在人類的歷史進展中，迄今還未出現真正可以稱得上是「大智慧者」；因為人類的思辨能力和對宇宙自然的認知，以及對於自身在自然中的定位方面，其實人類才剛剛起步不久，短短幾千年是絕對不夠的，唯有繼續努力的認知自然宇宙，深入的認知自我，樂觀的來說；一個比較明確的「自我定位」終究會出現的，我們無須過度英雄主義情結的期待於單一個人的「大智慧者」誕生，就如同猶太教和基督教徒期待「彌賽亞」一樣；將近三千年的歷史足以證明，那只是一個不切實際的夢想！

因為最可能也是最好的現象是全人類或者至少大多數人類可以同時擁有那樣的「生命大智慧」。而筆者可以非常肯定的論斷；那個人從來就不是「釋迦牟尼」！那個思潮也肯定不會是佛教的基本教義或任何一派的教義，甚至也不是現存任何宗教的教義。

國家圖書館出版品預行編目(CIP)資料

釋迦牟尼的惑世任務 / 張開基著. -- 第一版.
-- 臺北市 : 宇河文化出版 : 紅螞蟻圖書發行,
2012.08

面 ; 長 23 公分，寬 17 公分

ISBN 978-957-659-907-1(平裝)

1.宗教研究 2.論文

228.907 101013879

釋迦牟尼的惑世任務

作　　者／張開基
發 行 人／賴秀珍
出　　版／宇河文化出版有限公司
發　　行／紅螞蟻圖書有限公司
地　　址／台北市內湖區舊宗路二段 121 巷 28 號 4F
網　　站／www.e-redant.com
郵撥帳號／1604621-1　紅螞蟻圖書有限公司
電　　話／(02)2795-3656（代表號）
傳　　真／(02)2795-4100
登 記 證／局版北市業字第 1446 號
港澳地區／和平圖書有限公司
地　　址／香港柴灣嘉業街 12 號百樂門大廈 17F
電　　話／(852)2804-6687
法律顧問／許晏賓律師
印 刷 廠／福霖印刷有限公司
電　　話／(02)2221-6760
出版日期／2012 年 8 月　第一版第一刷
定價 450 元　　港幣 150　元

ISBN　　　Printed in Taiwan